中华人民共和国

国防安全法律法规汇编

大字版

中国法制出版社
CHINA LEGAL PUBLISHING HOUSE

图书在版编目（CIP）数据

中华人民共和国国防安全法律法规汇编：大字版／中国法制出版社编．—北京：中国法制出版社，2024.4
 ISBN 978-7-5216-4437-1

Ⅰ.①中… Ⅱ.①中… Ⅲ.①国家安全法-汇编-中国 Ⅳ.①D922.149

中国国家版本馆 CIP 数据核字（2024）第 067389 号

责任编辑：李槟红　　　　　　　　　　　　封面设计：杨泽江

中华人民共和国国防安全法律法规汇编：大字版
ZHONGHUA RENMIN GONGHEGUO GUOFANG ANQUAN FALÜ FAGUI HUIBIAN：DAZIBAN

编者/中国法制出版社
经销/新华书店
印刷/保定市中画美凯印刷有限公司
开本/850 毫米×1168 毫米　32 开　　　　印张/ 13.25　字数/ 213 千
版次/2024 年 4 月第 1 版　　　　　　　　2024 年 4 月第 1 次印刷

中国法制出版社出版
书号 ISBN 978-7-5216-4437-1　　　　　　　　　　　　定价：38.00 元

北京市西城区西便门西里甲 16 号西便门办公区
邮政编码：100053　　　　　　　　　　　　　传真：010-63141600
网址：http：//www.zgfzs.com　　　　　　编辑部电话：010-63141671
市场营销部电话：010-63141612　　　　　　印务部电话：010-63141606

（如有印装质量问题，请与本社印务部联系。）

目 录

一、综 合

中华人民共和国国防法 ………………………………… 1
（2020 年 12 月 26 日）
中华人民共和国国防动员法 …………………………… 18
（2010 年 2 月 26 日）
中华人民共和国国防教育法 …………………………… 35
（2018 年 4 月 27 日）
中华人民共和国国家安全法 …………………………… 44
（2015 年 7 月 1 日）
反分裂国家法 …………………………………………… 59
（2005 年 3 月 14 日）
中华人民共和国反间谍法 ……………………………… 62
（2023 年 4 月 26 日）
中华人民共和国保守国家秘密法 ……………………… 79
（2024 年 2 月 27 日）
中华人民共和国国家情报法 …………………………… 95
（2018 年 4 月 27 日）

中华人民共和国反恐怖主义法……………… 101
　　（2018 年 4 月 27 日）
中华人民共和国反有组织犯罪法……………… 132
　　（2021 年 12 月 24 日）
中华人民共和国香港特别行政区驻军法……… 151
　　（1996 年 12 月 30 日）
中华人民共和国澳门特别行政区驻军法……… 158
　　（1999 年 6 月 28 日）
中华人民共和国国防交通法…………………… 165
　　（2016 年 9 月 3 日）
中华人民共和国军事设施保护法……………… 181
　　（2021 年 6 月 10 日）

二、国防武装力量

中华人民共和国人民警察法…………………… 202
　　（2012 年 10 月 26 日）
中华人民共和国人民武装警察法……………… 214
　　（2020 年 6 月 20 日）
中华人民共和国海警法………………………… 226
　　（2021 年 1 月 22 日）
中华人民共和国兵役法………………………… 248
　　（2021 年 8 月 20 日）

中华人民共和国现役军官法……………………… 263
　　（2000 年 12 月 28 日）
中华人民共和国预备役人员法……………………… 276
　　（2022 年 12 月 30 日）
征兵工作条例……………………………………… 293
　　（2023 年 4 月 1 日）

三、边防、海防、空防和其他重大安全领域防卫

中华人民共和国领海及毗连区法………………… 314
　　（1992 年 2 月 25 日）
中华人民共和国陆地国界法……………………… 318
　　（2021 年 10 月 23 日）
中华人民共和国专属经济区和大陆架法………… 331
　　（1998 年 6 月 26 日）
中华人民共和国海岛保护法……………………… 335
　　（2009 年 12 月 26 日）
中华人民共和国人民防空法……………………… 349
　　（2009 年 8 月 27 日）

四、国防科研生产

武器装备科研生产许可管理条例………………… 360
　　（2008 年 3 月 6 日）

民兵武器装备管理条例……………………………………… 369
　　（2011年1月8日）
军工关键设备设施管理条例……………………………… 379
　　（2011年6月24日）
国防科研生产安全事故报告和调查处理办法…………… 385
　　（2010年12月24日）

五、法律责任

中华人民共和国刑法（节录）…………………………… 395
　　（2023年12月29日）
中华人民共和国刑事诉讼法（节录）…………………… 402
　　（2018年10月26日）
中华人民共和国行政处罚法（节录）…………………… 404
　　（2021年1月22日）
最高人民法院关于审理为境外窃取、刺探、收
　　买、非法提供国家秘密、情报案件具体应用
　　法律若干问题的解释…………………………………… 415
　　（2001年1月17日）

一、综合

中华人民共和国国防法

（1997年3月14日第八届全国人民代表大会第五次会议通过 根据2009年8月27日第十一届全国人民代表大会常务委员会第十次会议《关于修改部分法律的决定》修正 2020年12月26日第十三届全国人民代表大会常务委员会第二十四次会议修订 2020年12月26日中华人民共和国主席令第67号公布 自2021年1月1日起施行）

第一章 总 则

第一条 为了建设和巩固国防，保障改革开放和社会主义现代化建设的顺利进行，实现中华民族伟大复兴，根据宪法，制定本法。

第二条 国家为防备和抵抗侵略，制止武装颠覆和分裂，保卫国家主权、统一、领土完整、安全和发展利益所进行的军事活动，以及与军事有关的政治、经济、外交、科技、教育等方面的活动，适用本法。

第三条 国防是国家生存与发展的安全保障。

国家加强武装力量建设,加强边防、海防、空防和其他重大安全领域防卫建设,发展国防科研生产,普及全民国防教育,完善国防动员体系,实现国防现代化。

第四条 国防活动坚持以马克思列宁主义、毛泽东思想、邓小平理论、"三个代表"重要思想、科学发展观、习近平新时代中国特色社会主义思想为指导,贯彻习近平强军思想,坚持总体国家安全观,贯彻新时代军事战略方针,建设与我国国际地位相称、与国家安全和发展利益相适应的巩固国防和强大武装力量。

第五条 国家对国防活动实行统一的领导。

第六条 中华人民共和国奉行防御性国防政策,独立自主、自力更生地建设和巩固国防,实行积极防御,坚持全民国防。

国家坚持经济建设和国防建设协调、平衡、兼容发展,依法开展国防活动,加快国防和军队现代化,实现富国和强军相统一。

第七条 保卫祖国、抵抗侵略是中华人民共和国每一个公民的神圣职责。

中华人民共和国公民应当依法履行国防义务。

一切国家机关和武装力量、各政党和各人民团体、企业事业组织、社会组织和其他组织,都应当支持和依法参与国防建设,履行国防职责,完成国防任务。

第八条 国家和社会尊重、优待军人,保障军人的地位和合法权益,开展各种形式的拥军优属活动,让军人成为全社会尊崇的职业。

中国人民解放军和中国人民武装警察部队开展拥政爱民活动，巩固军政军民团结。

第九条 中华人民共和国积极推进国际军事交流与合作，维护世界和平，反对侵略扩张行为。

第十条 对在国防活动中作出贡献的组织和个人，依照有关法律、法规的规定给予表彰和奖励。

第十一条 任何组织和个人违反本法和有关法律，拒绝履行国防义务或者危害国防利益的，依法追究法律责任。

公职人员在国防活动中，滥用职权、玩忽职守、徇私舞弊的，依法追究法律责任。

第二章　国家机构的国防职权

第十二条 全国人民代表大会依照宪法规定，决定战争和和平的问题，并行使宪法规定的国防方面的其他职权。

全国人民代表大会常务委员会依照宪法规定，决定战争状态的宣布，决定全国总动员或者局部动员，并行使宪法规定的国防方面的其他职权。

第十三条 中华人民共和国主席根据全国人民代表大会的决定和全国人民代表大会常务委员会的决定，宣布战争状态，发布动员令，并行使宪法规定的国防方面的其他职权。

第十四条 国务院领导和管理国防建设事业，行使下列职权：

（一）编制国防建设的有关发展规划和计划；

（二）制定国防建设方面的有关政策和行政法规；

（三）领导和管理国防科研生产；

（四）管理国防经费和国防资产；

（五）领导和管理国民经济动员工作和人民防空、国防交通等方面的建设和组织实施工作；

（六）领导和管理拥军优属工作和退役军人保障工作；

（七）与中央军事委员会共同领导民兵的建设，征兵工作，边防、海防、空防和其他重大安全领域防卫的管理工作；

（八）法律规定的与国防建设事业有关的其他职权。

第十五条 中央军事委员会领导全国武装力量，行使下列职权：

（一）统一指挥全国武装力量；

（二）决定军事战略和武装力量的作战方针；

（三）领导和管理中国人民解放军、中国人民武装警察部队的建设，制定规划、计划并组织实施；

（四）向全国人民代表大会或者全国人民代表大会常务委员会提出议案；

（五）根据宪法和法律，制定军事法规，发布决定和命令；

（六）决定中国人民解放军、中国人民武装警察部队的体制和编制，规定中央军事委员会机关部门、战区、军兵种和中国人民武装警察部队等单位的任务和职责；

（七）依照法律、军事法规的规定，任免、培训、考核和奖惩武装力量成员；

（八）决定武装力量的武器装备体制，制定武器装备发展规划、计划，协同国务院领导和管理国防科研生产；

（九）会同国务院管理国防经费和国防资产；

（十）领导和管理人民武装动员、预备役工作；

（十一）组织开展国际军事交流与合作；

（十二）法律规定的其他职权。

第十六条 中央军事委员会实行主席负责制。

第十七条 国务院和中央军事委员会建立协调机制，解决国防事务的重大问题。

中央国家机关与中央军事委员会机关有关部门可以根据情况召开会议，协调解决有关国防事务的问题。

第十八条 地方各级人民代表大会和县级以上地方各级人民代表大会常务委员会在本行政区域内，保证有关国防事务的法律、法规的遵守和执行。

地方各级人民政府依照法律规定的权限，管理本行政区域内的征兵、民兵、国民经济动员、人民防空、国防交通、国防设施保护，以及退役军人保障和拥军优属等工作。

第十九条 地方各级人民政府和驻地军事机关根据需要召开军地联席会议，协调解决本行政区域内有关国防事务的问题。

军地联席会议由地方人民政府的负责人和驻地军事机关的负责人共同召集。军地联席会议的参加人员由会议召集人确定。

军地联席会议议定的事项,由地方人民政府和驻地军事机关根据各自职责和任务分工办理,重大事项应当分别向上级报告。

第三章 武装力量

第二十条 中华人民共和国的武装力量属于人民。它的任务是巩固国防,抵抗侵略,保卫祖国,保卫人民的和平劳动,参加国家建设事业,全心全意为人民服务。

第二十一条 中华人民共和国的武装力量受中国共产党领导。武装力量中的中国共产党组织依照中国共产党章程进行活动。

第二十二条 中华人民共和国的武装力量,由中国人民解放军、中国人民武装警察部队、民兵组成。

中国人民解放军由现役部队和预备役部队组成,在新时代的使命任务是为巩固中国共产党领导和社会主义制度,为捍卫国家主权、统一、领土完整,为维护国家海外利益,为促进世界和平与发展,提供战略支撑。现役部队是国家的常备军,主要担负防卫作战任务,按照规定执行非战争军事行动任务。预备役部队按照规定进行军事训练、执行防卫作战任务和非战争军事行动任务;根据国家发布的动员令,由中央军事委员会下达命令转为现役部队。

中国人民武装警察部队担负执勤、处置突发社会安全事件、防范和处置恐怖活动、海上维权执法、抢险救援和防卫作战以及中央军事委员会赋予的其他任务。

民兵在军事机关的指挥下,担负战备勤务、执行非战争军事行动任务和防卫作战任务。

第二十三条 中华人民共和国的武装力量必须遵守宪法和法律。

第二十四条 中华人民共和国武装力量建设坚持走中国特色强军之路,坚持政治建军、改革强军、科技强军、人才强军、依法治军,加强军事训练,开展政治工作,提高保障水平,全面推进军事理论、军队组织形态、军事人员和武器装备现代化,构建中国特色现代作战体系,全面提高战斗力,努力实现党在新时代的强军目标。

第二十五条 中华人民共和国武装力量的规模应当与保卫国家主权、安全、发展利益的需要相适应。

第二十六条 中华人民共和国的兵役分为现役和预备役。军人和预备役人员的服役制度由法律规定。

中国人民解放军、中国人民武装警察部队依照法律规定实行衔级制度。

第二十七条 中国人民解放军、中国人民武装警察部队在规定岗位实行文职人员制度。

第二十八条 中国人民解放军军旗、军徽是中国人民解放军的象征和标志。中国人民武装警察部队旗、徽是中国人民武装警察部队的象征和标志。

公民和组织应当尊重中国人民解放军军旗、军徽和中国人民武装警察部队旗、徽。

中国人民解放军军旗、军徽和中国人民武装警察部队旗、徽的图案、样式以及使用管理办法由中央军事委员会规定。

第二十九条 国家禁止任何组织或者个人非法建立武装组织，禁止非法武装活动，禁止冒充军人或者武装力量组织。

第四章 边防、海防、空防和其他重大安全领域防卫

第三十条 中华人民共和国的领陆、领水、领空神圣不可侵犯。国家建设强大稳固的现代边防、海防和空防，采取有效的防卫和管理措施，保卫领陆、领水、领空的安全，维护国家海洋权益。

国家采取必要的措施，维护在太空、电磁、网络空间等其他重大安全领域的活动、资产和其他利益的安全。

第三十一条 中央军事委员会统一领导边防、海防、空防和其他重大安全领域的防卫工作。

中央国家机关、地方各级人民政府和有关军事机关，按照规定的职权范围，分工负责边防、海防、空防和其他重大安全领域的管理和防卫工作，共同维护国家的安全和利益。

第三十二条 国家根据边防、海防、空防和其他重大

安全领域防卫的需要,加强防卫力量建设,建设作战、指挥、通信、测控、导航、防护、交通、保障等国防设施。各级人民政府和军事机关应当依照法律、法规的规定,保障国防设施的建设,保护国防设施的安全。

第五章 国防科研生产和军事采购

第三十三条 国家建立和完善国防科技工业体系,发展国防科研生产,为武装力量提供性能先进、质量可靠、配套完善、便于操作和维修的武器装备以及其他适用的军用物资,满足国防需要。

第三十四条 国防科技工业实行军民结合、平战结合、军品优先、创新驱动、自主可控的方针。

国家统筹规划国防科技工业建设,坚持国家主导、分工协作、专业配套、开放融合,保持规模适度、布局合理的国防科研生产能力。

第三十五条 国家充分利用全社会优势资源,促进国防科学技术进步,加快技术自主研发,发挥高新技术在武器装备发展中的先导作用,增加技术储备,完善国防知识产权制度,促进国防科技成果转化,推进科技资源共享和协同创新,提高国防科研能力和武器装备技术水平。

第三十六条 国家创造有利的环境和条件,加强国防科学技术人才培养,鼓励和吸引优秀人才进入国防科研生产领域,激发人才创新活力。

国防科学技术工作者应当受到全社会的尊重。国家逐步提高国防科学技术工作者的待遇，保护其合法权益。

第三十七条 国家依法实行军事采购制度，保障武装力量所需武器装备和物资、工程、服务的采购供应。

第三十八条 国家对国防科研生产实行统一领导和计划调控；注重发挥市场机制作用，推进国防科研生产和军事采购活动公平竞争。

国家为承担国防科研生产任务和接受军事采购的组织和个人依法提供必要的保障条件和优惠政策。地方各级人民政府应当依法对承担国防科研生产任务和接受军事采购的组织和个人给予协助和支持。

承担国防科研生产任务和接受军事采购的组织和个人应当保守秘密，及时高效完成任务，保证质量，提供相应的服务保障。

国家对供应武装力量的武器装备和物资、工程、服务，依法实行质量责任追究制度。

第六章 国防经费和国防资产

第三十九条 国家保障国防事业的必要经费。国防经费的增长应当与国防需求和国民经济发展水平相适应。

国防经费依法实行预算管理。

第四十条 国家为武装力量建设、国防科研生产和其他国防建设直接投入的资金、划拨使用的土地等资源，以及由此形成的用于国防目的的武器装备和设备设施、物资器材、技术成果等属于国防资产。

国防资产属于国家所有。

第四十一条 国家根据国防建设和经济建设的需要，确定国防资产的规模、结构和布局，调整和处分国防资产。

国防资产的管理机构和占有、使用单位，应当依法管理国防资产，充分发挥国防资产的效能。

第四十二条 国家保护国防资产不受侵害，保障国防资产的安全、完整和有效。

禁止任何组织或者个人破坏、损害和侵占国防资产。未经国务院、中央军事委员会或者国务院、中央军事委员会授权的机构批准，国防资产的占有、使用单位不得改变国防资产用于国防的目的。国防资产中的技术成果，在坚持国防优先、确保安全的前提下，可以根据国家有关规定用于其他用途。

国防资产的管理机构或者占有、使用单位对不再用于国防目的的国防资产，应当按照规定报批，依法改作其他用途或者进行处置。

第七章　国防教育

第四十三条 国家通过开展国防教育，使全体公民增强国防观念、强化忧患意识、掌握国防知识、提高国防技能、发扬爱国主义精神，依法履行国防义务。

普及和加强国防教育是全社会的共同责任。

第四十四条 国防教育贯彻全民参与、长期坚持、讲求实效的方针，实行经常教育与集中教育相结合、普及教育与重点教育相结合、理论教育与行为教育相结合的原则。

第四十五条 国防教育主管部门应当加强国防教育的组织管理，其他有关部门应当按照规定的职责做好国防教育工作。

军事机关应当支持有关机关和组织开展国防教育工作，依法提供有关便利条件。

一切国家机关和武装力量、各政党和各人民团体、企业事业组织、社会组织和其他组织，都应当组织本地区、本部门、本单位开展国防教育。

学校的国防教育是全民国防教育的基础。各级各类学校应当设置适当的国防教育课程，或者在有关课程中增加国防教育的内容。普通高等学校和高中阶段学校应当按照规定组织学生军事训练。

公职人员应当积极参加国防教育，提升国防素养，发挥在全民国防教育中的模范带头作用。

第四十六条 各级人民政府应当将国防教育纳入国民经济和社会发展计划，保障国防教育所需的经费。

第八章 国防动员和战争状态

第四十七条 中华人民共和国的主权、统一、领土完整、安全和发展利益遭受威胁时,国家依照宪法和法律规定,进行全国总动员或者局部动员。

第四十八条 国家将国防动员准备纳入国家总体发展规划和计划,完善国防动员体制,增强国防动员潜力,提高国防动员能力。

第四十九条 国家建立战略物资储备制度。战略物资储备应当规模适度、储存安全、调用方便、定期更换,保障战时的需要。

第五十条 国家国防动员领导机构、中央国家机关、中央军事委员会机关有关部门按照职责分工,组织国防动员准备和实施工作。

一切国家机关和武装力量、各政党和各人民团体、企业事业组织、社会组织、其他组织和公民,都必须依照法律规定完成国防动员准备工作;在国家发布动员令后,必须完成规定的国防动员任务。

第五十一条 国家根据国防动员需要,可以依法征收、征用组织和个人的设备设施、交通工具、场所和其他财产。

县级以上人民政府对被征收、征用者因征收、征用所造成的直接经济损失,按照国家有关规定给予公平、合理的补偿。

第五十二条 国家依照宪法规定宣布战争状态,采取各种措施集中人力、物力和财力,领导全体公民保卫祖国、抵抗侵略。

第九章 公民、组织的国防义务和权利

第五十三条 依照法律服兵役和参加民兵组织是中华人民共和国公民的光荣义务。

各级兵役机关和基层人民武装机构应当依法办理兵役工作,按照国务院和中央军事委员会的命令完成征兵任务,保证兵员质量。有关国家机关、人民团体、企业事业组织、社会组织和其他组织,应当依法完成民兵和预备役工作,协助完成征兵任务。

第五十四条 企业事业组织和个人承担国防科研生产任务或者接受军事采购,应当按照要求提供符合质量标准的武器装备或者物资、工程、服务。

企业事业组织和个人应当按照国家规定在与国防密切相关的建设项目中贯彻国防要求,依法保障国防建设和军事行动的需要。车站、港口、机场、道路等交通设施的管理、运营单位应当为军人和军用车辆、船舶的通行提供优先服务,按照规定给予优待。

第五十五条 公民应当接受国防教育。

公民和组织应当保护国防设施,不得破坏、危害国防设施。

公民和组织应当遵守保密规定,不得泄露国防方面的国家秘密,不得非法持有国防方面的秘密文件、资料和其他秘密物品。

第五十六条 公民和组织应当支持国防建设，为武装力量的军事训练、战备勤务、防卫作战、非战争军事行动等活动提供便利条件或者其他协助。

国家鼓励和支持符合条件的公民和企业投资国防事业，保障投资者的合法权益并依法给予政策优惠。

第五十七条 公民和组织有对国防建设提出建议的权利，有对危害国防利益的行为进行制止或者检举的权利。

第五十八条 民兵、预备役人员和其他公民依法参加军事训练，担负战备勤务、防卫作战、非战争军事行动等任务时，应当履行自己的职责和义务；国家和社会保障其享有相应的待遇，按照有关规定对其实行抚恤优待。

公民和组织因国防建设和军事活动在经济上受到直接损失的，可以依照国家有关规定获得补偿。

第十章 军人的义务和权益

第五十九条 军人必须忠于祖国，忠于中国共产党，履行职责，英勇战斗，不怕牺牲，捍卫祖国的安全、荣誉和利益。

第六十条 军人必须模范地遵守宪法和法律，遵守军事法规，执行命令，严守纪律。

第六十一条 军人应当发扬人民军队的优良传统，热爱人民，保护人民，积极参加社会主义现代化建设，完成抢险救灾等任务。

第六十二条 军人应当受到全社会的尊崇。

国家建立军人功勋荣誉表彰制度。

国家采取有效措施保护军人的荣誉、人格尊严，依照法律规定对军人的婚姻实行特别保护。

军人依法履行职责的行为受法律保护。

第六十三条 国家和社会优待军人。

国家建立与军事职业相适应、与国民经济发展相协调的军人待遇保障制度。

第六十四条 国家建立退役军人保障制度，妥善安置退役军人，维护退役军人的合法权益。

第六十五条 国家和社会抚恤优待残疾军人，对残疾军人的生活和医疗依法给予特别保障。

因战、因公致残或者致病的残疾军人退出现役后，县级以上人民政府应当及时接收安置，并保障其生活不低于当地的平均生活水平。

第六十六条 国家和社会优待军人家属，抚恤优待烈士家属和因公牺牲、病故军人的家属。

第十一章 对外军事关系

第六十七条 中华人民共和国坚持互相尊重主权和领土完整、互不侵犯、互不干涉内政、平等互利、和平共处五项原则，维护以联合国为核心的国际体系和以国际法为基础的国际秩序，坚持共同、综合、合作、可持续的安全观，推动构建人类命运共同体，独立自主地处理对外军事关系，开展军事交流与合作。

第六十八条 中华人民共和国遵循以联合国宪章宗旨和原则为基础的国际关系基本准则，依照国家有关法律运用武装力量，保护海外中国公民、组织、机构和设施的安全，参加联合国维和、国际救援、海上护航、联演联训、打击恐怖主义等活动，履行国际安全义务，维护国家海外利益。

第六十九条 中华人民共和国支持国际社会实施的有利于维护世界和地区和平、安全、稳定的与军事有关的活动，支持国际社会为公正合理地解决国际争端以及国际军备控制、裁军和防扩散所做的努力，参与安全领域多边对话谈判，推动制定普遍接受、公正合理的国际规则。

第七十条 中华人民共和国在对外军事关系中遵守同外国、国际组织缔结或者参加的有关条约和协定。

第十二章 附 则

第七十一条 本法所称军人，是指在中国人民解放军服现役的军官、军士、义务兵等人员。

本法关于军人的规定，适用于人民武装警察。

第七十二条 中华人民共和国特别行政区的防务，由特别行政区基本法和有关法律规定。

第七十三条 本法自2021年1月1日起施行。

中华人民共和国国防动员法

（2010年2月26日第十一届全国人民代表大会常务委员会第十三次会议通过 2010年2月26日中华人民共和国主席令第25号公布 自2010年7月1日起施行）

第一章 总 则

第一条 为了加强国防建设，完善国防动员制度，保障国防动员工作的顺利进行，维护国家的主权、统一、领土完整和安全，根据宪法，制定本法。

第二条 国防动员的准备、实施以及相关活动，适用本法。

第三条 国家加强国防动员建设，建立健全与国防安全需要相适应、与经济社会发展相协调、与突发事件应急机制相衔接的国防动员体系，增强国防动员能力。

第四条 国防动员坚持平战结合、军民结合、寓军于民的方针，遵循统一领导、全民参与、长期准备、重点建设、统筹兼顾、有序高效的原则。

第五条 公民和组织在和平时期应当依法完成国防动员准备工作；国家决定实施国防动员后，应当完成规定的国防动员任务。

第六条 国家保障国防动员所需经费。国防动员经费按照事权划分的原则，分别列入中央和地方财政预算。

第七条 国家对在国防动员工作中作出突出贡献的公民和组织，给予表彰和奖励。

第二章 组织领导机构及其职权

第八条 国家的主权、统一、领土完整和安全遭受威胁时，全国人民代表大会常务委员会依照宪法和有关法律的规定，决定全国总动员或者局部动员。国家主席根据全国人民代表大会常务委员会的决定，发布动员令。

第九条 国务院、中央军事委员会共同领导全国的国防动员工作，制定国防动员工作的方针、政策和法规，向全国人民代表大会常务委员会提出实施全国总动员或者局部动员的议案，根据全国人民代表大会常务委员会的决定和国家主席发布的动员令，组织国防动员的实施。

国家的主权、统一、领土完整和安全遭受直接威胁必须立即采取应对措施时，国务院、中央军事委员会可以根据应急处置的需要，采取本法规定的必要的国防动员措施，同时向全国人民代表大会常务委员会报告。

第十条 地方人民政府应当贯彻和执行国防动员工作的方针、政策和法律、法规；国家决定实施国防动员后，应当根据上级下达的国防动员任务，组织本行政区域国防动员的实施。

县级以上地方人民政府依照法律规定的权限管理本行政区域的国防动员工作。

第十一条　县级以上人民政府有关部门和军队有关部门在各自的职责范围内，负责有关的国防动员工作。

第十二条　国家国防动员委员会在国务院、中央军事委员会的领导下负责组织、指导、协调全国的国防动员工作；按照规定的权限和程序议定的事项，由国务院和中央军事委员会的有关部门按照各自职责分工组织实施。军区国防动员委员会、县级以上地方各级国防动员委员会负责组织、指导、协调本区域的国防动员工作。

第十三条　国防动员委员会的办事机构承担本级国防动员委员会的日常工作，依法履行有关的国防动员职责。

第十四条　国家的主权、统一、领土完整和安全遭受的威胁消除后，应当按照决定实施国防动员的权限和程序解除国防动员的实施措施。

第三章　国防动员计划、实施预案与潜力统计调查

第十五条　国家实行国防动员计划、国防动员实施预案和国防动员潜力统计调查制度。

第十六条　国防动员计划和国防动员实施预案，根据国防动员的方针和原则、国防动员潜力状况和军事需求编

制。军事需求由军队有关部门按照规定的权限和程序提出。

国防动员实施预案与突发事件应急处置预案应当在指挥、力量使用、信息和保障等方面相互衔接。

第十七条 各级国防动员计划和国防动员实施预案的编制和审批,按照国家有关规定执行。

第十八条 县级以上人民政府应当将国防动员的相关内容纳入国民经济和社会发展计划。军队有关部门应当将国防动员实施预案纳入战备计划。

县级以上人民政府及其有关部门和军队有关部门应当按照职责落实国防动员计划和国防动员实施预案。

第十九条 县级以上人民政府统计机构和有关部门应当根据国防动员的需要,准确及时地向本级国防动员委员会的办事机构提供有关统计资料。提供的统计资料不能满足需要时,国防动员委员会办事机构可以依据《中华人民共和国统计法》和国家有关规定组织开展国防动员潜力专项统计调查。

第二十条 国家建立国防动员计划和国防动员实施预案执行情况的评估检查制度。

第四章 与国防密切相关的建设项目和重要产品

第二十一条 根据国防动员的需要,与国防密切相关的建设项目和重要产品应当贯彻国防要求,具备国防功能。

第二十二条 与国防密切相关的建设项目和重要产品目录,由国务院经济发展综合管理部门会同国务院其他有关部门以及军队有关部门拟定,报国务院、中央军事委员会批准。

列入目录的建设项目和重要产品,其军事需求由军队有关部门提出;建设项目审批、核准和重要产品设计定型时,县级以上人民政府有关主管部门应当按照规定征求军队有关部门的意见。

第二十三条 列入目录的建设项目和重要产品,应当依照有关法律、行政法规和贯彻国防要求的技术规范和标准进行设计、生产、施工、监理和验收,保证建设项目和重要产品的质量。

第二十四条 企业事业单位投资或者参与投资列入目录的建设项目建设或者重要产品研究、开发、制造的,依照有关法律、行政法规和国家有关规定,享受补贴或者其他政策优惠。

第二十五条 县级以上人民政府应当对列入目录的建设项目和重要产品贯彻国防要求工作给予指导和政策扶持,有关部门应当按照职责做好有关的管理工作。

第五章 预备役人员的储备与征召

第二十六条 国家实行预备役人员储备制度。

国家根据国防动员的需要,按照规模适度、结构科学、布局合理的原则,储备所需的预备役人员。

国务院、中央军事委员会根据国防动员的需要,决定预备役人员储备的规模、种类和方式。

第二十七条　预备役人员按照专业对口、便于动员的原则,采取预编到现役部队、编入预备役部队、编入民兵组织或者其他形式进行储备。

国家根据国防动员的需要,建立预备役专业技术兵员储备区。

国家为预备役人员训练、储备提供条件和保障。预备役人员应当依法参加训练。

第二十八条　县级以上地方人民政府兵役机关负责组织实施本行政区域预备役人员的储备工作。县级以上地方人民政府有关部门、预备役人员所在乡(镇)人民政府、街道办事处或者企业事业单位,应当协助兵役机关做好预备役人员储备的有关工作。

第二十九条　预编到现役部队和编入预备役部队的预备役人员、预定征召的其他预备役人员,离开预备役登记地一个月以上的,应当向其预备役登记的兵役机关报告。

第三十条　国家决定实施国防动员后,县级人民政府兵役机关应当根据上级的命令,迅速向被征召的预备役人员下达征召通知。

接到征召通知的预备役人员应当按照通知要求,到指定地点报到。

第三十一条　被征召的预备役人员所在单位应当协助

兵役机关做好预备役人员的征召工作。

从事交通运输的单位和个人，应当优先运送被征召的预备役人员。

第三十二条 国家决定实施国防动员后，预定征召的预备役人员，未经其预备役登记地的县级人民政府兵役机关批准，不得离开预备役登记地；已经离开预备役登记地的，接到兵役机关通知后，应当立即返回或者到指定地点报到。

第六章 战略物资储备与调用

第三十三条 国家实行适应国防动员需要的战略物资储备和调用制度。

战略物资储备由国务院有关主管部门组织实施。

第三十四条 承担战略物资储备任务的单位，应当按照国家有关规定和标准对储备物资进行保管和维护，定期调整更换，保证储备物资的使用效能和安全。

国家按照有关规定对承担战略物资储备任务的单位给予补贴。

第三十五条 战略物资按照国家有关规定调用。国家决定实施国防动员后，战略物资的调用由国务院和中央军事委员会批准。

第三十六条 国防动员所需的其他物资的储备和调用，依照有关法律、行政法规的规定执行。

第七章　军品科研、生产与维修保障

第三十七条　国家建立军品科研、生产和维修保障动员体系，根据战时军队订货和装备保障的需要，储备军品科研、生产和维修保障能力。

本法所称军品，是指用于军事目的的装备、物资以及专用生产设备、器材等。

第三十八条　军品科研、生产和维修保障能力储备的种类、布局和规模，由国务院有关主管部门会同军队有关部门提出方案，报国务院、中央军事委员会批准后组织实施。

第三十九条　承担转产、扩大生产军品和维修保障任务的单位，应当根据所担负的国防动员任务，储备所需的设备、材料、配套产品、技术，建立所需的专业技术队伍，制定和完善预案与措施。

第四十条　各级人民政府应当支持和帮助承担转产、扩大生产军品任务的单位开发和应用先进的军民两用技术，推广军民通用的技术标准，提高转产、扩大生产军品的综合保障能力。

国务院有关主管部门应当对重大的跨地区、跨行业的转产、扩大生产军品任务的实施进行协调，并给予支持。

第四十一条　国家决定实施国防动员后，承担转产、扩大生产军品任务的单位，应当按照国家军事订货合同和转产、扩大生产的要求，组织军品科研、生产，保证军品质量，按时交付订货，协助军队完成维修保障任务。为转产、扩大生产军品提供能源、材料、设备和配套产品的单位，应当优先满足转产、扩大生产军品的需要。

国家对因承担转产、扩大生产军品任务造成直接经济损失的单位给予补偿。

第八章　战争灾害的预防与救助

第四十二条　国家实行战争灾害的预防与救助制度，保护人民生命和财产安全，保障国防动员潜力和持续动员能力。

第四十三条　国家建立军事、经济、社会目标和首脑机关分级防护制度。分级防护标准由国务院、中央军事委员会规定。

军事、经济、社会目标和首脑机关的防护工作，由县级以上人民政府会同有关军事机关共同组织实施。

第四十四条　承担军事、经济、社会目标和首脑机关防护任务的单位，应当制定防护计划和抢险抢修预案，组织防护演练，落实防护措施，提高综合防护效能。

第四十五条　国家建立平战结合的医疗卫生救护体系。国家决定实施国防动员后，动员医疗卫生人员、调用药品器材和设备设施，保障战时医疗救护和卫生防疫。

第四十六条　国家决定实施国防动员后，人员、物资的疏散和隐蔽,在本行政区域进行的,由本级人民政府决定并组织实施;跨行政区域进行的,由相关行政区域共同的上一级人民政府决定并组织实施。

承担人员、物资疏散和隐蔽任务的单位,应当按照有关人民政府的决定,在规定时间内完成疏散和隐蔽任务。

第四十七条 战争灾害发生时,当地人民政府应当迅速启动应急救助机制,组织力量抢救伤员、安置灾民、保护财产,尽快消除战争灾害后果,恢复正常生产生活秩序。

遭受战争灾害的人员和组织应当及时采取自救、互救措施,减少战争灾害造成的损失。

第九章 国防勤务

第四十八条 国家决定实施国防动员后,县级以上人民政府根据国防动员实施的需要,可以动员符合本法规定条件的公民和组织担负国防勤务。

本法所称国防勤务,是指支援保障军队作战、承担预防与救助战争灾害以及协助维护社会秩序的任务。

第四十九条 十八周岁至六十周岁的男性公民和十八周岁至五十五周岁的女性公民,应当担负国防勤务;但有下列情形之一的,免予担负国防勤务:

(一)在托儿所、幼儿园和孤儿院、养老院、残疾人康复机构、救助站等社会福利机构从事管理和服务工作的公民;

（二）从事义务教育阶段学校教学、管理和服务工作的公民；

（三）怀孕和在哺乳期内的女性公民；

（四）患病无法担负国防勤务的公民；

（五）丧失劳动能力的公民；

（六）在联合国等政府间国际组织任职的公民；

（七）其他经县级以上人民政府决定免予担负国防勤务的公民。

有特殊专长的专业技术人员担负特定的国防勤务，不受前款规定的年龄限制。

第五十条　被确定担负国防勤务的人员，应当服从指挥、履行职责、遵守纪律、保守秘密。担负国防勤务的人员所在单位应当给予支持和协助。

第五十一条　交通运输、邮政、电信、医药卫生、食品和粮食供应、工程建筑、能源化工、大型水利设施、民用核设施、新闻媒体、国防科研生产和市政设施保障等单位，应当依法担负国防勤务。

前款规定的单位平时应当按照专业对口、人员精干、应急有效的原则组建专业保障队伍，组织训练、演练，提高完成国防勤务的能力。

第五十二条　公民和组织担负国防勤务，由县级以上人民政府负责组织。

担负预防与救助战争灾害、协助维护社会秩序勤务的公民和专业保障队伍，由当地人民政府指挥，并提供勤务和生活保障；跨行政区域执行勤务的，由相关行政区域的县级以上地方人民政府组织落实相关保障。

担负支援保障军队作战勤务的公民和专业保障队伍，由军事机关指挥，伴随部队行动的由所在部队提供勤务和生活保障；其他的由当地人民政府提供勤务和生活保障。

第五十三条 担负国防勤务的人员在执行勤务期间，继续享有原工作单位的工资、津贴和其他福利待遇；没有工作单位的，由当地县级人民政府参照民兵执行战备勤务的补贴标准给予补贴；因执行国防勤务伤亡的，由当地县级人民政府依照《军人抚恤优待条例》等有关规定给予抚恤优待。

第十章 民用资源征用与补偿

第五十四条 国家决定实施国防动员后，储备物资无法及时满足动员需要的，县级以上人民政府可以依法对民用资源进行征用。

本法所称民用资源，是指组织和个人所有或者使用的用于社会生产、服务和生活的设施、设备、场所和其他物资。

第五十五条 任何组织和个人都有接受依法征用民用资源的义务。

需要使用民用资源的中国人民解放军现役部队和预备役部队、中国人民武装警察部队、民兵组织，应当提出征用需求，由县级以上地方人民政府统一组织征用。县级以上地方人民政府应当对被征用的民用资源予以登记，向被征用人出具凭证。

第五十六条 下列民用资源免予征用：

（一）个人和家庭生活必需的物品和居住场所；

（二）托儿所、幼儿园和孤儿院、养老院、残疾人康复机构、救助站等社会福利机构保障儿童、老人、残疾人和救助对象生活必需的物品和居住场所；

（三）法律、行政法规规定免予征用的其他民用资源。

第五十七条 被征用的民用资源根据军事要求需要进行改造的，由县级以上地方人民政府会同有关军事机关组织实施。

承担改造任务的单位应当按照使用单位提出的军事要求和改造方案进行改造，并保证按期交付使用。改造所需经费由国家负担。

第五十八条 被征用的民用资源使用完毕，县级以上地方人民政府应当及时组织返还；经过改造的，应当恢复原使用功能后返还；不能修复或者灭失的，以及因征用造成直接经济损失的，按照国家有关规定给予补偿。

第五十九条 中国人民解放军现役部队和预备役部队、中国人民武装警察部队、民兵组织进行军事演习、训练，需要征用民用资源或者采取临时性管制措施的，按照国务院、中央军事委员会的有关规定执行。

第十一章　宣传教育

第六十条　各级人民政府应当组织开展国防动员的宣传教育，增强公民的国防观念和依法履行国防义务的意识。有关军事机关应当协助做好国防动员的宣传教育工作。

第六十一条　国家机关、社会团体、企业事业单位和基层群众性自治组织，应当组织所属人员学习和掌握必要的国防知识与技能。

第六十二条　各级人民政府应当运用各种宣传媒体和宣传手段，对公民进行爱国主义、革命英雄主义宣传教育，激发公民的爱国热情，鼓励公民踊跃参战支前，采取多种形式开展拥军优属和慰问活动，按照国家有关规定做好抚恤优待工作。

新闻出版、广播影视和网络传媒等单位，应当按照国防动员的要求做好宣传教育和相关工作。

第十二章　特别措施

第六十三条　国家决定实施国防动员后，根据需要，可以依法在实施国防动员的区域采取下列特别措施：

（一）对金融、交通运输、邮政、电信、新闻出版、广播影视、信息网络、能源水源供应、医药卫生、食品和粮食供应、商业贸易等行业实行管制；

（二）对人员活动的区域、时间、方式以及物资、运载工具进出的区域进行必要的限制；

（三）在国家机关、社会团体和企业事业单位实行特殊工作制度；

（四）为武装力量优先提供各种交通保障；

（五）需要采取的其他特别措施。

第六十四条　在全国或者部分省、自治区、直辖市实行特别措施，由国务院、中央军事委员会决定并组织实施；在省、自治区、直辖市范围内的部分地区实行特别措施，由国务院、中央军事委员会决定，由特别措施实施区域所在省、自治区、直辖市人民政府和同级军事机关组织实施。

第六十五条　组织实施特别措施的机关应当在规定的权限、区域和时限内实施特别措施。特别措施实施区域内的公民和组织，应当服从组织实施特别措施的机关的管理。

第六十六条　采取特别措施不再必要时，应当及时终止。

第六十七条　因国家发布动员令，诉讼、行政复议、仲裁活动不能正常进行的，适用有关时效中止和程序中止的规定，但法律另有规定的除外。

第十三章　法律责任

第六十八条　公民有下列行为之一的，由县级人民政府责令限期改正；逾期不改的，强制其履行义务：

（一）预编到现役部队和编入预备役部队的预备役人员、预定征召的其他预备役人员离开预备役登记地一个月以上未向预备役登记的兵役机关报告的；

（二）国家决定实施国防动员后，预定征召的预备役人员未经预备役登记的兵役机关批准离开预备役登记地，或者未按照兵役机关要求及时返回，或者未到指定地点报到的；

（三）拒绝、逃避征召或者拒绝、逃避担负国防勤务的；

（四）拒绝、拖延民用资源征用或者阻碍对被征用的民用资源进行改造的；

（五）干扰、破坏国防动员工作秩序或者阻碍从事国防动员工作的人员依法履行职责的。

第六十九条 企业事业单位有下列行为之一的，由有关人民政府责令限期改正；逾期不改的，强制其履行义务，并可以处以罚款：

（一）在承建的贯彻国防要求的建设项目中未按照国防要求和技术规范、标准进行设计或者施工、生产的；

（二）因管理不善导致战略储备物资丢失、损坏或者不服从战略物资调用的；

（三）未按照转产、扩大生产军品和维修保障任务的要求进行军品科研、生产和维修保障能力储备，或者未按照规定组建专业技术队伍的；

（四）拒绝、拖延执行专业保障任务的；

（五）拒绝或者故意延误军事订货的；

（六）拒绝、拖延民用资源征用或者阻碍对被征用的民用资源进行改造的；

（七）阻挠公民履行征召、担负国防勤务义务的。

第七十条 有下列行为之一的，对直接负责的主管人员和其他直接责任人员，依法给予处分：

（一）拒不执行上级下达的国防动员命令的；

（二）滥用职权或者玩忽职守，给国防动员工作造成严重损失的；

（三）对征用的民用资源，拒不登记、出具凭证，或者违反规定使用造成严重损坏，以及不按照规定予以返还或者补偿的；

（四）泄露国防动员秘密的；

（五）贪污、挪用国防动员经费、物资的；

（六）滥用职权，侵犯和损害公民或者组织合法权益的。

第七十一条 违反本法规定，构成违反治安管理行为的，依法给予治安管理处罚；构成犯罪的，依法追究刑事责任。

第十四章 附　　则

第七十二条 本法自 2010 年 7 月 1 日起施行。

中华人民共和国国防教育法

（2001年4月28日第九届全国人民代表大会常务委员会第二十一次会议通过 根据2018年4月27日第十三届全国人民代表大会常务委员会第二次会议《关于修改〈中华人民共和国国境卫生检疫法〉等六部法律的决定》修正）

第一章 总 则

第一条 为了普及和加强国防教育，发扬爱国主义精神，促进国防建设和社会主义精神文明建设，根据国防法和教育法，制定本法。

第二条 国防教育是建设和巩固国防的基础，是增强民族凝聚力、提高全民素质的重要途径。

第三条 国家通过开展国防教育，使公民增强国防观念，掌握基本的国防知识，学习必要的军事技能，激发爱国热情，自觉履行国防义务。

第四条 国防教育贯彻全民参与、长期坚持、讲求实效的方针，实行经常教育与集中教育相结合、普及教育与重点教育相结合、理论教育与行为教育相结合的原则，针对不同对象确定相应的教育内容分类组织实施。

第五条 中华人民共和国公民都有接受国防教育的权利和义务。

普及和加强国防教育是全社会的共同责任。

一切国家机关和武装力量、各政党和各社会团体、各企业事业组织以及基层群众性自治组织,都应当根据各自的实际情况组织本地区、本部门、本单位开展国防教育。

第六条 国务院领导全国的国防教育工作。中央军事委员会协同国务院开展全民国防教育。

地方各级人民政府领导本行政区域内的国防教育工作。驻地军事机关协助和支持地方人民政府开展国防教育。

第七条 国家国防教育工作机构规划、组织、指导和协调全国的国防教育工作。

县级以上地方负责国防教育工作的机构组织、指导、协调和检查本行政区域内的国防教育工作。

第八条 教育、退役军人事务、文化宣传等部门,在各自职责范围内负责国防教育工作。

征兵、国防科研生产、国民经济动员、人民防空、国防交通、军事设施保护等工作的主管部门,依照本法和有关法律、法规的规定,负责国防教育工作。

工会、共产主义青年团、妇女联合会以及其他有关社会团体,协助人民政府开展国防教育。

第九条 中国人民解放军、中国人民武装警察部队按照中央军事委员会的有关规定开展国防教育。

第十条 国家支持、鼓励社会组织和个人开展有益于国防教育的活动。

第十一条 国家和社会对在国防教育工作中作出突出贡献的组织和个人，采取各种形式给予表彰和奖励。

第十二条 国家设立全民国防教育日。

第二章 学校国防教育

第十三条 学校的国防教育是全民国防教育的基础，是实施素质教育的重要内容。

教育行政部门应当将国防教育列入工作计划，加强对学校国防教育的组织、指导和监督，并对学校国防教育工作定期进行考核。

第十四条 小学和初级中学应当将国防教育的内容纳入有关课程，将课堂教学与课外活动相结合，对学生进行国防教育。

有条件的小学和初级中学可以组织学生开展以国防教育为主题的少年军校活动。教育行政部门、共产主义青年团组织和其他有关部门应当加强对少年军校活动的指导与管理。

小学和初级中学可以根据需要聘请校外辅导员，协助学校开展多种形式的国防教育活动。

第十五条 高等学校、高级中学和相当于高级中学的学校应当将课堂教学与军事训练相结合，对学生进行国防教育。

高等学校应当设置适当的国防教育课程,高级中学和相当于高级中学的学校应当在有关课程中安排专门的国防教育内容,并可以在学生中开展形式多样的国防教育活动。

高等学校、高级中学和相当于高级中学的学校学生的军事训练,由学校负责军事训练的机构或者军事教员按照国家有关规定组织实施。军事机关应当协助学校组织学生的军事训练。

第十六条 学校应当将国防教育列入学校的工作和教学计划,采取有效措施,保证国防教育的质量和效果。

学校组织军事训练活动,应当采取措施,加强安全保障。

第十七条 负责培训国家工作人员的各类教育机构,应当将国防教育纳入培训计划,设置适当的国防教育课程。

国家根据需要选送地方和部门的负责人到有关军事院校接受培训,学习和掌握履行领导职责所必需的国防知识。

第三章 社会国防教育

第十八条 国家机关应当根据各自的工作性质和特点,采取多种形式对工作人员进行国防教育。

国家机关工作人员应当具备基本的国防知识。从事国防建设事业的国家机关工作人员,必须学习和掌握履行职责所必需的国防知识。

各地区、各部门的领导人员应当依法履行组织、领导本地区、本部门开展国防教育的职责。

第十九条 企业事业组织应当将国防教育列入职工教育计划，结合政治教育、业务培训、文化体育等活动，对职工进行国防教育。

承担国防科研生产、国防设施建设、国防交通保障等任务的企业事业组织，应当根据所担负的任务，制定相应的国防教育计划，有针对性地对职工进行国防教育。

社会团体应当根据各自的活动特点开展国防教育。

第二十条 军区、省军区（卫戍区、警备区）、军分区（警备区）和县、自治县、市、市辖区的人民武装部按照国家和军队的有关规定，结合政治教育和组织整顿、军事训练、执行勤务、征兵工作以及重大节日、纪念日活动，对民兵、预备役人员进行国防教育。

民兵、预备役人员的国防教育，应当以基干民兵、第一类预备役人员和担任领导职务的民兵、预备役人员为重点，建立和完善制度，保证受教育的人员、教育时间和教育内容的落实。

第二十一条 城市居民委员会、农村村民委员会应当将国防教育纳入社区、农村社会主义精神文明建设的内容，结合征兵工作、拥军优属以及重大节日、纪念日活动，对居民、村民进行国防教育。

城市居民委员会、农村村民委员会可以聘请退役军人协助开展国防教育。

第二十二条 文化、新闻、出版、广播、电影、电视等部门和单位应当根据形势和任务的要求,采取多种形式开展国防教育。

中央和省、自治区、直辖市以及设区的市的广播电台、电视台、报刊应当开设国防教育节目或者栏目,普及国防知识。

第二十三条 烈士陵园、革命遗址和其他具有国防教育功能的博物馆、纪念馆、科技馆、文化馆、青少年宫等场所,应当为公民接受国防教育提供便利,对有组织的国防教育活动实行优惠或者免费;依照本法第二十八条的规定被命名为国防教育基地的,应当对有组织的中小学生免费开放;在全民国防教育日向社会免费开放。

第四章 国防教育的保障

第二十四条 各级人民政府应当将国防教育纳入国民经济和社会发展计划,并根据开展国防教育的需要,在财政预算中保障国防教育所需的经费。

第二十五条 国家机关、事业单位、社会团体开展国防教育所需的经费,在本单位预算经费内列支;企业开展国防教育所需经费,在本单位职工教育经费中列支。

学校组织学生军事训练所需的经费,按照国家有关规定执行。

第二十六条 国家鼓励社会组织和个人捐赠财产,资助国防教育的开展。

社会组织和个人资助国防教育的财产,由依法成立的国防教育基金组织或者其他公益性社会组织依法管理。

国家鼓励社会组织和个人提供或者捐赠所收藏的具有国防教育意义的实物用于国防教育。使用单位对提供使用的实物应当妥善保管,使用完毕,及时归还。

第二十七条　国防教育经费和社会组织、个人资助国防教育的财产,必须用于国防教育事业,任何单位或者个人不得挪用、克扣。

第二十八条　本法第二十三条规定的场所,具备下列条件的,经省、自治区、直辖市人民政府批准,可以命名为国防教育基地:

(一)有明确的国防教育主题内容;

(二)有健全的管理机构和规章制度;

(三)有相应的国防教育设施;

(四)有必要的经费保障;

(五)有显著的社会教育效果。

国防教育基地应当加强建设,不断完善,充分发挥国防教育的功能。被命名的国防教育基地不再具备前款规定条件的,由原批准机关撤销命名。

第二十九条　各级人民政府应当加强对国防教育基地的规划、建设和管理,并为其发挥作用提供必要的保障。

各级人民政府应当加强对具有国防教育意义的文物的收集、整理、保护工作。

第三十条　全民国防教育使用统一的国防教育大纲。

国防教育大纲由国家国防教育工作机构组织制定。

适用于不同地区、不同类别教育对象的国防教育教材，由有关部门或者地方依据国防教育大纲并结合本地区、本部门的特点组织编写。

第三十一条 各级国防教育工作机构应当组织、协调有关部门做好国防教育教员的选拔、培训和管理工作，加强国防教育师资队伍建设。

国防教育教员应当从热爱国防教育事业、具有基本的国防知识和必要的军事技能的人员中选拔。

第三十二条 中国人民解放军和中国人民武装警察部队应当根据需要和可能，为驻地有组织的国防教育活动选派军事教员，提供必要的军事训练场地、设施以及其他便利条件。

在国庆节、中国人民解放军建军节和全民国防教育日，经批准的军营可以向社会开放。军营开放的办法由中央军事委员会规定。

第五章 法律责任

第三十三条 国家机关、社会团体、企业事业组织以及其他社会组织违反本法规定，拒不开展国防教育活动的，由人民政府有关部门或者上级机关给予批评教育，并责令限期改正；拒不改正，造成恶劣影响的，对负有直接责任的主管人员依法给予行政处分。

第三十四条 违反本法规定，挪用、克扣国防教育经费的，由有关主管部门责令限期归还；对负有直接责任的主管人员和其他直接责任人员依法给予行政处分；构成犯罪的，依法追究刑事责任。

第三十五条 侵占、破坏国防教育基地设施、损毁展品的，由有关主管部门给予批评教育，并责令限期改正；有关责任人应当依法承担相应的民事责任。

有前款所列行为，违反治安管理规定的，由公安机关依法给予治安管理处罚；构成犯罪的，依法追究刑事责任。

第三十六条 寻衅滋事，扰乱国防教育工作和活动秩序的，或者盗用国防教育名义骗取钱财的，由有关主管部门给予批评教育，并予以制止；违反治安管理规定的，由公安机关依法给予治安管理处罚；构成犯罪的，依法追究刑事责任。

第三十七条 负责国防教育的国家工作人员玩忽职守、滥用职权、徇私舞弊的，依法给予行政处分；构成犯罪的，依法追究刑事责任。

第六章　附　　则

第三十八条 本法自公布之日起施行。

中华人民共和国国家安全法

（2015年7月1日第十二届全国人民代表大会常务委员会第十五次会议通过 2015年7月1日中华人民共和国主席令第29号公布 自公布之日起施行）

第一章 总 则

第一条 为了维护国家安全，保卫人民民主专政的政权和中国特色社会主义制度，保护人民的根本利益，保障改革开放和社会主义现代化建设的顺利进行，实现中华民族伟大复兴，根据宪法，制定本法。

第二条 国家安全是指国家政权、主权、统一和领土完整、人民福祉、经济社会可持续发展和国家其他重大利益相对处于没有危险和不受内外威胁的状态，以及保障持续安全状态的能力。

第三条 国家安全工作应当坚持总体国家安全观，以人民安全为宗旨，以政治安全为根本，以经济安全为基础，以军事、文化、社会安全为保障，以促进国际安全为依托，维护各领域国家安全，构建国家安全体系，走中国特色国家安全道路。

第四条 坚持中国共产党对国家安全工作的领导,建立集中统一、高效权威的国家安全领导体制。

第五条 中央国家安全领导机构负责国家安全工作的决策和议事协调,研究制定、指导实施国家安全战略和有关重大方针政策,统筹协调国家安全重大事项和重要工作,推动国家安全法治建设。

第六条 国家制定并不断完善国家安全战略,全面评估国际、国内安全形势,明确国家安全战略的指导方针、中长期目标、重点领域的国家安全政策、工作任务和措施。

第七条 维护国家安全,应当遵守宪法和法律,坚持社会主义法治原则,尊重和保障人权,依法保护公民的权利和自由。

第八条 维护国家安全,应当与经济社会发展相协调。

国家安全工作应当统筹内部安全和外部安全、国土安全和国民安全、传统安全和非传统安全、自身安全和共同安全。

第九条 维护国家安全,应当坚持预防为主、标本兼治,专门工作与群众路线相结合,充分发挥专门机关和其他有关机关维护国家安全的职能作用,广泛动员公民和组织,防范、制止和依法惩治危害国家安全的行为。

第十条 维护国家安全,应当坚持互信、互利、平等、协作,积极同外国政府和国际组织开展安全交流合作,履行国际安全义务,促进共同安全,维护世界和平。

第十一条 中华人民共和国公民、一切国家机关和武装力量、各政党和各人民团体、企业事业组织和其他社会组织，都有维护国家安全的责任和义务。

中国的主权和领土完整不容侵犯和分割。维护国家主权、统一和领土完整是包括港澳同胞和台湾同胞在内的全中国人民的共同义务。

第十二条 国家对在维护国家安全工作中作出突出贡献的个人和组织给予表彰和奖励。

第十三条 国家机关工作人员在国家安全工作和涉及国家安全活动中，滥用职权、玩忽职守、徇私舞弊的，依法追究法律责任。

任何个人和组织违反本法和有关法律，不履行维护国家安全义务或者从事危害国家安全活动的，依法追究法律责任。

第十四条 每年4月15日为全民国家安全教育日。

第二章 维护国家安全的任务

第十五条 国家坚持中国共产党的领导，维护中国特色社会主义制度，发展社会主义民主政治，健全社会主义法治，强化权力运行制约和监督机制，保障人民当家作主的各项权利。

国家防范、制止和依法惩治任何叛国、分裂国家、煽动叛乱、颠覆或者煽动颠覆人民民主专政政权的行为；防范、制止和依法惩治窃取、泄露国家秘密等危害国家安全的行为；防范、制止和依法惩治境外势力的渗透、破坏、颠覆、分裂活动。

第十六条 国家维护和发展最广大人民的根本利益，保卫人民安全，创造良好生存发展条件和安定工作生活环境，保障公民的生命财产安全和其他合法权益。

第十七条 国家加强边防、海防和空防建设，采取一切必要的防卫和管控措施，保卫领陆、内水、领海和领空安全，维护国家领土主权和海洋权益。

第十八条 国家加强武装力量革命化、现代化、正规化建设，建设与保卫国家安全和发展利益需要相适应的武装力量；实施积极防御军事战略方针，防备和抵御侵略，制止武装颠覆和分裂；开展国际军事安全合作，实施联合国维和、国际救援、海上护航和维护国家海外利益的军事行动，维护国家主权、安全、领土完整、发展利益和世界和平。

第十九条 国家维护国家基本经济制度和社会主义市场经济秩序，健全预防和化解经济安全风险的制度机制，保障关系国民经济命脉的重要行业和关键领域、重点产业、重大基础设施和重大建设项目以及其他重大经济利益安全。

第二十条 国家健全金融宏观审慎管理和金融风险防范、处置机制，加强金融基础设施和基础能力建设，防范和化解系统性、区域性金融风险，防范和抵御外部金融风险的冲击。

第二十一条 国家合理利用和保护资源能源，有效管控战略资源能源的开发,加强战略资源能源储备,完善资源能源运输战略通道建设和安全保护措施,加强国际资源能源合作,全面提升应急保障能力,保障经济社会发展所需的资源能源持续、可靠和有效供给。

第二十二条 国家健全粮食安全保障体系,保护和提高粮食综合生产能力,完善粮食储备制度、流通体系和市场调控机制,健全粮食安全预警制度,保障粮食供给和质量安全。

第二十三条 国家坚持社会主义先进文化前进方向,继承和弘扬中华民族优秀传统文化,培育和践行社会主义核心价值观,防范和抵制不良文化的影响,掌握意识形态领域主导权,增强文化整体实力和竞争力。

第二十四条 国家加强自主创新能力建设,加快发展自主可控的战略高新技术和重要领域核心关键技术,加强知识产权的运用、保护和科技保密能力建设,保障重大技术和工程的安全。

第二十五条 国家建设网络与信息安全保障体系,提升网络与信息安全保护能力,加强网络和信息技术的创新研究和开发应用,实现网络和信息核心技术、关键基础设施和重要领域信息系统及数据的安全可控;加强网络管理,防范、制止和依法惩治网络攻击、网络入侵、网络窃密、散布违法有害信息等网络违法犯罪行为,维护国家网络空间主权、安全和发展利益。

第二十六条 国家坚持和完善民族区域自治制度,巩固和发展平等团结互助和谐的社会主义民族关系。坚持各民族一律平等，加强民族交往、交流、交融，防范、制止和依法惩治民族分裂活动，维护国家统一、民族团结和社会和谐，实现各民族共同团结奋斗、共同繁荣发展。

第二十七条 国家依法保护公民宗教信仰自由和正常宗教活动，坚持宗教独立自主自办的原则，防范、制止和依法惩治利用宗教名义进行危害国家安全的违法犯罪活动，反对境外势力干涉境内宗教事务，维护正常宗教活动秩序。

国家依法取缔邪教组织，防范、制止和依法惩治邪教违法犯罪活动。

第二十八条 国家反对一切形式的恐怖主义和极端主义，加强防范和处置恐怖主义的能力建设，依法开展情报、调查、防范、处置以及资金监管等工作，依法取缔恐怖活动组织和严厉惩治暴力恐怖活动。

第二十九条 国家健全有效预防和化解社会矛盾的体制机制，健全公共安全体系，积极预防、减少和化解社会矛盾，妥善处置公共卫生、社会安全等影响国家安全和社会稳定的突发事件，促进社会和谐，维护公共安全和社会安定。

第三十条 国家完善生态环境保护制度体系，加大生态建设和环境保护力度，划定生态保护红线，强化生态风险的预警和防控，妥善处置突发环境事件，保障人民赖以生存发展的大气、水、土壤等自然环境和条件不受威胁和破坏，促进人与自然和谐发展。

第三十一条 国家坚持和平利用核能和核技术，加强国际合作，防止核扩散，完善防扩散机制，加强对核设施、核材料、核活动和核废料处置的安全管理、监管和保护，加强核事故应急体系和应急能力建设，防止、控制和消除核事故对公民生命健康和生态环境的危害，不断增强有效应对和防范核威胁、核攻击的能力。

第三十二条 国家坚持和平探索和利用外层空间、国际海底区域和极地，增强安全进出、科学考察、开发利用的能力，加强国际合作，维护我国在外层空间、国际海底区域和极地的活动、资产和其他利益的安全。

第三十三条 国家依法采取必要措施，保护海外中国公民、组织和机构的安全和正当权益，保护国家的海外利益不受威胁和侵害。

第三十四条 国家根据经济社会发展和国家发展利益的需要，不断完善维护国家安全的任务。

第三章　维护国家安全的职责

第三十五条 全国人民代表大会依照宪法规定，决定战争和和平的问题，行使宪法规定的涉及国家安全的其他职权。

全国人民代表大会常务委员会依照宪法规定，决定战争状态的宣布，决定全国总动员或者局部动员，决定全国或者个别省、自治区、直辖市进入紧急状态，行使宪法规定的和全国人民代表大会授予的涉及国家安全的其他职权。

第三十六条 中华人民共和国主席根据全国人民代表大会的决定和全国人民代表大会常务委员会的决定，宣布进入紧急状态，宣布战争状态，发布动员令，行使宪法规定的涉及国家安全的其他职权。

第三十七条 国务院根据宪法和法律，制定涉及国家安全的行政法规，规定有关行政措施，发布有关决定和命令；实施国家安全法律法规和政策；依照法律规定决定省、自治区、直辖市的范围内部分地区进入紧急状态；行使宪法法律规定的和全国人民代表大会及其常务委员会授予的涉及国家安全的其他职权。

第三十八条 中央军事委员会领导全国武装力量，决定军事战略和武装力量的作战方针，统一指挥维护国家安全的军事行动，制定涉及国家安全的军事法规，发布有关决定和命令。

第三十九条 中央国家机关各部门按照职责分工，贯彻执行国家安全方针政策和法律法规，管理指导本系统、本领域国家安全工作。

第四十条 地方各级人民代表大会和县级以上地方各级人民代表大会常务委员会在本行政区域内，保证国家安全法律法规的遵守和执行。

地方各级人民政府依照法律法规规定管理本行政区域内的国家安全工作。

香港特别行政区、澳门特别行政区应当履行维护国家安全的责任。

第四十一条 人民法院依照法律规定行使审判权,人民检察院依照法律规定行使检察权,惩治危害国家安全的犯罪。

第四十二条 国家安全机关、公安机关依法搜集涉及国家安全的情报信息,在国家安全工作中依法行使侦查、拘留、预审和执行逮捕以及法律规定的其他职权。

有关军事机关在国家安全工作中依法行使相关职权。

第四十三条 国家机关及其工作人员在履行职责时,应当贯彻维护国家安全的原则。

国家机关及其工作人员在国家安全工作和涉及国家安全活动中,应当严格依法履行职责,不得超越职权、滥用职权,不得侵犯个人和组织的合法权益。

第四章 国家安全制度

第一节 一般规定

第四十四条 中央国家安全领导机构实行统分结合、协调高效的国家安全制度与工作机制。

第四十五条 国家建立国家安全重点领域工作协调机制,统筹协调中央有关职能部门推进相关工作。

第四十六条 国家建立国家安全工作督促检查和责任追究机制,确保国家安全战略和重大部署贯彻落实。

第四十七条 各部门、各地区应当采取有效措施,贯彻实施国家安全战略。

第四十八条 国家根据维护国家安全工作需要,建立跨部门会商工作机制,就维护国家安全工作的重大事项进行会商研判,提出意见和建议。

第四十九条 国家建立中央与地方之间、部门之间、军地之间以及地区之间关于国家安全的协同联动机制。

第五十条 国家建立国家安全决策咨询机制,组织专家和有关方面开展对国家安全形势的分析研判,推进国家安全的科学决策。

第二节 情报信息

第五十一条 国家健全统一归口、反应灵敏、准确高效、运转顺畅的情报信息收集、研判和使用制度,建立情报信息工作协调机制,实现情报信息的及时收集、准确研判、有效使用和共享。

第五十二条 国家安全机关、公安机关、有关军事机关根据职责分工,依法搜集涉及国家安全的情报信息。

国家机关各部门在履行职责过程中,对于获取的涉及国家安全的有关信息应当及时上报。

第五十三条 开展情报信息工作,应当充分运用现代科学技术手段,加强对情报信息的鉴别、筛选、综合和研判分析。

第五十四条 情报信息的报送应当及时、准确、客观,不得迟报、漏报、瞒报和谎报。

第三节　风险预防、评估和预警

第五十五条　国家制定完善应对各领域国家安全风险预案。

第五十六条　国家建立国家安全风险评估机制，定期开展各领域国家安全风险调查评估。

有关部门应当定期向中央国家安全领导机构提交国家安全风险评估报告。

第五十七条　国家健全国家安全风险监测预警制度，根据国家安全风险程度，及时发布相应风险预警。

第五十八条　对可能即将发生或者已经发生的危害国家安全的事件，县级以上地方人民政府及其有关主管部门应当立即按照规定向上一级人民政府及其有关主管部门报告，必要时可以越级上报。

第四节　审查监管

第五十九条　国家建立国家安全审查和监管的制度和机制，对影响或者可能影响国家安全的外商投资、特定物项和关键技术、网络信息技术产品和服务、涉及国家安全事项的建设项目，以及其他重大事项和活动，进行国家安全审查，有效预防和化解国家安全风险。

第六十条　中央国家机关各部门依照法律、行政法规行使国家安全审查职责，依法作出国家安全审查决定或者提出安全审查意见并监督执行。

第六十一条 省、自治区、直辖市依法负责本行政区域内有关国家安全审查和监管工作。

第五节 危机管控

第六十二条 国家建立统一领导、协同联动、有序高效的国家安全危机管控制度。

第六十三条 发生危及国家安全的重大事件，中央有关部门和有关地方根据中央国家安全领导机构的统一部署，依法启动应急预案，采取管控处置措施。

第六十四条 发生危及国家安全的特别重大事件，需要进入紧急状态、战争状态或者进行全国总动员、局部动员的，由全国人民代表大会、全国人民代表大会常务委员会或者国务院依照宪法和有关法律规定的权限和程序决定。

第六十五条 国家决定进入紧急状态、战争状态或者实施国防动员后，履行国家安全危机管控职责的有关机关依照法律规定或者全国人民代表大会常务委员会规定，有权采取限制公民和组织权利、增加公民和组织义务的特别措施。

第六十六条 履行国家安全危机管控职责的有关机关依法采取处置国家安全危机的管控措施，应当与国家安全危机可能造成的危害的性质、程度和范围相适应；有多种措施可供选择的，应当选择有利于最大程度保护公民、组织权益的措施。

第六十七条 国家健全国家安全危机的信息报告和发布机制。

国家安全危机事件发生后，履行国家安全危机管控职责的有关机关，应当按照规定准确、及时报告，并依法将有关国家安全危机事件发生、发展、管控处置及善后情况统一向社会发布。

第六十八条 国家安全威胁和危害得到控制或者消除后，应当及时解除管控处置措施，做好善后工作。

第五章 国家安全保障

第六十九条 国家健全国家安全保障体系，增强维护国家安全的能力。

第七十条 国家健全国家安全法律制度体系，推动国家安全法治建设。

第七十一条 国家加大对国家安全各项建设的投入，保障国家安全工作所需经费和装备。

第七十二条 承担国家安全战略物资储备任务的单位，应当按照国家有关规定和标准对国家安全物资进行收储、保管和维护，定期调整更换，保证储备物资的使用效能和安全。

第七十三条 鼓励国家安全领域科技创新，发挥科技在维护国家安全中的作用。

第七十四条 国家采取必要措施，招录、培养和管理国家安全工作专门人才和特殊人才。

根据维护国家安全工作的需要，国家依法保护有关机关专门从事国家安全工作人员的身份和合法权益，加大人身保护和安置保障力度。

第七十五条　国家安全机关、公安机关、有关军事机关开展国家安全专门工作，可以依法采取必要手段和方式，有关部门和地方应当在职责范围内提供支持和配合。

第七十六条　国家加强国家安全新闻宣传和舆论引导，通过多种形式开展国家安全宣传教育活动，将国家安全教育纳入国民教育体系和公务员教育培训体系，增强全民国家安全意识。

第六章　公民、组织的义务和权利

第七十七条　公民和组织应当履行下列维护国家安全的义务：

（一）遵守宪法、法律法规关于国家安全的有关规定；

（二）及时报告危害国家安全活动的线索；

（三）如实提供所知悉的涉及危害国家安全活动的证据；

（四）为国家安全工作提供便利条件或者其他协助；

（五）向国家安全机关、公安机关和有关军事机关提供必要的支持和协助；

（六）保守所知悉的国家秘密；

（七）法律、行政法规规定的其他义务。

任何个人和组织不得有危害国家安全的行为，不得向危害国家安全的个人或者组织提供任何资助或者协助。

第七十八条　机关、人民团体、企业事业组织和其他社会组织应当对本单位的人员进行维护国家安全的教育，动员、组织本单位的人员防范、制止危害国家安全的行为。

第七十九条　企业事业组织根据国家安全工作的要求，应当配合有关部门采取相关安全措施。

第八十条　公民和组织支持、协助国家安全工作的行为受法律保护。

因支持、协助国家安全工作，本人或者其近亲属的人身安全面临危险的，可以向公安机关、国家安全机关请求予以保护。公安机关、国家安全机关应当会同有关部门依法采取保护措施。

第八十一条　公民和组织因支持、协助国家安全工作导致财产损失的，按照国家有关规定给予补偿；造成人身伤害或者死亡的，按照国家有关规定给予抚恤优待。

第八十二条　公民和组织对国家安全工作有向国家机关提出批评建议的权利，对国家机关及其工作人员在国家安全工作中的违法失职行为有提出申诉、控告和检举的权利。

第八十三条　在国家安全工作中，需要采取限制公民权利和自由的特别措施时，应当依法进行，并以维护国家安全的实际需要为限度。

第七章　附　　则

第八十四条　本法自公布之日起施行。

反分裂国家法

（2005年3月14日第十届全国人民代表大会第三次会议通过　2005年3月14日中华人民共和国主席令第34号公布　自公布之日起施行）

第一条　为了反对和遏制"台独"分裂势力分裂国家，促进祖国和平统一，维护台湾海峡地区和平稳定，维护国家主权和领土完整，维护中华民族的根本利益，根据宪法，制定本法。

第二条　世界上只有一个中国，大陆和台湾同属一个中国，中国的主权和领土完整不容分割。维护国家主权和领土完整是包括台湾同胞在内的全中国人民的共同义务。

台湾是中国的一部分。国家绝不允许"台独"分裂势力以任何名义、任何方式把台湾从中国分裂出去。

第三条　台湾问题是中国内战的遗留问题。

解决台湾问题，实现祖国统一，是中国的内部事务，不受任何外国势力的干涉。

第四条 完成统一祖国的大业是包括台湾同胞在内的全中国人民的神圣职责。

第五条 坚持一个中国原则,是实现祖国和平统一的基础。

以和平方式实现祖国统一,最符合台湾海峡两岸同胞的根本利益。国家以最大的诚意,尽最大的努力,实现和平统一。

国家和平统一后,台湾可以实行不同于大陆的制度,高度自治。

第六条 国家采取下列措施,维护台湾海峡地区和平稳定,发展两岸关系:

(一)鼓励和推动两岸人员往来,增进了解,增强互信;

(二)鼓励和推动两岸经济交流与合作,直接通邮通航通商,密切两岸经济关系,互利互惠;

(三)鼓励和推动两岸教育、科技、文化、卫生、体育交流,共同弘扬中华文化的优秀传统;

(四)鼓励和推动两岸共同打击犯罪;

(五)鼓励和推动有利于维护台湾海峡地区和平稳定、发展两岸关系的其他活动。

国家依法保护台湾同胞的权利和利益。

第七条 国家主张通过台湾海峡两岸平等的协商和谈判,实现和平统一。协商和谈判可以有步骤、分阶段进行,方式可以灵活多样。

台湾海峡两岸可以就下列事项进行协商和谈判:

（一）正式结束两岸敌对状态；
（二）发展两岸关系的规划；
（三）和平统一的步骤和安排；
（四）台湾当局的政治地位；
（五）台湾地区在国际上与其地位相适应的活动空间；
（六）与实现和平统一有关的其他任何问题。

第八条 "台独"分裂势力以任何名义、任何方式造成台湾从中国分裂出去的事实，或者发生将会导致台湾从中国分裂出去的重大事变，或者和平统一的可能性完全丧失，国家得采取非和平方式及其他必要措施，捍卫国家主权和领土完整。

依照前款规定采取非和平方式及其他必要措施，由国务院、中央军事委员会决定和组织实施，并及时向全国人民代表大会常务委员会报告。

第九条 依照本法规定采取非和平方式及其他必要措施并组织实施时，国家尽最大可能保护台湾平民和在台湾的外国人的生命财产安全和其他正当权益，减少损失；同时，国家依法保护台湾同胞在中国其他地区的权利和利益。

第十条 本法自公布之日起施行。

中华人民共和国反间谍法

（2014年11月1日第十二届全国人民代表大会常务委员会第十一次会议通过 2023年4月26日第十四届全国人民代表大会常务委员会第二次会议修订 2023年4月26日中华人民共和国主席令第4号公布 自2023年7月1日起施行）

第一章 总 则

第一条 为了加强反间谍工作，防范、制止和惩治间谍行为，维护国家安全，保护人民利益，根据宪法，制定本法。

第二条 反间谍工作坚持党中央集中统一领导，坚持总体国家安全观，坚持公开工作与秘密工作相结合、专门工作与群众路线相结合，坚持积极防御、依法惩治、标本兼治，筑牢国家安全人民防线。

第三条 反间谍工作应当依法进行，尊重和保障人权，保障个人和组织的合法权益。

第四条 本法所称间谍行为，是指下列行为：

（一）间谍组织及其代理人实施或者指使、资助他人实施，或者境内外机构、组织、个人与其相勾结实施的危害中华人民共和国国家安全的活动；

（二）参加间谍组织或者接受间谍组织及其代理人的任务，或者投靠间谍组织及其代理人；

（三）间谍组织及其代理人以外的其他境外机构、组织、个人实施或者指使、资助他人实施，或者境内机构、组织、个人与其相勾结实施的窃取、刺探、收买、非法提供国家秘密、情报以及其他关系国家安全和利益的文件、数据、资料、物品，或者策动、引诱、胁迫、收买国家工作人员叛变的活动；

（四）间谍组织及其代理人实施或者指使、资助他人实施，或者境内外机构、组织、个人与其相勾结实施针对国家机关、涉密单位或者关键信息基础设施等的网络攻击、侵入、干扰、控制、破坏等活动；

（五）为敌人指示攻击目标；

（六）进行其他间谍活动。

间谍组织及其代理人在中华人民共和国领域内，或者利用中华人民共和国的公民、组织或者其他条件，从事针对第三国的间谍活动，危害中华人民共和国国家安全的，适用本法。

第五条 国家建立反间谍工作协调机制，统筹协调反间谍工作中的重大事项，研究、解决反间谍工作中的重大问题。

第六条 国家安全机关是反间谍工作的主管机关。

公安、保密等有关部门和军队有关部门按照职责分工，密切配合，加强协调，依法做好有关工作。

第七条 中华人民共和国公民有维护国家的安全、荣誉和利益的义务，不得有危害国家的安全、荣誉和利益的行为。

一切国家机关和武装力量、各政党和各人民团体、企业事业组织和其他社会组织，都有防范、制止间谍行为，维护国家安全的义务。

国家安全机关在反间谍工作中必须依靠人民的支持，动员、组织人民防范、制止间谍行为。

第八条 任何公民和组织都应当依法支持、协助反间谍工作，保守所知悉的国家秘密和反间谍工作秘密。

第九条 国家对支持、协助反间谍工作的个人和组织给予保护。

对举报间谍行为或者在反间谍工作中做出重大贡献的个人和组织，按照国家有关规定给予表彰和奖励。

第十条 境外机构、组织、个人实施或者指使、资助他人实施的，或者境内机构、组织、个人与境外机构、组织、个人相勾结实施的危害中华人民共和国国家安全的间谍行为，都必须受到法律追究。

第十一条 国家安全机关及其工作人员在工作中，应当严格依法办事，不得超越职权、滥用职权，不得侵犯个人和组织的合法权益。

国家安全机关及其工作人员依法履行反间谍工作职责获取的个人和组织的信息，只能用于反间谍工作。对属于国家秘密、工作秘密、商业秘密和个人隐私、个人信息的，应当保密。

第二章 安全防范

第十二条 国家机关、人民团体、企业事业组织和其他社会组织承担本单位反间谍安全防范工作的主体责任，落实反间谍安全防范措施，对本单位的人员进行维护国家安全的教育，动员、组织本单位的人员防范、制止间谍行为。

地方各级人民政府、相关行业主管部门按照职责分工，管理本行政区域、本行业有关反间谍安全防范工作。

国家安全机关依法协调指导、监督检查反间谍安全防范工作。

第十三条 各级人民政府和有关部门应当组织开展反间谍安全防范宣传教育，将反间谍安全防范知识纳入教育、培训、普法宣传内容，增强全民反间谍安全防范意识和国家安全素养。

新闻、广播、电视、文化、互联网信息服务等单位，应当面向社会有针对性地开展反间谍宣传教育。

国家安全机关应当根据反间谍安全防范形势，指导有关单位开展反间谍宣传教育活动，提高防范意识和能力。

第十四条 任何个人和组织都不得非法获取、持有属于国家秘密的文件、数据、资料、物品。

第十五条　任何个人和组织都不得非法生产、销售、持有、使用间谍活动特殊需要的专用间谍器材。专用间谍器材由国务院国家安全主管部门依照国家有关规定确认。

第十六条　任何公民和组织发现间谍行为，应当及时向国家安全机关举报；向公安机关等其他国家机关、组织举报的，相关国家机关、组织应当立即移送国家安全机关处理。

国家安全机关应当将受理举报的电话、信箱、网络平台等向社会公开，依法及时处理举报信息，并为举报人保密。

第十七条　国家建立反间谍安全防范重点单位管理制度。

反间谍安全防范重点单位应当建立反间谍安全防范工作制度，履行反间谍安全防范工作要求，明确内设职能部门和人员承担反间谍安全防范职责。

第十八条　反间谍安全防范重点单位应当加强对工作人员反间谍安全防范的教育和管理，对离岗离职人员脱密期内履行反间谍安全防范义务的情况进行监督检查。

第十九条　反间谍安全防范重点单位应当加强对涉密事项、场所、载体等的日常安全防范管理，采取隔离加固、封闭管理、设置警戒等反间谍物理防范措施。

第二十条　反间谍安全防范重点单位应当按照反间谍技术防范的要求和标准，采取相应的技术措施和其他必要措施，加强对要害部门部位、网络设施、信息系统的反间谍技术防范。

第二十一条 在重要国家机关、国防军工单位和其他重要涉密单位以及重要军事设施的周边安全控制区域内新建、改建、扩建建设项目的,由国家安全机关实施涉及国家安全事项的建设项目许可。

县级以上地方各级人民政府编制国民经济和社会发展规划、国土空间规划等有关规划,应当充分考虑国家安全因素和划定的安全控制区域,征求国家安全机关的意见。

安全控制区域的划定应当统筹发展和安全,坚持科学合理、确有必要的原则,由国家安全机关会同发展改革、自然资源、住房城乡建设、保密、国防科技工业等部门以及军队有关部门共同划定,报省、自治区、直辖市人民政府批准并动态调整。

涉及国家安全事项的建设项目许可的具体实施办法,由国务院国家安全主管部门会同有关部门制定。

第二十二条 国家安全机关根据反间谍工作需要,可以会同有关部门制定反间谍技术防范标准,指导有关单位落实反间谍技术防范措施,对存在隐患的单位,经过严格的批准手续,可以进行反间谍技术防范检查和检测。

第三章 调查处置

第二十三条 国家安全机关在反间谍工作中依法行使本法和有关法律规定的职权。

第二十四条 国家安全机关工作人员依法执行反间谍

工作任务时，依照规定出示工作证件，可以查验中国公民或者境外人员的身份证明，向有关个人和组织问询有关情况，对身份不明、有间谍行为嫌疑的人员，可以查看其随带物品。

第二十五条 国家安全机关工作人员依法执行反间谍工作任务时，经设区的市级以上国家安全机关负责人批准，出示工作证件，可以查验有关个人和组织的电子设备、设施及有关程序、工具。查验中发现存在危害国家安全情形的，国家安全机关应当责令其采取措施立即整改。拒绝整改或者整改后仍存在危害国家安全隐患的，可以予以查封、扣押。

对依照前款规定查封、扣押的电子设备、设施及有关程序、工具，在危害国家安全的情形消除后，国家安全机关应当及时解除查封、扣押。

第二十六条 国家安全机关工作人员依法执行反间谍工作任务时，根据国家有关规定，经设区的市级以上国家安全机关负责人批准，可以查阅、调取有关的文件、数据、资料、物品，有关个人和组织应当予以配合。查阅、调取不得超出执行反间谍工作任务所需的范围和限度。

第二十七条 需要传唤违反本法的人员接受调查的，经国家安全机关办案部门负责人批准，使用传唤证传唤。对现场发现的违反本法的人员，国家安全机关工作人员依照规定出示工作证件，可以口头传唤，但应当在询问笔录中注明。传唤的原因和依据应当告知被传唤人。对无正当理由拒不接受传唤或者逃避传唤的人，可以强制传唤。

国家安全机关应当在被传唤人所在市、县内的指定地点或者其住所进行询问。

国家安全机关对被传唤人应当及时询问查证。询问查证的时间不得超过八小时；情况复杂，可能适用行政拘留或者涉嫌犯罪的，询问查证的时间不得超过二十四小时。国家安全机关应当为被传唤人提供必要的饮食和休息时间。严禁连续传唤。

除无法通知或者可能妨碍调查的情形以外，国家安全机关应当及时将传唤的原因通知被传唤人家属。在上述情形消失后，应当立即通知被传唤人家属。

第二十八条 国家安全机关调查间谍行为，经设区的市级以上国家安全机关负责人批准，可以依法对涉嫌间谍行为的人身、物品、场所进行检查。

检查女性身体的，应当由女性工作人员进行。

第二十九条 国家安全机关调查间谍行为，经设区的市级以上国家安全机关负责人批准，可以查询涉嫌间谍行为人员的相关财产信息。

第三十条 国家安全机关调查间谍行为，经设区的市级以上国家安全机关负责人批准，可以对涉嫌用于间谍行为的场所、设施或者财物依法查封、扣押、冻结；不得查封、扣押、冻结与被调查的间谍行为无关的场所、设施或者财物。

第三十一条 国家安全机关工作人员在反间谍工作中

采取查阅、调取、传唤、检查、查询、查封、扣押、冻结等措施，应当由二人以上进行，依照有关规定出示工作证件及相关法律文书，并由相关人员在有关笔录等书面材料上签名、盖章。

国家安全机关工作人员进行检查、查封、扣押等重要取证工作，应当对全过程进行录音录像，留存备查。

第三十二条　在国家安全机关调查了解有关间谍行为的情况、收集有关证据时，有关个人和组织应当如实提供，不得拒绝。

第三十三条　对出境后可能对国家安全造成危害，或者对国家利益造成重大损失的中国公民，国务院国家安全主管部门可以决定其在一定期限内不准出境，并通知移民管理机构。

对涉嫌间谍行为人员，省级以上国家安全机关可以通知移民管理机构不准其出境。

第三十四条　对入境后可能进行危害中华人民共和国国家安全活动的境外人员，国务院国家安全主管部门可以通知移民管理机构不准其入境。

第三十五条　对国家安全机关通知不准出境或者不准入境的人员，移民管理机构应当按照国家有关规定执行；不准出境、入境情形消失的，国家安全机关应当及时撤销不准出境、入境决定，并通知移民管理机构。

第三十六条　国家安全机关发现涉及间谍行为的网络信息内容或者网络攻击等风险，应当依照《中华人民共和国网络安全法》规定的职责分工,及时通报有关部门,由其依法处置或者责令电信业务经营者、互联网服务提供者及时采取修复漏洞、加固网络防护、停止传输、消除程序和内容、暂停相关服务、下架相关应用、关闭相关网站等措施,保存相关记录。情况紧急,不立即采取措施将对国家安全造成严重危害的,由国家安全机关责令有关单位修复漏洞、停止相关传输、暂停相关服务,并通报有关部门。

经采取相关措施,上述信息内容或者风险已经消除的,国家安全机关和有关部门应当及时作出恢复相关传输和服务的决定。

第三十七条　国家安全机关因反间谍工作需要,根据国家有关规定,经过严格的批准手续,可以采取技术侦察措施和身份保护措施。

第三十八条　对违反本法规定,涉嫌犯罪,需要对有关事项是否属于国家秘密或者情报进行鉴定以及需要对危害后果进行评估的,由国家保密部门或者省、自治区、直辖市保密部门按照程序在一定期限内进行鉴定和组织评估。

第三十九条　国家安全机关经调查,发现间谍行为涉嫌犯罪的,应当依照《中华人民共和国刑事诉讼法》的规定立案侦查。

第四章　保障与监督

第四十条　国家安全机关工作人员依法履行职责,受法律保护。

第四十一条 国家安全机关依法调查间谍行为,邮政、快递等物流运营单位和电信业务经营者、互联网服务提供者应当提供必要的支持和协助。

第四十二条 国家安全机关工作人员因执行紧急任务需要,经出示工作证件,享有优先乘坐公共交通工具、优先通行等通行便利。

第四十三条 国家安全机关工作人员依法执行任务时,依照规定出示工作证件,可以进入有关场所、单位;根据国家有关规定,经过批准,出示工作证件,可以进入限制进入的有关地区、场所、单位。

第四十四条 国家安全机关因反间谍工作需要,根据国家有关规定,可以优先使用或者依法征用国家机关、人民团体、企业事业组织和其他社会组织以及个人的交通工具、通信工具、场地和建筑物等,必要时可以设置相关工作场所和设施设备,任务完成后应当及时归还或者恢复原状,并依照规定支付相应费用;造成损失的,应当给予补偿。

第四十五条 国家安全机关因反间谍工作需要,根据国家有关规定,可以提请海关、移民管理等检查机关对有关人员提供通关便利,对有关资料、器材等予以免检。有关检查机关应当依法予以协助。

第四十六条 国家安全机关工作人员因执行任务,或者个人因协助执行反间谍工作任务,本人或者其近亲属的人身安全受到威胁时，国家安全机关应当会同有关部门依法采取必要措施，予以保护、营救。

个人因支持、协助反间谍工作，本人或者其近亲属的人身安全面临危险的，可以向国家安全机关请求予以保护。国家安全机关应当会同有关部门依法采取保护措施。

个人和组织因支持、协助反间谍工作导致财产损失的，根据国家有关规定给予补偿。

第四十七条 对为反间谍工作做出贡献并需要安置的人员，国家给予妥善安置。

公安、民政、财政、卫生健康、教育、人力资源和社会保障、退役军人事务、医疗保障、移民管理等有关部门以及国有企业事业单位应当协助国家安全机关做好安置工作。

第四十八条 对因开展反间谍工作或者支持、协助反间谍工作导致伤残或者牺牲、死亡的人员，根据国家有关规定给予相应的抚恤优待。

第四十九条 国家鼓励反间谍领域科技创新，发挥科技在反间谍工作中的作用。

第五十条 国家安全机关应当加强反间谍专业力量人才队伍建设和专业训练，提升反间谍工作能力。

对国家安全机关工作人员应当有计划地进行政治、理论和业务培训。培训应当坚持理论联系实际、按需施教、讲求实效，提高专业能力。

第五十一条 国家安全机关应当严格执行内部监督和安全审查制度，对其工作人员遵守法律和纪律等情况进行监督，并依法采取必要措施，定期或者不定期进行安全审查。

第五十二条 任何个人和组织对国家安全机关及其工作人员超越职权、滥用职权和其他违法行为，都有权向上级国家安全机关或者监察机关、人民检察院等有关部门检举、控告。受理检举、控告的国家安全机关或者监察机关、人民检察院等有关部门应当及时查清事实，依法处理，并将处理结果及时告知检举人、控告人。

对支持、协助国家安全机关工作或者依法检举、控告的个人和组织，任何个人和组织不得压制和打击报复。

第五章 法律责任

第五十三条 实施间谍行为，构成犯罪的，依法追究刑事责任。

第五十四条 个人实施间谍行为，尚不构成犯罪的，由国家安全机关予以警告或者处十五日以下行政拘留，单处或者并处五万元以下罚款，违法所得在五万元以上的，单处或者并处违法所得一倍以上五倍以下罚款，并可以由有关部门依法予以处分。

明知他人实施间谍行为，为其提供信息、资金、物资、劳务、技术、场所等支持、协助，或者窝藏、包庇，尚不构成犯罪的，依照前款的规定处罚。

单位有前两款行为的，由国家安全机关予以警告，单处或者并处五十万元以下罚款，违法所得在五十万元以上的，单处或者并处违法所得一倍以上五倍以下罚款，并对直接负责的主管人员和其他直接责任人员，依照第一款的规定处罚。

国家安全机关根据相关单位、人员违法情节和后果，可以建议有关主管部门依法责令停止从事相关业务、提供相关服务或者责令停产停业、吊销有关证照、撤销登记。有关主管部门应当将作出行政处理的情况及时反馈国家安全机关。

第五十五条 实施间谍行为，有自首或者立功表现的，可以从轻、减轻或者免除处罚；有重大立功表现的，给予奖励。

在境外受胁迫或者受诱骗参加间谍组织、敌对组织，从事危害中华人民共和国国家安全的活动，及时向中华人民共和国驻外机构如实说明情况，或者入境后直接或者通过所在单位及时向国家安全机关如实说明情况，并有悔改表现的，可以不予追究。

第五十六条 国家机关、人民团体、企业事业组织和其他社会组织未按照本法规定履行反间谍安全防范义务的，国家安全机关可以责令改正；未按照要求改正的，国家安全机关可以约谈相关负责人，必要时可以将约谈情况通报该单位上级主管部门；产生危害后果或者不良影响的，国家安全机关可以予以警告、通报批评；情节严重的，对负有责任的领导人员和直接责任人员，由有关部门依法予以处分。

第五十七条 违反本法第二十一条规定新建、改建、扩建建设项目的,由国家安全机关责令改正,予以警告;拒不改正或者情节严重的,责令停止建设或者使用、暂扣或者吊销许可证件,或者建议有关主管部门依法予以处理。

第五十八条 违反本法第四十一条规定的,由国家安全机关责令改正,予以警告或者通报批评;拒不改正或者情节严重的,由有关主管部门依照相关法律法规予以处罚。

第五十九条 违反本法规定,拒不配合数据调取的,由国家安全机关依照《中华人民共和国数据安全法》的有关规定予以处罚。

第六十条 违反本法规定,有下列行为之一,构成犯罪的,依法追究刑事责任;尚不构成犯罪的,由国家安全机关予以警告或者处十日以下行政拘留,可以并处三万元以下罚款:

(一)泄露有关反间谍工作的国家秘密;

(二)明知他人有间谍犯罪行为,在国家安全机关向其调查有关情况、收集有关证据时,拒绝提供;

(三)故意阻碍国家安全机关依法执行任务;

(四)隐藏、转移、变卖、损毁国家安全机关依法查封、扣押、冻结的财物;

(五)明知是间谍行为的涉案财物而窝藏、转移、收购、代为销售或者以其他方法掩饰、隐瞒;

(六)对依法支持、协助国家安全机关工作的个人和组织进行打击报复。

第六十一条 非法获取、持有属于国家秘密的文件、数据、资料、物品,以及非法生产、销售、持有、使用专用间谍器材,尚不构成犯罪的,由国家安全机关予以警告或者处十日以下行政拘留。

第六十二条 国家安全机关对依照本法查封、扣押、冻结的财物,应当妥善保管,并按照下列情形分别处理:

(一)涉嫌犯罪的,依照《中华人民共和国刑事诉讼法》等有关法律的规定处理;

(二)尚不构成犯罪,有违法事实的,对依法应当没收的予以没收,依法应当销毁的予以销毁;

(三)没有违法事实的,或者与案件无关的,应当解除查封、扣押、冻结,并及时返还相关财物;造成损失的,应当依法予以赔偿。

第六十三条 涉案财物符合下列情形之一的,应当依法予以追缴、没收,或者采取措施消除隐患:

(一)违法所得的财物及其孳息、收益,供实施间谍行为所用的本人财物;

(二)非法获取、持有的属于国家秘密的文件、数据、资料、物品;

(三)非法生产、销售、持有、使用的专用间谍器材。

第六十四条 行为人及其近亲属或者其他相关人员,因行为人实施间谍行为从间谍组织及其代理人获取的所有利益,由国家安全机关依法采取追缴、没收等措施。

第六十五条 国家安全机关依法收缴的罚款以及没收的财物,一律上缴国库。

第六十六条　境外人员违反本法的，国务院国家安全主管部门可以决定限期出境，并决定其不准入境的期限。未在规定期限内离境的，可以遣送出境。

对违反本法的境外人员，国务院国家安全主管部门决定驱逐出境的，自被驱逐出境之日起十年内不准入境，国务院国家安全主管部门的处罚决定为最终决定。

第六十七条　国家安全机关作出行政处罚决定之前，应当告知当事人拟作出的行政处罚内容及事实、理由、依据，以及当事人依法享有的陈述、申辩、要求听证等权利，并依照《中华人民共和国行政处罚法》的有关规定实施。

第六十八条　当事人对行政处罚决定、行政强制措施决定、行政许可决定不服的，可以自收到决定书之日起六十日内，依法申请复议；对复议决定不服的，可以自收到复议决定书之日起十五日内，依法向人民法院提起诉讼。

第六十九条　国家安全机关工作人员滥用职权、玩忽职守、徇私舞弊，或者有非法拘禁、刑讯逼供、暴力取证、违反规定泄露国家秘密、工作秘密、商业秘密和个人隐私、个人信息等行为，依法予以处分，构成犯罪的，依法追究刑事责任。

第六章　附　　则

第七十条　国家安全机关依照法律、行政法规和国家有关规定，履行防范、制止和惩治间谍行为以外的危害国家安全行为的职责，适用本法的有关规定。

公安机关在依法履行职责过程中发现、惩治危害国家安全的行为，适用本法的有关规定。

第七十一条 本法自2023年7月1日起施行。

中华人民共和国保守国家秘密法

（1988年9月5日第七届全国人民代表大会常务委员会第三次会议通过 2010年4月29日第十一届全国人民代表大会常务委员会第十四次会议第一次修订 2024年2月27日第十四届全国人民代表大会常务委员会第八次会议第二次修订 2024年2月27日中华人民共和国主席令第20号公布 自2024年5月1日起施行）

第一章 总 则

第一条 为了保守国家秘密，维护国家安全和利益，保障改革开放和社会主义现代化建设事业的顺利进行，根据宪法，制定本法。

第二条 国家秘密是关系国家安全和利益，依照法定程序确定，在一定时间内只限一定范围的人员知悉的事项。

第三条 坚持中国共产党对保守国家秘密（以下简称

保密）工作的领导。中央保密工作领导机构领导全国保密工作，研究制定、指导实施国家保密工作战略和重大方针政策，统筹协调国家保密重大事项和重要工作，推进国家保密法治建设。

第四条 保密工作坚持总体国家安全观，遵循党管保密、依法管理、积极防范、突出重点、技管并重、创新发展的原则，既确保国家秘密安全，又便利信息资源合理利用。

法律、行政法规规定公开的事项，应当依法公开。

第五条 国家秘密受法律保护。

一切国家机关和武装力量、各政党和各人民团体、企业事业组织和其他社会组织以及公民都有保密的义务。

任何危害国家秘密安全的行为，都必须受到法律追究。

第六条 国家保密行政管理部门主管全国的保密工作。县级以上地方各级保密行政管理部门主管本行政区域的保密工作。

第七条 国家机关和涉及国家秘密的单位（以下简称机关、单位）管理本机关和本单位的保密工作。

中央国家机关在其职权范围内管理或者指导本系统的保密工作。

第八条 机关、单位应当实行保密工作责任制，依法设置保密工作机构或者指定专人负责保密工作，健全保密管理制度，完善保密防护措施，开展保密宣传教育，加强保密监督检查。

第九条 国家采取多种形式加强保密宣传教育，将保密教育纳入国民教育体系和公务员教育培训体系，鼓励大众传播媒介面向社会进行保密宣传教育，普及保密知识，宣传保密法治，增强全社会的保密意识。

第十条 国家鼓励和支持保密科学技术研究和应用，提升自主创新能力，依法保护保密领域的知识产权。

第十一条 县级以上人民政府应当将保密工作纳入本级国民经济和社会发展规划，所需经费列入本级预算。

机关、单位开展保密工作所需经费应当列入本机关、本单位年度预算或者年度收支计划。

第十二条 国家加强保密人才培养和队伍建设，完善相关激励保障机制。

对在保守、保护国家秘密工作中做出突出贡献的组织和个人，按照国家有关规定给予表彰和奖励。

第二章 国家秘密的范围和密级

第十三条 下列涉及国家安全和利益的事项，泄露后可能损害国家在政治、经济、国防、外交等领域的安全和利益的，应当确定为国家秘密：

（一）国家事务重大决策中的秘密事项；

（二）国防建设和武装力量活动中的秘密事项；

（三）外交和外事活动中的秘密事项以及对外承担保密义务的秘密事项；

（四）国民经济和社会发展中的秘密事项；

（五）科学技术中的秘密事项；

（六）维护国家安全活动和追查刑事犯罪中的秘密事项；

（七）经国家保密行政管理部门确定的其他秘密事项。

政党的秘密事项中符合前款规定的，属于国家秘密。

第十四条 国家秘密的密级分为绝密、机密、秘密三级。

绝密级国家秘密是最重要的国家秘密，泄露会使国家安全和利益遭受特别严重的损害；机密级国家秘密是重要的国家秘密，泄露会使国家安全和利益遭受严重的损害；秘密级国家秘密是一般的国家秘密，泄露会使国家安全和利益遭受损害。

第十五条 国家秘密及其密级的具体范围（以下简称保密事项范围），由国家保密行政管理部门单独或者会同有关中央国家机关规定。

军事方面的保密事项范围，由中央军事委员会规定。

保密事项范围的确定应当遵循必要、合理原则，科学论证评估，并根据情况变化及时调整。保密事项范围的规定应当在有关范围内公布。

第十六条 机关、单位主要负责人及其指定的人员为定密责任人，负责本机关、本单位的国家秘密确定、变更和解除工作。

机关、单位确定、变更和解除本机关、本单位的国家秘密，应当由承办人提出具体意见，经定密责任人审核批准。

第十七条 确定国家秘密的密级，应当遵守定密权限。

中央国家机关、省级机关及其授权的机关、单位可以确定绝密级、机密级和秘密级国家秘密；设区的市级机关及其授权的机关、单位可以确定机密级和秘密级国家秘密；特殊情况下无法按照上述规定授权定密的，国家保密行政管理部门或者省、自治区、直辖市保密行政管理部门可以授予机关、单位定密权限。具体的定密权限、授权范围由国家保密行政管理部门规定。

下级机关、单位认为本机关、本单位产生的有关定密事项属于上级机关、单位的定密权限，应当先行采取保密措施，并立即报请上级机关、单位确定；没有上级机关、单位的，应当立即提请有相应定密权限的业务主管部门或者保密行政管理部门确定。

公安机关、国家安全机关在其工作范围内按照规定的权限确定国家秘密的密级。

第十八条 机关、单位执行上级确定的国家秘密事项或者办理其他机关、单位确定的国家秘密事项，需要派生定密的，应当根据所执行、办理的国家秘密事项的密级确定。

第十九条 机关、单位对所产生的国家秘密事项，应当按照保密事项范围的规定确定密级，同时确定保密期限和知悉范围；有条件的可以标注密点。

第二十条 国家秘密的保密期限，应当根据事项的性质和特点，按照维护国家安全和利益的需要，限定在必要的期限内；不能确定期限的，应当确定解密的条件。

国家秘密的保密期限，除另有规定外，绝密级不超过三十年，机密级不超过二十年，秘密级不超过十年。

机关、单位应当根据工作需要，确定具体的保密期限、解密时间或者解密条件。

机关、单位对在决定和处理有关事项工作过程中确定需要保密的事项，根据工作需要决定公开的，正式公布时即视为解密。

第二十一条 国家秘密的知悉范围，应当根据工作需要限定在最小范围。

国家秘密的知悉范围能够限定到具体人员的，限定到具体人员；不能限定到具体人员的，限定到机关、单位，由该机关、单位限定到具体人员。

国家秘密的知悉范围以外的人员，因工作需要知悉国家秘密的，应当经过机关、单位主要负责人或者其指定的人员批准。原定密机关、单位对扩大国家秘密的知悉范围有明确规定的，应当遵守其规定。

第二十二条 机关、单位对承载国家秘密的纸介质、光介质、电磁介质等载体（以下简称国家秘密载体）以及属于国家秘密的设备、产品，应当作出国家秘密标志。

涉及国家秘密的电子文件应当按照国家有关规定作出国家秘密标志。

不属于国家秘密的，不得作出国家秘密标志。

第二十三条 国家秘密的密级、保密期限和知悉范围，应当根据情况变化及时变更。国家秘密的密级、保密期限和知悉范围的变更，由原定密机关、单位决定，也可以由其上级机关决定。

国家秘密的密级、保密期限和知悉范围变更的,应当及时书面通知知悉范围内的机关、单位或者人员。

第二十四条 机关、单位应当每年审核所确定的国家秘密。

国家秘密的保密期限已满的,自行解密。在保密期限内因保密事项范围调整不再作为国家秘密,或者公开后不会损害国家安全和利益,不需要继续保密的,应当及时解密;需要延长保密期限的,应当在原保密期限届满前重新确定密级、保密期限和知悉范围。提前解密或者延长保密期限的,由原定密机关、单位决定,也可以由其上级机关决定。

第二十五条 机关、单位对是否属于国家秘密或者属于何种密级不明确或者有争议的,由国家保密行政管理部门或者省、自治区、直辖市保密行政管理部门按照国家保密规定确定。

第三章 保密制度

第二十六条 国家秘密载体的制作、收发、传递、使用、复制、保存、维修和销毁,应当符合国家保密规定。

绝密级国家秘密载体应当在符合国家保密标准的设施、设备中保存,并指定专人管理;未经原定密机关、单位或者其上级机关批准,不得复制和摘抄;收发、传递和外出携带,应当指定人员负责,并采取必要的安全措施。

第二十七条 属于国家秘密的设备、产品的研制、生产、运输、使用、保存、维修和销毁，应当符合国家保密规定。

第二十八条　机关、单位应当加强对国家秘密载体的管理，任何组织和个人不得有下列行为：

（一）非法获取、持有国家秘密载体；

（二）买卖、转送或者私自销毁国家秘密载体；

（三）通过普通邮政、快递等无保密措施的渠道传递国家秘密载体；

（四）寄递、托运国家秘密载体出境；

（五）未经有关主管部门批准，携带、传递国家秘密载体出境；

（六）其他违反国家秘密载体保密规定的行为。

第二十九条　禁止非法复制、记录、存储国家秘密。

禁止未按照国家保密规定和标准采取有效保密措施，在互联网及其他公共信息网络或者有线和无线通信中传递国家秘密。

禁止在私人交往和通信中涉及国家秘密。

第三十条　存储、处理国家秘密的计算机信息系统（以下简称涉密信息系统）按照涉密程度实行分级保护。

涉密信息系统应当按照国家保密规定和标准规划、建设、运行、维护，并配备保密设施、设备。保密设施、设备应当与涉密信息系统同步规划、同步建设、同步运行。

涉密信息系统应当按照规定，经检查合格后，方可投入使用，并定期开展风险评估。

第三十一条　机关、单位应当加强对信息系统、信息设备的保密管理，建设保密自监管设施，及时发现并处置安全保密风险隐患。任何组织和个人不得有下列行为：

（一）未按照国家保密规定和标准采取有效保密措施，将涉密信息系统、涉密信息设备接入互联网及其他公共信息网络；

（二）未按照国家保密规定和标准采取有效保密措施，在涉密信息系统、涉密信息设备与互联网及其他公共信息网络之间进行信息交换；

（三）使用非涉密信息系统、非涉密信息设备存储或者处理国家秘密；

（四）擅自卸载、修改涉密信息系统的安全技术程序、管理程序；

（五）将未经安全技术处理的退出使用的涉密信息设备赠送、出售、丢弃或者改作其他用途；

（六）其他违反信息系统、信息设备保密规定的行为。

第三十二条　用于保护国家秘密的安全保密产品和保密技术装备应当符合国家保密规定和标准。

国家建立安全保密产品和保密技术装备抽检、复检制度，由国家保密行政管理部门设立或者授权的机构进行检测。

第三十三条　报刊、图书、音像制品、电子出版物的编辑、出版、印制、发行，广播节目、电视节目、电影的制作和播放，网络信息的制作、复制、发布、传播，应当遵守国家保密规定。

第三十四条　网络运营者应当加强对其用户发布的信

息的管理，配合监察机关、保密行政管理部门、公安机关、国家安全机关对涉嫌泄露国家秘密案件进行调查处理；发现利用互联网及其他公共信息网络发布的信息涉嫌泄露国家秘密的，应当立即停止传输该信息，保存有关记录，向保密行政管理部门或者公安机关、国家安全机关报告；应当根据保密行政管理部门或者公安机关、国家安全机关的要求，删除涉及泄露国家秘密的信息，并对有关设备进行技术处理。

第三十五条　机关、单位应当依法对拟公开的信息进行保密审查，遵守国家保密规定。

第三十六条　开展涉及国家秘密的数据处理活动及其安全监管应当符合国家保密规定。

国家保密行政管理部门和省、自治区、直辖市保密行政管理部门会同有关主管部门建立安全保密防控机制，采取安全保密防控措施，防范数据汇聚、关联引发的泄密风险。

机关、单位应当对汇聚、关联后属于国家秘密事项的数据依法加强安全管理。

第三十七条　机关、单位向境外或者向境外在中国境内设立的组织、机构提供国家秘密，任用、聘用的境外人员因工作需要知悉国家秘密的，按照国家有关规定办理。

第三十八条　举办会议或者其他活动涉及国家秘密的，主办单位应当采取保密措施，并对参加人员进行保密教育，提出具体保密要求。

第三十九条　机关、单位应当将涉及绝密级或者较多机密级、秘密级国家秘密的机构确定为保密要害部门,将集中制作、存放、保管国家秘密载体的专门场所确定为保密要害部位,按照国家保密规定和标准配备、使用必要的技术防护设施、设备。

第四十条 军事禁区、军事管理区和属于国家秘密不对外开放的其他场所、部位,应当采取保密措施,未经有关部门批准,不得擅自决定对外开放或者扩大开放范围。

涉密军事设施及其他重要涉密单位周边区域应当按照国家保密规定加强保密管理。

第四十一条 从事涉及国家秘密业务的企业事业单位,应当具备相应的保密管理能力,遵守国家保密规定。

从事国家秘密载体制作、复制、维修、销毁,涉密信息系统集成,武器装备科研生产,或者涉密军事设施建设等涉及国家秘密业务的企业事业单位,应当经过审查批准,取得保密资质。

第四十二条 采购涉及国家秘密的货物、服务的机关、单位,直接涉及国家秘密的工程建设、设计、施工、监理等单位,应当遵守国家保密规定。

机关、单位委托企业事业单位从事涉及国家秘密的业务,应当与其签订保密协议,提出保密要求,采取保密措施。

第四十三条 在涉密岗位工作的人员(以下简称涉密人员),按照涉密程度分为核心涉密人员、重要涉密人员和一般涉密人员,实行分类管理。

任用、聘用涉密人员应当按照国家有关规定进行审查。

涉密人员应当具有良好的政治素质和品行，经过保密教育培训，具备胜任涉密岗位的工作能力和保密知识技能，签订保密承诺书，严格遵守国家保密规定，承担保密责任。

涉密人员的合法权益受法律保护。对因保密原因合法权益受到影响和限制的涉密人员，按照国家有关规定给予相应待遇或者补偿。

第四十四条 机关、单位应当建立健全涉密人员管理制度，明确涉密人员的权利、岗位责任和要求，对涉密人员履行职责情况开展经常性的监督检查。

第四十五条 涉密人员出境应当经有关部门批准，有关机关认为涉密人员出境将对国家安全造成危害或者对国家利益造成重大损失的，不得批准出境。

第四十六条 涉密人员离岗离职应当遵守国家保密规定。机关、单位应当开展保密教育提醒，清退国家秘密载体，实行脱密期管理。涉密人员在脱密期内，不得违反规定就业和出境，不得以任何方式泄露国家秘密；脱密期结束后，应当遵守国家保密规定，对知悉的国家秘密继续履行保密义务。涉密人员严重违反离岗离职及脱密期国家保密规定的，机关、单位应当及时报告同级保密行政管理部门，由保密行政管理部门会同有关部门依法采取处置措施。

第四十七条 国家工作人员或者其他公民发现国家秘密已经泄露或者可能泄露时，应当立即采取补救措施并及时报告有关机关、单位。机关、单位接到报告后，应当立即作出处理，并及时向保密行政管理部门报告。

第四章 监督管理

第四十八条 国家保密行政管理部门依照法律、行政法规的规定,制定保密规章和国家保密标准。

第四十九条 保密行政管理部门依法组织开展保密宣传教育、保密检查、保密技术防护、保密违法案件调查处理工作,对保密工作进行指导和监督管理。

第五十条 保密行政管理部门发现国家秘密确定、变更或者解除不当的,应当及时通知有关机关、单位予以纠正。

第五十一条 保密行政管理部门依法对机关、单位遵守保密法律法规和相关制度的情况进行检查;涉嫌保密违法的,应当及时调查处理或者组织、督促有关机关、单位调查处理;涉嫌犯罪的,应当依法移送监察机关、司法机关处理。

对严重违反国家保密规定的涉密人员,保密行政管理部门应当建议有关机关、单位将其调离涉密岗位。

有关机关、单位和个人应当配合保密行政管理部门依法履行职责。

第五十二条 保密行政管理部门在保密检查和案件调查处理中,可以依法查阅有关材料、询问人员、记录情况,先行登记保存有关设施、设备、文件资料等;必要时,可以进行保密技术检测。

保密行政管理部门对保密检查和案件调查处理中发现的非法获取、持有的国家秘密载体,应当予以收缴;发现存在泄露国家秘密隐患的,应当要求采取措施,限期整改;对存在泄露国家秘密隐患的设施、设备、场所,应当责令停止使用。

第五十三条　办理涉嫌泄露国家秘密案件的机关,需要对有关事项是否属于国家秘密、属于何种密级进行鉴定的,由国家保密行政管理部门或者省、自治区、直辖市保密行政管理部门鉴定。

第五十四条　机关、单位对违反国家保密规定的人员不依法给予处分的,保密行政管理部门应当建议纠正;对拒不纠正的,提请其上一级机关或者监察机关对该机关、单位负有责任的领导人员和直接责任人员依法予以处理。

第五十五条　设区的市级以上保密行政管理部门建立保密风险评估机制、监测预警制度、应急处置制度,会同有关部门开展信息收集、分析、通报工作。

第五十六条　保密协会等行业组织依照法律、行政法规的规定开展活动,推动行业自律,促进行业健康发展。

第五章　法律责任

第五十七条　违反本法规定,有下列情形之一,根据情节轻重,依法给予处分;有违法所得的,没收违法所得:

(一) 非法获取、持有国家秘密载体的;

(二) 买卖、转送或者私自销毁国家秘密载体的;

(三) 通过普通邮政、快递等无保密措施的渠道传递国家秘密载体的；

（四）寄递、托运国家秘密载体出境，或者未经有关主管部门批准，携带、传递国家秘密载体出境的；

（五）非法复制、记录、存储国家秘密的；

（六）在私人交往和通信中涉及国家秘密的；

（七）未按照国家保密规定和标准采取有效保密措施，在互联网及其他公共信息网络或者有线和无线通信中传递国家秘密的；

（八）未按照国家保密规定和标准采取有效保密措施，将涉密信息系统、涉密信息设备接入互联网及其他公共信息网络的；

（九）未按照国家保密规定和标准采取有效保密措施，在涉密信息系统、涉密信息设备与互联网及其他公共信息网络之间进行信息交换的；

（十）使用非涉密信息系统、非涉密信息设备存储、处理国家秘密的；

（十一）擅自卸载、修改涉密信息系统的安全技术程序、管理程序的；

（十二）将未经安全技术处理的退出使用的涉密信息设备赠送、出售、丢弃或者改作其他用途的；

（十三）其他违反本法规定的情形。

有前款情形尚不构成犯罪，且不适用处分的人员，由保密行政管理部门督促其所在机关、单位予以处理。

第五十八条 机关、单位违反本法规定，发生重大泄露国家秘密案件的,依法对直接负责的主管人员和其他直接责任人员给予处分。不适用处分的人员,由保密行政管理部门督促其主管部门予以处理。

机关、单位违反本法规定,对应当定密的事项不定密,对不应当定密的事项定密,或者未履行解密审核责任,造成严重后果的,依法对直接负责的主管人员和其他直接责任人员给予处分。

第五十九条 网络运营者违反本法第三十四条规定的,由公安机关、国家安全机关、电信主管部门、保密行政管理部门按照各自职责分工依法予以处罚。

第六十条 取得保密资质的企业事业单位违反国家保密规定的,由保密行政管理部门责令限期整改,给予警告或者通报批评;有违法所得的,没收违法所得;情节严重的,暂停涉密业务、降低资质等级;情节特别严重的,吊销保密资质。

未取得保密资质的企业事业单位违法从事本法第四十一条第二款规定的涉密业务的,由保密行政管理部门责令停止涉密业务,给予警告或者通报批评;有违法所得的,没收违法所得。

第六十一条 保密行政管理部门的工作人员在履行保密管理职责中滥用职权、玩忽职守、徇私舞弊的,依法给予处分。

第六十二条 违反本法规定,构成犯罪的,依法追究刑事责任。

第六章 附 则

第六十三条 中国人民解放军和中国人民武装警察部队开展保密工作的具体规定，由中央军事委员会根据本法制定。

第六十四条 机关、单位对履行职能过程中产生或者获取的不属于国家秘密但泄露后会造成一定不利影响的事项，适用工作秘密管理办法采取必要的保护措施。工作秘密管理办法另行规定。

第六十五条 本法自2024年5月1日起施行。

中华人民共和国国家情报法

（2017年6月27日第十二届全国人民代表大会常务委员会第二十八次会议通过 根据2018年4月27日第十三届全国人民代表大会常务委员会第二次会议《关于修改〈中华人民共和国国境卫生检疫法〉等六部法律的决定》修正）

第一章 总 则

第一条 为了加强和保障国家情报工作，维护国家安全和利益，根据宪法，制定本法。

第二条 国家情报工作坚持总体国家安全观，为国家重大决策提供情报参考，为防范和化解危害国家安全的风险提供情报支持，维护国家政权、主权、统一和领土完整、人民福祉、经济社会可持续发展和国家其他重大利益。

第三条 国家建立健全集中统一、分工协作、科学高效的国家情报体制。

中央国家安全领导机构对国家情报工作实行统一领导，制定国家情报工作方针政策，规划国家情报工作整体发展，建立健全国家情报工作协调机制，统筹协调各领域国家情报工作，研究决定国家情报工作中的重大事项。

中央军事委员会统一领导和组织军队情报工作。

第四条 国家情报工作坚持公开工作与秘密工作相结合、专门工作与群众路线相结合、分工负责与协作配合相结合的原则。

第五条 国家安全机关和公安机关情报机构、军队情报机构（以下统称国家情报工作机构）按照职责分工，相互配合，做好情报工作、开展情报行动。

各有关国家机关应当根据各自职能和任务分工，与国家情报工作机构密切配合。

第六条 国家情报工作机构及其工作人员应当忠于国家和人民，遵守宪法和法律，忠于职守，纪律严明，清正廉洁，无私奉献，坚决维护国家安全和利益。

第七条 任何组织和公民都应当依法支持、协助和配合国家情报工作，保守所知悉的国家情报工作秘密。

国家对支持、协助和配合国家情报工作的个人和组织给予保护。

第八条 国家情报工作应当依法进行，尊重和保障人权，维护个人和组织的合法权益。

第九条 国家对在国家情报工作中作出重大贡献的个人和组织给予表彰和奖励。

第二章　国家情报工作机构职权

第十条 国家情报工作机构根据工作需要，依法使用必要的方式、手段和渠道，在境内外开展情报工作。

第十一条 国家情报工作机构应当依法搜集和处理境外机构、组织、个人实施或者指使、资助他人实施的，或者境内外机构、组织、个人相勾结实施的危害中华人民共和国国家安全和利益行为的相关情报，为防范、制止和惩治上述行为提供情报依据或者参考。

第十二条 国家情报工作机构可以按照国家有关规定，与有关个人和组织建立合作关系，委托开展相关工作。

第十三条 国家情报工作机构可以按照国家有关规定，开展对外交流与合作。

第十四条 国家情报工作机构依法开展情报工作，可以要求有关机关、组织和公民提供必要的支持、协助和配合。

第十五条 国家情报工作机构根据工作需要，按照国家有关规定，经过严格的批准手续，可以采取技术侦察措施和身份保护措施。

第十六条　国家情报工作机构工作人员依法执行任务时，按照国家有关规定，经过批准，出示相应证件，可以进入限制进入的有关区域、场所，可以向有关机关、组织和个人了解、询问有关情况，可以查阅或者调取有关的档案、资料、物品。

第十七条　国家情报工作机构工作人员因执行紧急任务需要，经出示相应证件，可以享受通行便利。

国家情报工作机构工作人员根据工作需要，按照国家有关规定，可以优先使用或者依法征用有关机关、组织和个人的交通工具、通信工具、场地和建筑物，必要时，可以设置相关工作场所和设备、设施，任务完成后应当及时归还或者恢复原状，并依照规定支付相应费用；造成损失的，应当补偿。

第十八条　国家情报工作机构根据工作需要，按照国家有关规定，可以提请海关、出入境边防检查等机关提供免检等便利。

第十九条　国家情报工作机构及其工作人员应当严格依法办事，不得超越职权、滥用职权，不得侵犯公民和组织的合法权益，不得利用职务便利为自己或者他人谋取私利，不得泄露国家秘密、商业秘密和个人信息。

第三章　国家情报工作保障

第二十条　国家情报工作机构及其工作人员依法开展

情报工作，受法律保护。

第二十一条 国家加强国家情报工作机构建设，对其机构设置、人员、编制、经费、资产实行特殊管理，给予特殊保障。

国家建立适应情报工作需要的人员录用、选调、考核、培训、待遇、退出等管理制度。

第二十二条 国家情报工作机构应当适应情报工作需要，提高开展情报工作的能力。

国家情报工作机构应当运用科学技术手段，提高对情报信息的鉴别、筛选、综合和研判分析水平。

第二十三条 国家情报工作机构工作人员因执行任务，或者与国家情报工作机构建立合作关系的人员因协助国家情报工作，其本人或者近亲属人身安全受到威胁时，国家有关部门应当采取必要措施，予以保护、营救。

第二十四条 对为国家情报工作作出贡献并需要安置的人员，国家给予妥善安置。

公安、民政、财政、卫生、教育、人力资源社会保障、退役军人事务、医疗保障等有关部门以及国有企业事业单位应当协助国家情报工作机构做好安置工作。

第二十五条 对因开展国家情报工作或者支持、协助和配合国家情报工作导致伤残或者牺牲、死亡的人员，按照国家有关规定给予相应的抚恤优待。

个人和组织因支持、协助和配合国家情报工作导致财产损失的，按照国家有关规定给予补偿。

第二十六条 国家情报工作机构应当建立健全严格的监督和安全审查制度,对其工作人员遵守法律和纪律等情况进行监督,并依法采取必要措施,定期或者不定期进行安全审查。

第二十七条 任何个人和组织对国家情报工作机构及其工作人员超越职权、滥用职权和其他违法违纪行为,有权检举、控告。受理检举、控告的有关机关应当及时查处,并将查处结果告知检举人、控告人。

对依法检举、控告国家情报工作机构及其工作人员的个人和组织,任何个人和组织不得压制和打击报复。

国家情报工作机构应当为个人和组织检举、控告、反映情况提供便利渠道,并为检举人、控告人保密。

第四章 法 律 责 任

第二十八条 违反本法规定,阻碍国家情报工作机构及其工作人员依法开展情报工作的,由国家情报工作机构建议相关单位给予处分或者由国家安全机关、公安机关处警告或者十五日以下拘留;构成犯罪的,依法追究刑事责任。

第二十九条 泄露与国家情报工作有关的国家秘密的,由国家情报工作机构建议相关单位给予处分或者由国家安全机关、公安机关处警告或者十五日以下拘留;构成犯罪的,依法追究刑事责任。

第三十条 冒充国家情报工作机构工作人员或者其他相关人员实施招摇撞骗、诈骗、敲诈勒索等行为的,依照

《中华人民共和国治安管理处罚法》的规定处罚；构成犯罪的，依法追究刑事责任。

第三十一条 国家情报工作机构及其工作人员有超越职权、滥用职权，侵犯公民和组织的合法权益，利用职务便利为自己或者他人谋取私利，泄露国家秘密、商业秘密和个人信息等违法违纪行为的，依法给予处分；构成犯罪的，依法追究刑事责任。

第五章 附 则

第三十二条 本法自2017年6月28日起施行。

中华人民共和国反恐怖主义法

（2015年12月27日第十二届全国人民代表大会常务委员会第十八次会议通过 根据2018年4月27日第十三届全国人民代表大会常务委员会第二次会议《关于修改〈中华人民共和国国境卫生检疫法〉等六部法律的决定》修正）

第一章 总 则

第一条 为了防范和惩治恐怖活动，加强反恐怖主义工作，维护国家安全、公共安全和人民生命财产安全，根据宪法，制定本法。

第二条 国家反对一切形式的恐怖主义，依法取缔恐怖活动组织，对任何组织、策划、准备实施、实施恐怖活动，宣扬恐怖主义，煽动实施恐怖活动，组织、领导、参加恐怖活动组织，为恐怖活动提供帮助的，依法追究法律责任。

国家不向任何恐怖活动组织和人员作出妥协，不向任何恐怖活动人员提供庇护或者给予难民地位。

第三条 本法所称恐怖主义，是指通过暴力、破坏、恐吓等手段，制造社会恐慌、危害公共安全、侵犯人身财产，或者胁迫国家机关、国际组织，以实现其政治、意识形态等目的的主张和行为。

本法所称恐怖活动，是指恐怖主义性质的下列行为：

（一）组织、策划、准备实施、实施造成或者意图造成人员伤亡、重大财产损失、公共设施损坏、社会秩序混乱等严重社会危害的活动的；

（二）宣扬恐怖主义，煽动实施恐怖活动，或者非法持有宣扬恐怖主义的物品，强制他人在公共场所穿戴宣扬恐怖主义的服饰、标志的；

（三）组织、领导、参加恐怖活动组织的；

（四）为恐怖活动组织、恐怖活动人员、实施恐怖活动或者恐怖活动培训提供信息、资金、物资、劳务、技术、场所等支持、协助、便利的；

（五）其他恐怖活动。

本法所称恐怖活动组织，是指三人以上为实施恐怖活动而组成的犯罪组织。

本法所称恐怖活动人员，是指实施恐怖活动的人和恐怖活动组织的成员。

本法所称恐怖事件，是指正在发生或者已经发生的造成或者可能造成重大社会危害的恐怖活动。

第四条 国家将反恐怖主义纳入国家安全战略，综合施策，标本兼治，加强反恐怖主义的能力建设，运用政治、经济、法律、文化、教育、外交、军事等手段，开展反恐怖主义工作。

国家反对一切形式的以歪曲宗教教义或者其他方法煽动仇恨、煽动歧视、鼓吹暴力等极端主义，消除恐怖主义的思想基础。

第五条 反恐怖主义工作坚持专门工作与群众路线相结合，防范为主、惩防结合和先发制敌、保持主动的原则。

第六条 反恐怖主义工作应当依法进行，尊重和保障人权，维护公民和组织的合法权益。

在反恐怖主义工作中，应当尊重公民的宗教信仰自由和民族风俗习惯，禁止任何基于地域、民族、宗教等理由的歧视性做法。

第七条 国家设立反恐怖主义工作领导机构，统一领导和指挥全国反恐怖主义工作。

设区的市级以上地方人民政府设立反恐怖主义工作领

导机构，县级人民政府根据需要设立反恐怖主义工作领导机构，在上级反恐怖主义工作领导机构的领导和指挥下，负责本地区反恐怖主义工作。

第八条 公安机关、国家安全机关和人民检察院、人民法院、司法行政机关以及其他有关国家机关，应当根据分工，实行工作责任制，依法做好反恐怖主义工作。

中国人民解放军、中国人民武装警察部队和民兵组织依照本法和其他有关法律、行政法规、军事法规以及国务院、中央军事委员会的命令，并根据反恐怖主义工作领导机构的部署，防范和处置恐怖活动。

有关部门应当建立联动配合机制，依靠、动员村民委员会、居民委员会、企业事业单位、社会组织，共同开展反恐怖主义工作。

第九条 任何单位和个人都有协助、配合有关部门开展反恐怖主义工作的义务，发现恐怖活动嫌疑或者恐怖活动嫌疑人员的，应当及时向公安机关或者有关部门报告。

第十条 对举报恐怖活动或者协助防范、制止恐怖活动有突出贡献的单位和个人，以及在反恐怖主义工作中作出其他突出贡献的单位和个人，按照国家有关规定给予表彰、奖励。

第十一条 对在中华人民共和国领域外对中华人民共和国国家、公民或者机构实施的恐怖活动犯罪，或者实施的中华人民共和国缔结、参加的国际条约所规定的恐怖活动犯罪，中华人民共和国行使刑事管辖权，依法追究刑事责任。

第二章 恐怖活动组织和人员的认定

第十二条 国家反恐怖主义工作领导机构根据本法第三条的规定,认定恐怖活动组织和人员,由国家反恐怖主义工作领导机构的办事机构予以公告。

第十三条 国务院公安部门、国家安全部门、外交部门和省级反恐怖主义工作领导机构对于需要认定恐怖活动组织和人员的,应当向国家反恐怖主义工作领导机构提出申请。

第十四条 金融机构和特定非金融机构对国家反恐怖主义工作领导机构的办事机构公告的恐怖活动组织和人员的资金或者其他资产,应当立即予以冻结,并按照规定及时向国务院公安部门、国家安全部门和反洗钱行政主管部门报告。

第十五条 被认定的恐怖活动组织和人员对认定不服的,可以通过国家反恐怖主义工作领导机构的办事机构申请复核。国家反恐怖主义工作领导机构应当及时进行复核,作出维持或者撤销认定的决定。复核决定为最终决定。

国家反恐怖主义工作领导机构作出撤销认定的决定的,由国家反恐怖主义工作领导机构的办事机构予以公告;资金、资产已被冻结的,应当解除冻结。

第十六条 根据刑事诉讼法的规定,有管辖权的中级以上人民法院在审判刑事案件的过程中,可以依法认定恐怖活动组织和人员。对于在判决生效后需要由国家反恐怖主义工作领导机构的办事机构予以公告的，适用本章的有关规定。

第三章 安全防范

第十七条 各级人民政府和有关部门应当组织开展反恐怖主义宣传教育，提高公民的反恐怖主义意识。

教育、人力资源行政主管部门和学校、有关职业培训机构应当将恐怖活动预防、应急知识纳入教育、教学、培训的内容。

新闻、广播、电视、文化、宗教、互联网等有关单位，应当有针对性地面向社会进行反恐怖主义宣传教育。

村民委员会、居民委员会应当协助人民政府以及有关部门，加强反恐怖主义宣传教育。

第十八条 电信业务经营者、互联网服务提供者应当为公安机关、国家安全机关依法进行防范、调查恐怖活动提供技术接口和解密等技术支持和协助。

第十九条 电信业务经营者、互联网服务提供者应当依照法律、行政法规规定，落实网络安全、信息内容监督制度和安全技术防范措施，防止含有恐怖主义、极端主义内容的信息传播；发现含有恐怖主义、极端主义内容的信息的，应当立即停止传输，保存相关记录，删除相关信息，并向公安机关或者有关部门报告。

网信、电信、公安、国家安全等主管部门对含有恐怖主义、极端主义内容的信息，应当按照职责分工，及时责令有关单位停止传输、删除相关信息，或者关闭相关网站、关停相关服务。有关单位应当立即执行，并保存相关记录，协助进行调查。对互联网上跨境传输的含有恐怖主义、极端主义内容的信息，电信主管部门应当采取技术措施，阻断传播。

第二十条　铁路、公路、水上、航空的货运和邮政、快递等物流运营单位应当实行安全查验制度，对客户身份进行查验，依照规定对运输、寄递物品进行安全检查或者开封验视。对禁止运输、寄递，存在重大安全隐患，或者客户拒绝安全查验的物品，不得运输、寄递。

前款规定的物流运营单位，应当实行运输、寄递客户身份、物品信息登记制度。

第二十一条　电信、互联网、金融、住宿、长途客运、机动车租赁等业务经营者、服务提供者，应当对客户身份进行查验。对身份不明或者拒绝身份查验的，不得提供服务。

第二十二条　生产和进口单位应当依照规定对枪支等武器、弹药、管制器具、危险化学品、民用爆炸物品、核与放射物品作出电子追踪标识，对民用爆炸物品添加安检示踪标识物。

运输单位应当依照规定对运营中的危险化学品、民用爆炸物品、核与放射物品的运输工具通过定位系统实行监控。

有关单位应当依照规定对传染病病原体等物质实行严格的监督管理,严密防范传染病病原体等物质扩散或者流入非法渠道。

对管制器具、危险化学品、民用爆炸物品,国务院有关主管部门或者省级人民政府根据需要,在特定区域、特定时间,可以决定对生产、进出口、运输、销售、使用、报废实施管制,可以禁止使用现金、实物进行交易或者对交易活动作出其他限制。

第二十三条 发生枪支等武器、弹药、危险化学品、民用爆炸物品、核与放射物品、传染病病原体等物质被盗、被抢、丢失或者其他流失的情形,案发单位应当立即采取必要的控制措施,并立即向公安机关报告,同时依照规定向有关主管部门报告。公安机关接到报告后,应当及时开展调查。有关主管部门应当配合公安机关开展工作。

任何单位和个人不得非法制作、生产、储存、运输、进出口、销售、提供、购买、使用、持有、报废、销毁前款规定的物品。公安机关发现的,应当予以扣押;其他主管部门发现的,应当予以扣押,并立即通报公安机关;其他单位、个人发现的,应当立即向公安机关报告。

第二十四条 国务院反洗钱行政主管部门、国务院有关部门、机构依法对金融机构和特定非金融机构履行反恐怖主义融资义务的情况进行监督管理。

国务院反洗钱行政主管部门发现涉嫌恐怖主义融资的,可以依法进行调查,采取临时冻结措施。

第二十五条　审计、财政、税务等部门在依照法律、行政法规的规定对有关单位实施监督检查的过程中，发现资金流入流出涉嫌恐怖主义融资的，应当及时通报公安机关。

第二十六条　海关在对进出境人员携带现金和无记名有价证券实施监管的过程中，发现涉嫌恐怖主义融资的，应当立即通报国务院反洗钱行政主管部门和有管辖权的公安机关。

第二十七条　地方各级人民政府制定、组织实施城乡规划，应当符合反恐怖主义工作的需要。

地方各级人民政府应当根据需要，组织、督促有关建设单位在主要道路、交通枢纽、城市公共区域的重点部位，配备、安装公共安全视频图像信息系统等防范恐怖袭击的技防、物防设备、设施。

第二十八条　公安机关和有关部门对宣扬极端主义，利用极端主义危害公共安全、扰乱公共秩序、侵犯人身财产、妨害社会管理的，应当及时予以制止，依法追究法律责任。

公安机关发现极端主义活动的，应当责令立即停止，将有关人员强行带离现场并登记身份信息，对有关物品、资料予以收缴，对非法活动场所予以查封。

任何单位和个人发现宣扬极端主义的物品、资料、信息的，应当立即向公安机关报告。

第二十九条　对被教唆、胁迫、引诱参与恐怖活动、极端主义活动，或者参与恐怖活动、极端主义活动情节轻微，尚不构成犯罪的人员，公安机关应当组织有关部门、村民委员会、居民委员会、所在单位、就读学校、家庭和监护人对其进行帮教。

监狱、看守所、社区矫正机构应当加强对服刑的恐怖活动罪犯和极端主义罪犯的管理、教育、矫正等工作。监狱、看守所对恐怖活动罪犯和极端主义罪犯，根据教育改造和维护监管秩序的需要，可以与普通刑事罪犯混合关押，也可以个别关押。

第三十条　对恐怖活动罪犯和极端主义罪犯被判处徒刑以上刑罚的，监狱、看守所应当在刑满释放前根据其犯罪性质、情节和社会危害程度，服刑期间的表现，释放后对所居住社区的影响等进行社会危险性评估。进行社会危险性评估，应当听取有关基层组织和原办案机关的意见。经评估具有社会危险性的，监狱、看守所应当向罪犯服刑地的中级人民法院提出安置教育建议，并将建议书副本抄送同级人民检察院。

罪犯服刑地的中级人民法院对于确有社会危险性的，应当在罪犯刑满释放前作出责令其在刑满释放后接受安置教育的决定。决定书副本应当抄送同级人民检察院。被决定安置教育的人员对决定不服的，可以向上一级人民法院申请复议。

安置教育由省级人民政府组织实施。安置教育机构应当每年对被安置教育人员进行评估，对于确有悔改表现，不致再危害社会的,应当及时提出解除安置教育的意见,报决定安置教育的中级人民法院作出决定。被安置教育人员有权申请解除安置教育。

人民检察院对安置教育的决定和执行实行监督。

第三十一条 公安机关应当会同有关部门,将遭受恐怖袭击的可能性较大以及遭受恐怖袭击可能造成重大的人身伤亡、财产损失或者社会影响的单位、场所、活动、设施等确定为防范恐怖袭击的重点目标,报本级反恐怖主义工作领导机构备案。

第三十二条 重点目标的管理单位应当履行下列职责:

(一)制定防范和应对处置恐怖活动的预案、措施,定期进行培训和演练;

(二)建立反恐怖主义工作专项经费保障制度,配备、更新防范和处置设备、设施;

(三)指定相关机构或者落实责任人员,明确岗位职责;

(四)实行风险评估,实时监测安全威胁,完善内部安全管理;

(五)定期向公安机关和有关部门报告防范措施落实情况。

重点目标的管理单位应当根据城乡规划、相关标准和实际需要,对重点目标同步设计、同步建设、同步运行符合本法第二十七条规定的技防、物防设备、设施。

重点目标的管理单位应当建立公共安全视频图像信息系统值班监看、信息保存使用、运行维护等管理制度,保障相关系统正常运行。采集的视频图像信息保存期限不得少于九十日。

对重点目标以外的涉及公共安全的其他单位、场所、活动、设施，其主管部门和管理单位应当依照法律、行政法规规定，建立健全安全管理制度，落实安全责任。

第三十三条 重点目标的管理单位应当对重要岗位人员进行安全背景审查。对有不适合情形的人员，应当调整工作岗位，并将有关情况通报公安机关。

第三十四条 大型活动承办单位以及重点目标的管理单位应当依照规定，对进入大型活动场所、机场、火车站、码头、城市轨道交通站、公路长途客运站、口岸等重点目标的人员、物品和交通工具进行安全检查。发现违禁品和管制物品，应当予以扣留并立即向公安机关报告；发现涉嫌违法犯罪人员，应当立即向公安机关报告。

第三十五条 对航空器、列车、船舶、城市轨道车辆、公共电汽车等公共交通运输工具，营运单位应当依照规定配备安保人员和相应设备、设施，加强安全检查和保卫工作。

第三十六条 公安机关和有关部门应当掌握重点目标的基础信息和重要动态，指导、监督重点目标的管理单位履行防范恐怖袭击的各项职责。

公安机关、中国人民武装警察部队应当依照有关规定对重点目标进行警戒、巡逻、检查。

第三十七条 飞行管制、民用航空、公安等主管部门应当按照职责分工,加强空域、航空器和飞行活动管理,严密防范针对航空器或者利用飞行活动实施的恐怖活动。

第三十八条 各级人民政府和军事机关应当在重点国(边)境地段和口岸设置拦阻隔离网、视频图像采集和防越境报警设施。

公安机关和中国人民解放军应当严密组织国(边)境巡逻,依照规定对抵离国(边)境前沿、进出国(边)境管理区和国(边)境通道、口岸的人员、交通运输工具、物品,以及沿海沿边地区的船舶进行查验。

第三十九条 出入境证件签发机关、出入境边防检查机关对恐怖活动人员和恐怖活动嫌疑人员,有权决定不准其出境入境、不予签发出境入境证件或者宣布其出境入境证件作废。

第四十条 海关、出入境边防检查机关发现恐怖活动嫌疑人员或者涉嫌恐怖活动物品的,应当依法扣留,并立即移送公安机关或者国家安全机关。

第四十一条 国务院外交、公安、国家安全、发展改革、工业和信息化、商务、旅游等主管部门应当建立境外投资合作、旅游等安全风险评估制度,对中国在境外的公民以及驻外机构、设施、财产加强安全保护,防范和应对恐怖袭击。

第四十二条 驻外机构应当建立健全安全防范制度和应对处置预案,加强对有关人员、设施、财产的安全保护。

第四章 情报信息

第四十三条 国家反恐怖主义工作领导机构建立国家反恐怖主义情报中心，实行跨部门、跨地区情报信息工作机制，统筹反恐怖主义情报信息工作。

有关部门应当加强反恐怖主义情报信息搜集工作，对搜集的有关线索、人员、行动类情报信息，应当依照规定及时统一归口报送国家反恐怖主义情报中心。

地方反恐怖主义工作领导机构应当建立跨部门情报信息工作机制，组织开展反恐怖主义情报信息工作，对重要的情报信息，应当及时向上级反恐怖主义工作领导机构报告，对涉及其他地方的紧急情报信息，应当及时通报相关地方。

第四十四条 公安机关、国家安全机关和有关部门应当依靠群众，加强基层基础工作，建立基层情报信息工作力量，提高反恐怖主义情报信息工作能力。

第四十五条 公安机关、国家安全机关、军事机关在其职责范围内，因反恐怖主义情报信息工作的需要，根据国家有关规定，经过严格的批准手续，可以采取技术侦察措施。

依照前款规定获取的材料，只能用于反恐怖主义应对处置和对恐怖活动犯罪、极端主义犯罪的侦查、起诉和审判，不得用于其他用途。

一、综　合

第四十六条　有关部门对于在本法第三章规定的安全防范工作中获取的信息，应当根据国家反恐怖主义情报中心的要求，及时提供。

第四十七条　国家反恐怖主义情报中心、地方反恐怖主义工作领导机构以及公安机关等有关部门应当对有关情报信息进行筛查、研判、核查、监控，认为有发生恐怖事件危险，需要采取相应的安全防范、应对处置措施的，应当及时通报有关部门和单位，并可以根据情况发出预警。有关部门和单位应当根据通报做好安全防范、应对处置工作。

第四十八条　反恐怖主义工作领导机构、有关部门和单位、个人应当对履行反恐怖主义工作职责、义务过程中知悉的国家秘密、商业秘密和个人隐私予以保密。

违反规定泄露国家秘密、商业秘密和个人隐私的，依法追究法律责任。

第五章　调　　查

第四十九条　公安机关接到恐怖活动嫌疑的报告或者发现恐怖活动嫌疑，需要调查核实的，应当迅速进行调查。

第五十条　公安机关调查恐怖活动嫌疑，可以依照有关法律规定对嫌疑人员进行盘问、检查、传唤，可以提取或者采集肖像、指纹、虹膜图像等人体生物识别信息和血液、尿液、脱落细胞等生物样本，并留存其签名。

公安机关调查恐怖活动嫌疑，可以通知了解有关情况的人员到公安机关或者其他地点接受询问。

第五十一条 公安机关调查恐怖活动嫌疑,有权向有关单位和个人收集、调取相关信息和材料。有关单位和个人应当如实提供。

第五十二条 公安机关调查恐怖活动嫌疑,经县级以上公安机关负责人批准,可以查询嫌疑人员的存款、汇款、债券、股票、基金份额等财产,可以采取查封、扣押、冻结措施。查封、扣押、冻结的期限不得超过二个月,情况复杂的,可以经上一级公安机关负责人批准延长一个月。

第五十三条 公安机关调查恐怖活动嫌疑,经县级以上公安机关负责人批准,可以根据其危险程度,责令恐怖活动嫌疑人员遵守下列一项或者多项约束措施:

(一)未经公安机关批准不得离开所居住的市、县或者指定的处所;

(二)不得参加大型群众性活动或者从事特定的活动;

(三)未经公安机关批准不得乘坐公共交通工具或者进入特定的场所;

(四)不得与特定的人员会见或者通信;

(五)定期向公安机关报告活动情况;

(六)将护照等出入境证件、身份证件、驾驶证件交公安机关保存。

公安机关可以采取电子监控、不定期检查等方式对其遵守约束措施的情况进行监督。

采取前两款规定的约束措施的期限不得超过三个月。

对不需要继续采取约束措施的,应当及时解除。

第五十四条 公安机关经调查,发现犯罪事实或者犯罪嫌疑人的,应当依照刑事诉讼法的规定立案侦查。本章规定的有关期限届满,公安机关未立案侦查的,应当解除有关措施。

第六章 应对处置

第五十五条 国家建立健全恐怖事件应对处置预案体系。

国家反恐怖主义工作领导机构应当针对恐怖事件的规律、特点和可能造成的社会危害,分级、分类制定国家应对处置预案,具体规定恐怖事件应对处置的组织指挥体系和恐怖事件安全防范、应对处置程序以及事后社会秩序恢复等内容。

有关部门、地方反恐怖主义工作领导机构应当制定相应的应对处置预案。

第五十六条 应对处置恐怖事件,各级反恐怖主义工作领导机构应当成立由有关部门参加的指挥机构,实行指挥长负责制。反恐怖主义工作领导机构负责人可以担任指挥长,也可以确定公安机关负责人或者反恐怖主义工作领导机构的其他成员单位负责人担任指挥长。

跨省、自治区、直辖市发生的恐怖事件或者特别重大恐怖事件的应对处置,由国家反恐怖主义工作领导机构负责指挥;在省、自治区、直辖市范围内发生的涉及多个行政区域的恐怖事件或者重大恐怖事件的应对处置,由省级反恐怖主义工作领导机构负责指挥。

第五十七条 恐怖事件发生后,发生地反恐怖主义工作领导机构应当立即启动恐怖事件应对处置预案,确定指挥长。有关部门和中国人民解放军、中国人民武装警察部队、民兵组织,按照反恐怖主义工作领导机构和指挥长的统一领导、指挥,协同开展打击、控制、救援、救护等现场应对处置工作。

上级反恐怖主义工作领导机构可以对应对处置工作进行指导,必要时调动有关反恐怖主义力量进行支援。

需要进入紧急状态的,由全国人民代表大会常务委员会或者国务院依照宪法和其他有关法律规定的权限和程序决定。

第五十八条 发现恐怖事件或者疑似恐怖事件后,公安机关应当立即进行处置,并向反恐怖主义工作领导机构报告;中国人民解放军、中国人民武装警察部队发现正在实施恐怖活动的,应当立即予以控制并将案件及时移交公安机关。

反恐怖主义工作领导机构尚未确定指挥长的,由在场处置的公安机关职级最高的人员担任现场指挥员。公安机关未能到达现场的,由在场处置的中国人民解放军或者中国人民武装警察部队职级最高的人员担任现场指挥员。现场应对处置人员无论是否属于同一单位、系统,均应当服从现场指挥员的指挥。

指挥长确定后,现场指挥员应当向其请示、报告工作或者有关情况。

第五十九条 中华人民共和国在境外的机构、人员、重要设施遭受或者可能遭受恐怖袭击的,国务院外交、公安、国家安全、商务、金融、国有资产监督管理、旅游、交通运输等主管部门应当及时启动应对处置预案。国务院外交部门应当协调有关国家采取相应措施。

中华人民共和国在境外的机构、人员、重要设施遭受严重恐怖袭击后,经与有关国家协商同意,国家反恐怖主义工作领导机构可以组织外交、公安、国家安全等部门派出工作人员赴境外开展应对处置工作。

第六十条 应对处置恐怖事件,应当优先保护直接受到恐怖活动危害、威胁人员的人身安全。

第六十一条 恐怖事件发生后,负责应对处置的反恐怖主义工作领导机构可以决定由有关部门和单位采取下列一项或者多项应对处置措施:

(一)组织营救和救治受害人员,疏散、撤离并妥善安置受到威胁的人员以及采取其他救助措施;

(二)封锁现场和周边道路,查验现场人员的身份证件,在有关场所附近设置临时警戒线;

(三)在特定区域内实施空域、海(水)域管制,对特定区域内的交通运输工具进行检查;

(四)在特定区域内实施互联网、无线电、通讯管制;

(五)在特定区域内或者针对特定人员实施出境入境

管制；

（六）禁止或者限制使用有关设备、设施，关闭或者限制使用有关场所，中止人员密集的活动或者可能导致危害扩大的生产经营活动；

（七）抢修被损坏的交通、电信、互联网、广播电视、供水、排水、供电、供气、供热等公共设施；

（八）组织志愿人员参加反恐怖主义救援工作，要求具有特定专长的人员提供服务；

（九）其他必要的应对处置措施。

采取前款第三项至第五项规定的应对处置措施，由省级以上反恐怖主义工作领导机构决定或者批准；采取前款第六项规定的应对处置措施，由设区的市级以上反恐怖主义工作领导机构决定。应对处置措施应当明确适用的时间和空间范围，并向社会公布。

第六十二条　人民警察、人民武装警察以及其他依法配备、携带武器的应对处置人员，对在现场持枪支、刀具等凶器或者使用其他危险方法，正在或者准备实施暴力行为的人员，经警告无效的，可以使用武器；紧急情况下或者警告后可能导致更为严重危害后果的，可以直接使用武器。

第六十三条　恐怖事件发生、发展和应对处置信息，由恐怖事件发生地的省级反恐怖主义工作领导机构统一发布；跨省、自治区、直辖市发生的恐怖事件，由指定的省级反恐怖主义工作领导机构统一发布。

任何单位和个人不得编造、传播虚假恐怖事件信息；

不得报道、传播可能引起模仿的恐怖活动的实施细节；不得发布恐怖事件中残忍、不人道的场景；在恐怖事件的应对处置过程中，除新闻媒体经负责发布信息的反恐怖主义工作领导机构批准外，不得报道、传播现场应对处置的工作人员、人质身份信息和应对处置行动情况。

第六十四条 恐怖事件应对处置结束后，各级人民政府应当组织有关部门帮助受影响的单位和个人尽快恢复生活、生产，稳定受影响地区的社会秩序和公众情绪。

第六十五条 当地人民政府应当及时给予恐怖事件受害人员及其近亲属适当的救助，并向失去基本生活条件的受害人员及其近亲属及时提供基本生活保障。卫生、医疗保障等主管部门应当为恐怖事件受害人员及其近亲属提供心理、医疗等方面的援助。

第六十六条 公安机关应当及时对恐怖事件立案侦查，查明事件发生的原因、经过和结果，依法追究恐怖活动组织、人员的刑事责任。

第六十七条 反恐怖主义工作领导机构应当对恐怖事件的发生和应对处置工作进行全面分析、总结评估，提出防范和应对处置改进措施，向上一级反恐怖主义工作领导机构报告。

第七章 国 际 合 作

第六十八条 中华人民共和国根据缔结或者参加的国

际条约，或者按照平等互惠原则，与其他国家、地区、国际组织开展反恐怖主义合作。

第六十九条 国务院有关部门根据国务院授权，代表中国政府与外国政府和有关国际组织开展反恐怖主义政策对话、情报信息交流、执法合作和国际资金监管合作。

在不违背我国法律的前提下，边境地区的县级以上地方人民政府及其主管部门，经国务院或者中央有关部门批准，可以与相邻国家或者地区开展反恐怖主义情报信息交流、执法合作和国际资金监管合作。

第七十条 涉及恐怖活动犯罪的刑事司法协助、引渡和被判刑人移管，依照有关法律规定执行。

第七十一条 经与有关国家达成协议，并报国务院批准，国务院公安部门、国家安全部门可以派员出境执行反恐怖主义任务。

中国人民解放军、中国人民武装警察部队派员出境执行反恐怖主义任务，由中央军事委员会批准。

第七十二条 通过反恐怖主义国际合作取得的材料可以在行政处罚、刑事诉讼中作为证据使用，但我方承诺不作为证据使用的除外。

第八章 保障措施

第七十三条 国务院和县级以上地方各级人民政府应当按照事权划分，将反恐怖主义工作经费分别列入同级财政预算。

国家对反恐怖主义重点地区给予必要的经费支持,对应对处置大规模恐怖事件给予经费保障。

第七十四条 公安机关、国家安全机关和有关部门,以及中国人民解放军、中国人民武装警察部队,应当依照法律规定的职责,建立反恐怖主义专业力量,加强专业训练,配备必要的反恐怖主义专业设备、设施。

县级、乡级人民政府根据需要,指导有关单位、村民委员会、居民委员会建立反恐怖主义工作力量、志愿者队伍,协助、配合有关部门开展反恐怖主义工作。

第七十五条 对因履行反恐怖主义工作职责或者协助、配合有关部门开展反恐怖主义工作导致伤残或者死亡的人员,按照国家有关规定给予相应的待遇。

第七十六条 因报告和制止恐怖活动,在恐怖活动犯罪案件中作证,或者从事反恐怖主义工作,本人或者其近亲属的人身安全面临危险的,经本人或者其近亲属提出申请,公安机关、有关部门应当采取下列一项或者多项保护措施:

(一)不公开真实姓名、住址和工作单位等个人信息;

(二)禁止特定的人接触被保护人员;

(三)对人身和住宅采取专门性保护措施;

(四)变更被保护人员的姓名,重新安排住所和工作单位;

(五)其他必要的保护措施。

公安机关、有关部门应当依照前款规定，采取不公开被保护单位的真实名称、地址，禁止特定的人接近被保护单位，对被保护单位办公、经营场所采取专门性保护措施，以及其他必要的保护措施。

第七十七条 国家鼓励、支持反恐怖主义科学研究和技术创新，开发和推广使用先进的反恐怖主义技术、设备。

第七十八条 公安机关、国家安全机关、中国人民解放军、中国人民武装警察部队因履行反恐怖主义职责的紧急需要，根据国家有关规定，可以征用单位和个人的财产。任务完成后应当及时归还或者恢复原状，并依照规定支付相应费用；造成损失的，应当补偿。

因开展反恐怖主义工作对有关单位和个人的合法权益造成损害的，应当依法给予赔偿、补偿。有关单位和个人有权依法请求赔偿、补偿。

第九章 法律责任

第七十九条 组织、策划、准备实施、实施恐怖活动，宣扬恐怖主义，煽动实施恐怖活动，非法持有宣扬恐怖主义的物品，强制他人在公共场所穿戴宣扬恐怖主义的服饰、标志，组织、领导、参加恐怖活动组织，为恐怖活动组织、恐怖活动人员、实施恐怖活动或者恐怖活动培训提供帮助的，依法追究刑事责任。

第八十条 参与下列活动之一，情节轻微，尚不构成

犯罪的,由公安机关处十日以上十五日以下拘留,可以并处一万元以下罚款:

(一)宣扬恐怖主义、极端主义或者煽动实施恐怖活动、极端主义活动的;

(二)制作、传播、非法持有宣扬恐怖主义、极端主义的物品的;

(三)强制他人在公共场所穿戴宣扬恐怖主义、极端主义的服饰、标志的;

(四)为宣扬恐怖主义、极端主义或者实施恐怖主义、极端主义活动提供信息、资金、物资、劳务、技术、场所等支持、协助、便利的。

第八十一条 利用极端主义,实施下列行为之一,情节轻微,尚不构成犯罪的,由公安机关处五日以上十五日以下拘留,可以并处一万元以下罚款:

(一)强迫他人参加宗教活动,或者强迫他人向宗教活动场所、宗教教职人员提供财物或者劳务的;

(二)以恐吓、骚扰等方式驱赶其他民族或者有其他信仰的人员离开居住地的;

(三)以恐吓、骚扰等方式干涉他人与其他民族或者有其他信仰的人员交往、共同生活的;

(四)以恐吓、骚扰等方式干涉他人生活习俗、方式和生产经营的;

(五)阻碍国家机关工作人员依法执行职务的;

(六)歪曲、诋毁国家政策、法律、行政法规,煽动、教唆抵制人民政府依法管理的；

（七）煽动、胁迫群众损毁或者故意损毁居民身份证、户口簿等国家法定证件以及人民币的；

（八）煽动、胁迫他人以宗教仪式取代结婚、离婚登记的；

（九）煽动、胁迫未成年人不接受义务教育的；

（十）其他利用极端主义破坏国家法律制度实施的。

第八十二条　明知他人有恐怖活动犯罪、极端主义犯罪行为，窝藏、包庇，情节轻微，尚不构成犯罪的，或者在司法机关向其调查有关情况、收集有关证据时，拒绝提供的，由公安机关处十日以上十五日以下拘留，可以并处一万元以下罚款。

第八十三条　金融机构和特定非金融机构对国家反恐怖主义工作领导机构的办事机构公告的恐怖活动组织及恐怖活动人员的资金或者其他资产，未立即予以冻结的，由公安机关处二十万元以上五十万元以下罚款，并对直接负责的董事、高级管理人员和其他直接责任人员处十万元以下罚款；情节严重的，处五十万元以上罚款，并对直接负责的董事、高级管理人员和其他直接责任人员，处十万元以上五十万元以下罚款，可以并处五日以上十五日以下拘留。

第八十四条　电信业务经营者、互联网服务提供者有下列情形之一的，由主管部门处二十万元以上五十万元以下罚款，并对其直接负责的主管人员和其他直接责任人员处十万元以下罚款;情节严重的,处五十万元以上罚款,并对其直接负责的主管人员和其他直接责任人员,处十万元以上五十万元以下罚款,可以由公安机关对其直接负责的主管人员和其他直接责任人员,处五日以上十五日以下拘留:

(一)未依照规定为公安机关、国家安全机关依法进行防范、调查恐怖活动提供技术接口和解密等技术支持和协助的;

(二)未按照主管部门的要求,停止传输、删除含有恐怖主义、极端主义内容的信息,保存相关记录,关闭相关网站或者关停相关服务的;

(三)未落实网络安全、信息内容监督制度和安全技术防范措施,造成含有恐怖主义、极端主义内容的信息传播,情节严重的。

第八十五条 铁路、公路、水上、航空的货运和邮政、快递等物流运营单位有下列情形之一的,由主管部门处十万元以上五十万元以下罚款,并对其直接负责的主管人员和其他直接责任人员处十万元以下罚款:

(一)未实行安全查验制度,对客户身份进行查验,或者未依照规定对运输、寄递物品进行安全检查或者开封验视的;

(二)对禁止运输、寄递,存在重大安全隐患,或者客户拒绝安全查验的物品予以运输、寄递的;

(三)未实行运输、寄递客户身份、物品信息登记制度的。

第八十六条 电信、互联网、金融业务经营者、服务提供者未按规定对客户身份进行查验，或者对身份不明、拒绝身份查验的客户提供服务的，主管部门应当责令改正；拒不改正的，处二十万元以上五十万元以下罚款，并对其直接负责的主管人员和其他直接责任人员处十万元以下罚款；情节严重的，处五十万元以上罚款，并对其直接负责的主管人员和其他直接责任人员，处十万元以上五十万元以下罚款。

住宿、长途客运、机动车租赁等业务经营者、服务提供者有前款规定情形的，由主管部门处十万元以上五十万元以下罚款，并对其直接负责的主管人员和其他直接责任人员处十万元以下罚款。

第八十七条 违反本法规定，有下列情形之一的，由主管部门给予警告，并责令改正；拒不改正的，处十万元以下罚款，并对其直接负责的主管人员和其他直接责任人员处一万元以下罚款：

（一）未依照规定对枪支等武器、弹药、管制器具、危险化学品、民用爆炸物品、核与放射物品作出电子追踪标识，对民用爆炸物品添加安检示踪标识物的；

（二）未依照规定对运营中的危险化学品、民用爆炸物品、核与放射物品的运输工具通过定位系统实行监控的；

（三）未依照规定对传染病病原体等物质实行严格的监督管理，情节严重的；

（四）违反国务院有关主管部门或者省级人民政府对管制器具、危险化学品、民用爆炸物品决定的管制或者限制交易措施的。

第八十八条 防范恐怖袭击重点目标的管理、营运单位违反本法规定，有下列情形之一的，由公安机关给予警告，并责令改正；拒不改正的，处十万元以下罚款，并对其直接负责的主管人员和其他直接责任人员处一万元以下罚款：

（一）未制定防范和应对处置恐怖活动的预案、措施的；

（二）未建立反恐怖主义工作专项经费保障制度，或者未配备防范和处置设备、设施的；

（三）未落实工作机构或者责任人员的；

（四）未对重要岗位人员进行安全背景审查，或者未将有不适合情形的人员调整工作岗位的；

（五）对公共交通运输工具未依照规定配备安保人员和相应设备、设施的；

（六）未建立公共安全视频图像信息系统值班监看、信息保存使用、运行维护等管理制度的。

大型活动承办单位以及重点目标的管理单位未依照规定对进入大型活动场所、机场、火车站、码头、城市轨道交通站、公路长途客运站、口岸等重点目标的人员、物品和交通工具进行安全检查的，公安机关应当责令改正；拒不改正的，处十万元以下罚款，并对其直接负责的主管人员和其他直接责任人员处一万元以下罚款。

第八十九条 恐怖活动嫌疑人员违反公安机关责令其遵守的约束措施的，由公安机关给予警告，并责令改正；拒不改正的，处五日以上十五日以下拘留。

第九十条 新闻媒体等单位编造、传播虚假恐怖事件信息，报道、传播可能引起模仿的恐怖活动的实施细节，发布恐怖事件中残忍、不人道的场景，或者未经批准，报道、传播现场应对处置的工作人员、人质身份信息和应对处置行动情况的，由公安机关处二十万元以下罚款，并对其直接负责的主管人员和其他直接责任人员，处五日以上十五日以下拘留，可以并处五万元以下罚款。

个人有前款规定行为的，由公安机关处五日以上十五日以下拘留，可以并处一万元以下罚款。

第九十一条 拒不配合有关部门开展反恐怖主义安全防范、情报信息、调查、应对处置工作的，由主管部门处二千元以下罚款；造成严重后果的，处五日以上十五日以下拘留，可以并处一万元以下罚款。

单位有前款规定行为的，由主管部门处五万元以下罚款；造成严重后果的，处十万元以下罚款；并对其直接负责的主管人员和其他直接责任人员依照前款规定处罚。

第九十二条 阻碍有关部门开展反恐怖主义工作的，由公安机关处五日以上十五日以下拘留，可以并处五万元以下罚款。

单位有前款规定行为的，由公安机关处二十万元以下罚款,并对其直接负责的主管人员和其他直接责任人员依照前款规定处罚。

阻碍人民警察、人民解放军、人民武装警察依法执行职务的,从重处罚。

第九十三条 单位违反本法规定,情节严重的,由主管部门责令停止从事相关业务、提供相关服务或者责令停产停业;造成严重后果的,吊销有关证照或者撤销登记。

第九十四条 反恐怖主义工作领导机构、有关部门的工作人员在反恐怖主义工作中滥用职权、玩忽职守、徇私舞弊,或者有违反规定泄露国家秘密、商业秘密和个人隐私等行为,构成犯罪的,依法追究刑事责任;尚不构成犯罪的,依法给予处分。

反恐怖主义工作领导机构、有关部门及其工作人员在反恐怖主义工作中滥用职权、玩忽职守、徇私舞弊或者有其他违法违纪行为的,任何单位和个人有权向有关部门检举、控告。有关部门接到检举、控告后,应当及时处理并回复检举、控告人。

第九十五条 对依照本法规定查封、扣押、冻结、扣留、收缴的物品、资金等,经审查发现与恐怖主义无关的,应当及时解除有关措施,予以退还。

第九十六条 有关单位和个人对依照本法作出的行政处罚和行政强制措施决定不服的,可以依法申请行政复议或者提起行政诉讼。

第十章 附 则

第九十七条 本法自 2016 年 1 月 1 日起施行。2011 年 10 月 29 日第十一届全国人民代表大会常务委员会第二十三次会议通过的《全国人民代表大会常务委员会关于加强反恐怖工作有关问题的决定》同时废止。

中华人民共和国反有组织犯罪法

（2021 年 12 月 24 日第十三届全国人民代表大会常务委员会第三十二次会议通过 2021 年 12 月 24 日中华人民共和国主席令第 101 号公布 自 2022 年 5 月 1 日起施行）

第一章 总 则

第一条 为了预防和惩治有组织犯罪，加强和规范反有组织犯罪工作，维护国家安全、社会秩序、经济秩序，保护公民和组织的合法权益，根据宪法，制定本法。

第二条 本法所称有组织犯罪，是指《中华人民共和国刑法》第二百九十四条规定的组织、领导、参加黑社会性质组织犯罪，以及黑社会性质组织、恶势力组织实施的犯罪。

本法所称恶势力组织，是指经常纠集在一起，以暴力、威胁或者其他手段，在一定区域或者行业领域内多次实施违法犯罪活动，为非作恶，欺压群众，扰乱社会秩序、经济秩序，造成较为恶劣的社会影响，但尚未形成黑社会性质组织的犯罪组织。

境外的黑社会组织到中华人民共和国境内发展组织成员、实施犯罪，以及在境外对中华人民共和国国家或者公民犯罪的，适用本法。

第三条 反有组织犯罪工作应当坚持总体国家安全观，综合运用法律、经济、科技、文化、教育等手段，建立健全反有组织犯罪工作机制和有组织犯罪预防治理体系。

第四条 反有组织犯罪工作应当坚持专门工作与群众路线相结合，坚持专项治理与系统治理相结合，坚持与反腐败相结合，坚持与加强基层组织建设相结合，惩防并举、标本兼治。

第五条 反有组织犯罪工作应当依法进行，尊重和保障人权，维护公民和组织的合法权益。

第六条 监察机关、人民法院、人民检察院、公安机关、司法行政机关以及其他有关国家机关，应当根据分工，互相配合，互相制约，依法做好反有组织犯罪工作。

有关部门应当动员、依靠村民委员会、居民委员会、企业事业单位、社会组织，共同开展反有组织犯罪工作。

第七条 任何单位和个人都有协助、配合有关部门开展反有组织犯罪工作的义务。

国家依法对协助、配合反有组织犯罪工作的单位和个人给予保护。

第八条 国家鼓励单位和个人举报有组织犯罪。

对举报有组织犯罪或者在反有组织犯罪工作中作出突出贡献的单位和个人，按照国家有关规定给予表彰、奖励。

第二章 预防和治理

第九条 各级人民政府和有关部门应当依法组织开展有组织犯罪预防和治理工作，将有组织犯罪预防和治理工作纳入考评体系。

村民委员会、居民委员会应当协助人民政府以及有关部门开展有组织犯罪预防和治理工作。

第十条 承担有组织犯罪预防和治理职责的部门应当开展反有组织犯罪宣传教育，增强公民的反有组织犯罪意识和能力。

监察机关、人民法院、人民检察院、公安机关、司法行政机关应当通过普法宣传、以案释法等方式，开展反有组织犯罪宣传教育。

新闻、广播、电视、文化、互联网信息服务等单位，应当有针对性地面向社会开展反有组织犯罪宣传教育。

第十一条 教育行政部门、学校应当会同有关部门建立防范有组织犯罪侵害校园工作机制，加强反有组织犯罪宣传教育，增强学生防范有组织犯罪的意识，教育引导学生自觉抵制有组织犯罪,防范有组织犯罪的侵害。

学校发现有组织犯罪侵害学生人身、财产安全,妨害校园及周边秩序的,有组织犯罪组织在学生中发展成员的,或者学生参加有组织犯罪活动的,应当及时制止,采取防范措施,并向公安机关和教育行政部门报告。

第十二条 民政部门应当会同监察机关、公安机关等有关部门,对村民委员会、居民委员会成员候选人资格进行审查,发现因实施有组织犯罪受过刑事处罚的,应当依照有关规定及时作出处理;发现有组织犯罪线索的,应当及时向公安机关报告。

第十三条 市场监管、金融监管、自然资源、交通运输等行业主管部门应当会同公安机关,建立健全行业有组织犯罪预防和治理长效机制,对相关行业领域内有组织犯罪情况进行监测分析,对有组织犯罪易发的行业领域加强监督管理。

第十四条 监察机关、人民法院、人民检察院、公安机关在办理案件中发现行业主管部门有组织犯罪预防和治理工作存在问题的,可以书面向相关行业主管部门提出意见建议。相关行业主管部门应当及时处理并书面反馈。

第十五条 公安机关可以会同有关部门根据本地有组织犯罪情况,确定预防和治理的重点区域、行业领域或者场所。

重点区域、行业领域或者场所的管理单位应当采取有效措施,加强管理,并及时将工作情况向公安机关反馈。

第十六条　电信业务经营者、互联网服务提供者应当依法履行网络信息安全管理义务，采取安全技术防范措施，防止含有宣扬、诱导有组织犯罪内容的信息传播；发现含有宣扬、诱导有组织犯罪内容的信息的，应当立即停止传输，采取消除等处置措施，保存相关记录，并向公安机关或者有关部门报告，依法为公安机关侦查有组织犯罪提供技术支持和协助。

网信、电信、公安等主管部门对含有宣扬、诱导有组织犯罪内容的信息，应当按照职责分工，及时责令有关单位停止传输、采取消除等处置措施，或者下架相关应用、关闭相关网站、关停相关服务。有关单位应当立即执行，并保存相关记录，协助调查。对互联网上来源于境外的上述信息，电信主管部门应当采取技术措施，及时阻断传播。

第十七条　国务院反洗钱行政主管部门、国务院其他有关部门、机构应当督促金融机构和特定非金融机构履行反洗钱义务。发现与有组织犯罪有关的可疑交易活动的，有关主管部门可以依法进行调查，经调查不能排除洗钱嫌疑的，应当及时向公安机关报案。

第十八条　监狱、看守所、社区矫正机构对有组织犯罪的罪犯，应当采取有针对性的监管、教育、矫正措施。

有组织犯罪的罪犯刑满释放后，司法行政机关应当会同有关部门落实安置帮教等必要措施，促进其顺利融入社会。

第十九条　对因组织、领导黑社会性质组织被判处刑罚的人员，设区的市级以上公安机关可以决定其自刑罚执行完毕之日起，按照国家有关规定向公安机关报告个人财产及日常活动。报告期限不超过五年。

第二十条 曾被判处刑罚的黑社会性质组织的组织者、领导者或者恶势力组织的首要分子开办企业或者在企业中担任高级管理人员的，相关行业主管部门应当依法审查，对其经营活动加强监督管理。

第二十一条 移民管理、海关、海警等部门应当会同公安机关严密防范境外的黑社会组织入境渗透、发展、实施违法犯罪活动。

出入境证件签发机关、移民管理机构对境外的黑社会组织的人员，有权决定不准其入境、不予签发入境证件或者宣布其入境证件作废。

移民管理、海关、海警等部门发现境外的黑社会组织的人员入境的，应当及时通知公安机关。发现相关人员涉嫌违反我国法律或者发现涉嫌有组织犯罪物品的，应当依法扣留并及时处理。

第三章 案件办理

第二十二条 办理有组织犯罪案件，应当以事实为根据，以法律为准绳，坚持宽严相济。

对有组织犯罪的组织者、领导者和骨干成员，应当严格掌握取保候审、不起诉、缓刑、减刑、假释和暂予监外执行的适用条件，充分适用剥夺政治权利、没收财产、罚金等刑罚。

有组织犯罪的犯罪嫌疑人、被告人自愿如实供述自己的罪行，承认指控的犯罪事实，愿意接受处罚的，可以依法从宽处理。

第二十三条 利用网络实施的犯罪，符合本法第二条规定的，应当认定为有组织犯罪。

为谋取非法利益或者形成非法影响，有组织地进行滋扰、纠缠、哄闹、聚众造势等，对他人形成心理强制，足以限制人身自由、危及人身财产安全，影响正常社会秩序、经济秩序的，可以认定为有组织犯罪的犯罪手段。

第二十四条 公安机关应当依法运用现代信息技术，建立有组织犯罪线索收集和研判机制，分级分类进行处置。

公安机关接到对有组织犯罪的报案、控告、举报后，应当及时开展统计、分析、研判工作，组织核查或者移送有关主管机关依法处理。

第二十五条 有关国家机关在履行职责时发现有组织犯罪线索，或者接到对有组织犯罪的举报的，应当及时移送公安机关等主管机关依法处理。

第二十六条 公安机关核查有组织犯罪线索，可以按照国家有关规定采取调查措施。公安机关向有关单位和个人收集、调取相关信息和材料的，有关单位和个人应当如实提供。

第二十七条 公安机关核查有组织犯罪线索，经县级以上公安机关负责人批准，可以查询嫌疑人员的存款、汇款、债券、股票、基金份额等财产信息。

公安机关核查黑社会性质组织犯罪线索，发现涉案财产有灭失、转移的紧急风险的，经设区的市级以上公安机关负责人批准，可以对有关涉案财产采取紧急止付或者临时冻结、临时扣押的紧急措施，期限不得超过四十八小时。期限届满或者适用紧急措施的情形消失的，应当立即解除紧急措施。

第二十八条　公安机关核查有组织犯罪线索，发现犯罪事实或者犯罪嫌疑人的，应当依照《中华人民共和国刑事诉讼法》的规定立案侦查。

第二十九条　公安机关办理有组织犯罪案件，可以依照《中华人民共和国出境入境管理法》的规定，决定对犯罪嫌疑人采取限制出境措施，通知移民管理机构执行。

第三十条　对有组织犯罪案件的犯罪嫌疑人、被告人，根据办理案件和维护监管秩序的需要，可以采取异地羁押、分别羁押或者单独羁押等措施。采取异地羁押措施的，应当依法通知犯罪嫌疑人、被告人的家属和辩护人。

第三十一条　公安机关在立案后，根据侦查犯罪的需要，依照《中华人民共和国刑事诉讼法》的规定，可以采取技术侦查措施、实施控制下交付或者由有关人员隐匿身份进行侦查。

第三十二条　犯罪嫌疑人、被告人检举、揭发重大犯罪的其他共同犯罪人或者提供侦破重大案件的重要线索或者证据，同案处理可能导致其本人或者近亲属有人身危险的，可以分案处理。

第三十三条 犯罪嫌疑人、被告人积极配合有组织犯罪案件的侦查、起诉、审判等工作，有下列情形之一的，可以依法从宽处罚，但对有组织犯罪的组织者、领导者应当严格适用：

（一）为查明犯罪组织的组织结构及其组织者、领导者、首要分子的地位、作用提供重要线索或者证据的；

（二）为查明犯罪组织实施的重大犯罪提供重要线索或者证据的；

（三）为查处国家工作人员涉有组织犯罪提供重要线索或者证据的；

（四）协助追缴、没收尚未掌握的赃款赃物的；

（五）其他为查办有组织犯罪案件提供重要线索或者证据的情形。

对参加有组织犯罪组织的犯罪嫌疑人、被告人不起诉或者免予刑事处罚的，可以根据案件的不同情况，依法予以训诫、责令具结悔过、赔礼道歉、赔偿损失，或者由主管部门予以行政处罚或者处分。

第三十四条 对黑社会性质组织的组织者、领导者，应当依法并处没收财产。对其他组织成员，根据其在犯罪组织中的地位、作用以及所参与违法犯罪活动的次数、性质、违法所得数额、造成的损失等，可以依法并处罚金或者没收财产。

第三十五条 对有组织犯罪的罪犯，执行机关应当依法从严管理。

黑社会性质组织的组织者、领导者或者恶势力组织的首要分子被判处十年以上有期徒刑、无期徒刑、死刑缓期二年执行的,应当跨省、自治区、直辖市异地执行刑罚。

第三十六条 对被判处十年以上有期徒刑、无期徒刑、死刑缓期二年执行的黑社会性质组织的组织者、领导者或者恶势力组织的首要分子减刑的,执行机关应当依法提出减刑建议,报经省、自治区、直辖市监狱管理机关复核后,提请人民法院裁定。

对黑社会性质组织的组织者、领导者或者恶势力组织的首要分子假释的,适用前款规定的程序。

第三十七条 人民法院审理黑社会性质组织犯罪罪犯的减刑、假释案件,应当通知人民检察院、执行机关参加审理,并通知被报请减刑、假释的罪犯参加,听取其意见。

第三十八条 执行机关提出减刑、假释建议以及人民法院审理减刑、假释案件,应当充分考虑罪犯履行生效裁判中财产性判项、配合处置涉案财产等情况。

第四章 涉案财产认定和处置

第三十九条 办理有组织犯罪案件中发现的可用以证明犯罪嫌疑人、被告人有罪或者无罪的各种财物、文件,应当依法查封、扣押。

公安机关、人民检察院、人民法院可以依照《中华人民共和国刑事诉讼法》的规定查询、冻结犯罪嫌疑人、被告人的存款、汇款、债券、股票、基金份额等财产。有关单位和个人应当配合。

第四十条 公安机关、人民检察院、人民法院根据办理有组织犯罪案件的需要，可以全面调查涉嫌有组织犯罪的组织及其成员的财产状况。

第四十一条 查封、扣押、冻结、处置涉案财物，应当严格依照法定条件和程序进行，依法保护公民和组织的合法财产权益，严格区分违法所得与合法财产、本人财产与其家属的财产，减少对企业正常经营活动的不利影响。不得查封、扣押、冻结与案件无关的财物。经查明确实与案件无关的财物，应当在三日以内解除查封、扣押、冻结，予以退还。对被害人的合法财产，应当及时返还。

查封、扣押、冻结涉案财物，应当为犯罪嫌疑人、被告人及其扶养的家属保留必需的生活费用和物品。

第四十二条 公安机关可以向反洗钱行政主管部门查询与有组织犯罪相关的信息数据，提请协查与有组织犯罪相关的可疑交易活动，反洗钱行政主管部门应当予以配合并及时回复。

第四十三条 对下列财产，经县级以上公安机关、人民检察院或者人民法院主要负责人批准，可以依法先行出售、变现或者变卖、拍卖，所得价款由扣押、冻结机关保管，并及时告知犯罪嫌疑人、被告人或者其近亲属：

（一）易损毁、灭失、变质等不宜长期保存的物品；

（二）有效期即将届满的汇票、本票、支票等；

（三）债券、股票、基金份额等财产，经权利人申请，出售不损害国家利益、被害人利益，不影响诉讼正常进行的。

第四十四条 公安机关、人民检察院应当对涉案财产审查甄别。在移送审查起诉、提起公诉时，应当对涉案财产提出处理意见。

在审理有组织犯罪案件过程中，应当对与涉案财产的性质、权属有关的事实、证据进行法庭调查、辩论。人民法院应当依法作出判决，对涉案财产作出处理。

第四十五条 有组织犯罪组织及其成员违法所得的一切财物及其孳息、收益，违禁品和供犯罪所用的本人财物，应当依法予以追缴、没收或者责令退赔。

依法应当追缴、没收的涉案财产无法找到、灭失或者与其他合法财产混合且不可分割的，可以追缴、没收其他等值财产或者混合财产中的等值部分。

被告人实施黑社会性质组织犯罪的定罪量刑事实已经查清，有证据证明其在犯罪期间获得的财产高度可能属于黑社会性质组织犯罪的违法所得及其孳息、收益，被告人不能说明财产合法来源的，应当依法予以追缴、没收。

第四十六条 涉案财产符合下列情形之一的，应当依法予以追缴、没收：

（一）为支持或者资助有组织犯罪活动而提供给有组织犯罪组织及其成员的财产；

（二）有组织犯罪组织成员的家庭财产中实际用于支持有组织犯罪活动的部分；

（三）利用有组织犯罪组织及其成员的违法犯罪活动获

得的财产及其孳息、收益。

第四十七条 黑社会性质组织犯罪案件的犯罪嫌疑人、被告人逃匿,在通缉一年后不能到案,或者犯罪嫌疑人、被告人死亡,依照《中华人民共和国刑法》规定应当追缴其违法所得及其他涉案财产的,依照《中华人民共和国刑事诉讼法》有关犯罪嫌疑人、被告人逃匿、死亡案件违法所得的没收程序的规定办理。

第四十八条 监察机关、公安机关、人民检察院发现与有组织犯罪相关的洗钱以及掩饰、隐瞒犯罪所得、犯罪所得收益等犯罪的,应当依法查处。

第四十九条 利害关系人对查封、扣押、冻结、处置涉案财物提出异议的,公安机关、人民检察院、人民法院应当及时予以核实,听取其意见,依法作出处理。

公安机关、人民检察院、人民法院对涉案财物作出处理后,利害关系人对处理不服的,可以提出申诉或者控告。

第五章 国家工作人员涉有组织犯罪的处理

第五十条 国家工作人员有下列行为的,应当全面调查,依法作出处理:

(一)组织、领导、参加有组织犯罪活动的;

(二)为有组织犯罪组织及其犯罪活动提供帮助的;

(三)包庇有组织犯罪组织、纵容有组织犯罪活动的;

(四)在查办有组织犯罪案件工作中失职渎职的;

（五）利用职权或者职务上的影响干预反有组织犯罪工作的；

（六）其他涉有组织犯罪的违法犯罪行为。

国家工作人员组织、领导、参加有组织犯罪的，应当依法从重处罚。

第五十一条 监察机关、人民法院、人民检察院、公安机关、司法行政机关应当加强协作配合，建立线索办理沟通机制，发现国家工作人员涉嫌本法第五十条规定的违法犯罪的线索，应当依法处理或者及时移送主管机关处理。

任何单位和个人发现国家工作人员与有组织犯罪有关的违法犯罪行为，有权向监察机关、人民检察院、公安机关等部门报案、控告、举报。有关部门接到报案、控告、举报后，应当及时处理。

第五十二条 依法查办有组织犯罪案件或者依照职责支持、协助查办有组织犯罪案件的国家工作人员，不得有下列行为：

（一）接到报案、控告、举报不受理，发现犯罪信息、线索隐瞒不报、不如实报告，或者未经批准、授权擅自处置、不移送犯罪线索、涉案材料；

（二）向违法犯罪人员通风报信，阻碍案件查处；

（三）违背事实和法律处理案件；

（四）违反规定查封、扣押、冻结、处置涉案财物；

（五）其他滥用职权、玩忽职守、徇私舞弊的行为。

第五十三条 有关机关接到对从事反有组织犯罪工作

的执法、司法工作人员的举报后,应当依法处理,防止犯罪嫌疑人、被告人等利用举报干扰办案、打击报复。

对利用举报等方式歪曲捏造事实,诬告陷害从事反有组织犯罪工作的执法、司法工作人员的,应当依法追究责任;造成不良影响的,应当按照规定及时澄清事实,恢复名誉,消除不良影响。

第六章 国际合作

第五十四条 中华人民共和国根据缔结或者参加的国际条约,或者按照平等互惠原则,与其他国家、地区、国际组织开展反有组织犯罪合作。

第五十五条 国务院有关部门根据国务院授权,代表中国政府与外国政府和有关国际组织开展反有组织犯罪情报信息交流和执法合作。

国务院公安部门应当加强跨境反有组织犯罪警务合作,推动与有关国家和地区建立警务合作机制。经国务院公安部门批准,边境地区公安机关可以与相邻国家或者地区执法机构建立跨境有组织犯罪情报信息交流和警务合作机制。

第五十六条 涉及有组织犯罪的刑事司法协助、引渡,依照有关法律的规定办理。

第五十七条 通过反有组织犯罪国际合作取得的材料可以在行政处罚、刑事诉讼中作为证据使用,但依据条约规定或者我方承诺不作为证据使用的除外。

第七章　保障措施

第五十八条　国家为反有组织犯罪工作提供必要的组织保障、制度保障和物质保障。

第五十九条　公安机关和有关部门应当依照职责，建立健全反有组织犯罪专业力量，加强人才队伍建设和专业训练，提升反有组织犯罪工作能力。

第六十条　国务院和县级以上地方各级人民政府应当按照事权划分，将反有组织犯罪工作经费列入本级财政预算。

第六十一条　因举报、控告和制止有组织犯罪活动，在有组织犯罪案件中作证，本人或者其近亲属的人身安全面临危险的，公安机关、人民检察院、人民法院应当按照有关规定，采取下列一项或者多项保护措施：

（一）不公开真实姓名、住址和工作单位等个人信息；

（二）采取不暴露外貌、真实声音等出庭作证措施；

（三）禁止特定的人接触被保护人员；

（四）对人身和住宅采取专门性保护措施；

（五）变更被保护人员的身份，重新安排住所和工作单位；

（六）其他必要的保护措施。

第六十二条　采取本法第六十一条第三项、第四项规定的保护措施，由公安机关执行。根据本法第六十一条第五项规定，变更被保护人员身份的，由国务院公安部门批准和组织实施。

公安机关、人民检察院、人民法院依法采取保护措施，有关单位和个人应当配合。

第六十三条 实施有组织犯罪的人员配合侦查、起诉、审判等工作，对侦破案件或者查明案件事实起到重要作用的，可以参照证人保护的规定执行。

第六十四条 对办理有组织犯罪案件的执法、司法工作人员及其近亲属，可以采取人身保护、禁止特定的人接触等保护措施。

第六十五条 对因履行反有组织犯罪工作职责或者协助、配合有关部门开展反有组织犯罪工作导致伤残或者死亡的人员，按照国家有关规定给予相应的待遇。

第八章　法律责任

第六十六条 组织、领导、参加黑社会性质组织，国家机关工作人员包庇、纵容黑社会性质组织，以及黑社会性质组织、恶势力组织实施犯罪的，依法追究刑事责任。

境外的黑社会组织的人员到中华人民共和国境内发展组织成员、实施犯罪，以及在境外对中华人民共和国国家或者公民犯罪的，依法追究刑事责任。

第六十七条 发展未成年人参加黑社会性质组织、境外的黑社会组织，教唆、诱骗未成年人实施有组织犯罪，或者实施有组织犯罪侵害未成年人合法权益的，依法从重追究刑事责任。

第六十八条 对有组织犯罪的罪犯，人民法院可以依照《中华人民共和国刑法》有关从业禁止的规定，禁止其从事相关职业，并通报相关行业主管部门。

第六十九条 有下列情形之一，尚不构成犯罪的，由公安机关处五日以上十日以下拘留，可以并处一万元以下罚款；情节较重的，处十日以上十五日以下拘留，并处一万元以上三万元以下罚款；有违法所得的，除依法应当返还被害人的以外，应当予以没收：

（一）参加境外的黑社会组织的；

（二）积极参加恶势力组织的；

（三）教唆、诱骗他人参加有组织犯罪组织，或者阻止他人退出有组织犯罪组织的；

（四）为有组织犯罪活动提供资金、场所等支持、协助、便利的；

（五）阻止他人检举揭发有组织犯罪、提供有组织犯罪证据，或者明知他人有有组织犯罪行为，在司法机关向其调查有关情况、收集有关证据时拒绝提供的。

教唆、诱骗未成年人参加有组织犯罪组织或者阻止未成年人退出有组织犯罪组织，尚不构成犯罪的，依照前款规定从重处罚。

第七十条 违反本法第十九条规定，不按照公安机关的决定如实报告个人财产及日常活动的，由公安机关给予警告，并责令改正；拒不改正的，处五日以上十日以下拘留，并处三万元以下罚款。

第七十一条 金融机构等相关单位未依照本法第二十七条规定协助公安机关采取紧急止付、临时冻结措施的，由公安机关责令改正；拒不改正的，由公安机关处五万元以上二十万元以下罚款，并对直接负责的主管人员和其他直接责任人员处五万元以下罚款；情节严重的，公安机关可以建议有关主管部门对直接负责的主管人员和其他直接责任人员依法给予处分。

第七十二条 电信业务经营者、互联网服务提供者有下列情形之一的，由有关主管部门责令改正；拒不改正或者情节严重的，由有关主管部门依照《中华人民共和国网络安全法》的有关规定给予处罚：

（一）拒不为侦查有组织犯罪提供技术支持和协助的；

（二）不按照主管部门的要求对含有宣扬、诱导有组织犯罪内容的信息停止传输、采取消除等处置措施、保存相关记录的。

第七十三条 有关国家机关、行业主管部门拒不履行或者拖延履行反有组织犯罪法定职责，或者拒不配合反有组织犯罪调查取证，或者在其他工作中滥用反有组织犯罪工作有关措施的，由其上级机关责令改正；情节严重的，对负有责任的领导人员和直接责任人员，依法给予处分；构成犯罪的，依法追究刑事责任。

第七十四条 有关部门和单位、个人应当对在反有组织犯罪工作过程中知悉的国家秘密、商业秘密和个人隐私予以保密。违反规定泄露国家秘密、商业秘密和个人隐私的，依法追究法律责任。

第七十五条 国家工作人员有本法第五十条、第五十二条规定的行为，构成犯罪的，依法追究刑事责任；尚不构成犯罪的，依法给予处分。

第七十六条 有关单位和个人对依照本法作出的行政处罚和行政强制措施决定不服的，可以依法申请行政复议或者提起行政诉讼。

第九章 附 则

第七十七条 本法自2022年5月1日起施行。

中华人民共和国香港特别行政区驻军法

（1996年12月30日第八届全国人民代表大会常务委员会第二十三次会议通过 1996年12月30日中华人民共和国主席令第80号公布 自1997年7月1日起施行）

第一章 总 则

第一条 为了保障中央人民政府派驻香港特别行政区

负责防务的军队依法履行职责，维护国家的主权、统一、领土完整和香港的安全，根据宪法和香港特别行政区基本法，制定本法。

第二条 中央人民政府派驻香港特别行政区负责防务的军队，由中国人民解放军陆军、海军、空军部队组成，称中国人民解放军驻香港部队（以下称香港驻军）。

第三条 香港驻军由中华人民共和国中央军事委员会领导，其员额根据香港特别行政区防务的需要确定。

香港驻军实行人员轮换制度。

第四条 香港驻军费用由中央人民政府负担。

第二章 香港驻军的职责

第五条 香港驻军履行下列防务职责：

（一）防备和抵抗侵略，保卫香港特别行政区的安全；

（二）担负防卫勤务；

（三）管理军事设施；

（四）承办有关的涉外军事事宜。

第六条 全国人民代表大会常务委员会决定宣布战争状态或者因香港特别行政区内发生香港特别行政区政府不能控制的危及国家统一或者安全的动乱而决定香港特别行政区进入紧急状态时，香港驻军根据中央人民政府决定在香港特别行政区实施的全国性法律的规定履行职责。

第七条 香港驻军的飞行器、舰船等武器装备和物资以及持有香港驻军制发的证件或者证明文件的执行职务的人员和车辆,不受香港特别行政区执法人员检查、搜查和扣押。

香港驻军和香港驻军人员并享有在香港特别行政区实施的法律规定的其他权利和豁免。

第八条 香港驻军人员对妨碍其执行职务的行为,可以依照在香港特别行政区实施的法律的规定采取措施予以制止。

第三章 香港驻军与香港特别行政区政府的关系

第九条 香港驻军不干预香港特别行政区的地方事务。

第十条 香港特别行政区政府应当支持香港驻军履行防务职责,保障香港驻军和香港驻军人员的合法权益。

香港特别行政区制定政策和拟定法案,涉及香港驻军的,应当征求香港驻军的意见。

第十一条 香港驻军进行训练、演习等军事活动,涉及香港特别行政区公共利益的,应当事先通报香港特别行政区政府。

第十二条 香港驻军和香港特别行政区政府共同保护香港特别行政区内的军事设施。

香港驻军会同香港特别行政区政府划定军事禁区。军事禁区的位置、范围由香港特别行政区政府宣布。

香港特别行政区政府应当协助香港驻军维护军事禁区的安全。

香港驻军以外的人员、车辆、船舶和飞行器未经香港驻军最高指挥官或者其授权的军官批准，不得进入军事禁区。军事禁区的警卫人员有权依法制止擅自进入军事禁区和破坏、危害军事设施的行为。

香港驻军对军事禁区内的自然资源、文物古迹以及非军事权益，应当依照香港特别行政区的法律予以保护。

第十三条 香港驻军的军事用地，经中央人民政府批准不再用于防务目的的，无偿交由香港特别行政区政府处理。

香港特别行政区政府如需将香港驻军的部分军事用地用于公共用途，必须经中央人民政府批准；经批准的，香港特别行政区政府应当在中央人民政府同意的地点，为香港驻军重新提供军事用地和军事设施，并负担所有费用。

第十四条 香港特别行政区政府根据香港特别行政区基本法的规定，在必要时可以向中央人民政府请求香港驻军协助维持社会治安和救助灾害。

香港特别行政区政府的请求经中央人民政府批准后，香港驻军根据中央军事委员会的命令派出部队执行协助维持社会治安和救助灾害的任务，任务完成后即返回驻地。

香港驻军协助维持社会治安和救助灾害时，在香港特别行政区政府的安排下，由香港驻军最高指挥官或者其授权的军官实施指挥。

香港驻军人员在协助维持社会治安和救助灾害时，行使香港特别行政区法律规定的权力。

第十五条　香港驻军和香港特别行政区政府应当建立必要的联系,协商处理与驻军有关的事宜。

第四章　香港驻军人员的义务与纪律

第十六条　香港驻军人员应当履行下列义务:

(一)忠于祖国,履行职责,维护祖国的安全、荣誉和利益,维护香港的安全;

(二)遵守全国性的法律和香港特别行政区的法律,遵守军队的纪律;

(三)尊重香港特别行政区政权机构,尊重香港特别行政区的社会制度和生活方式;

(四)爱护香港特别行政区的公共财产和香港居民及其他人的私有财产;

(五)遵守社会公德,讲究文明礼貌。

第十七条　香港驻军人员不得参加香港的政治组织、宗教组织和社会团体。

第十八条　香港驻军和香港驻军人员不得以任何形式从事营利性经营活动。香港驻军人员并不得从事与军人职责不相称的其他任何活动。

第十九条　香港驻军人员违反全国性的法律和香港特别行政区的法律的,依法追究法律责任。

香港驻军人员违反军队纪律的,给予纪律处分。

第五章　香港驻军人员的司法管辖

第二十条　香港驻军人员犯罪的案件由军事司法机关管辖；但是，香港驻军人员非执行职务的行为，侵犯香港居民、香港驻军以外的其他人的人身权、财产权以及其他违反香港特别行政区法律构成犯罪的案件，由香港特别行政区法院以及有关的执法机关管辖。

军事司法机关和香港特别行政区法院以及有关的执法机关对各自管辖的香港驻军人员犯罪的案件，如果认为由对方管辖更为适宜，经双方协商一致后，可以移交对方管辖。

军事司法机关管辖的香港驻军人员犯罪的案件中，涉及的被告人中的香港居民、香港驻军人员以外的其他人，由香港特别行政区法院审判。

第二十一条　香港特别行政区执法人员依法拘捕的涉嫌犯罪的人员，查明是香港驻军人员的，应当移交香港驻军羁押。被羁押的人员所涉及的案件，依照本法第二十条的规定确定管辖。

第二十二条　香港驻军人员被香港特别行政区法院判处剥夺或者限制人身自由的刑罚的，依照香港特别行政区的法律规定送交执行；但是，香港特别行政区有关执法机关与军事司法机关对执行的地点另行协商确定的除外。

第二十三条　香港驻军人员违反香港特别行政区的法

律，侵害香港居民、香港驻军以外的其他人的民事权利的，当事人可以通过协商、调解解决；不愿通过协商、调解解决或者协商、调解不成的，被侵权人可以向法院提起诉讼。香港驻军人员非执行职务的行为引起的民事侵权案件，由香港特别行政区法院管辖；执行职务的行为引起的民事侵权案件，由中华人民共和国最高人民法院管辖，侵权行为的损害赔偿适用香港特别行政区法律。

第二十四条　香港驻军的机关或者单位在香港特别行政区与香港居民、香港驻军以外的其他人发生合同纠纷时，当事人可以通过协商、调解解决。当事人不愿通过协商、调解解决或者协商、调解不成的，可以依据合同中的仲裁条款或者事后达成的书面仲裁协议，向仲裁机构申请仲裁。当事人没有在合同中订立仲裁条款，事后又没有达成书面仲裁协议的，可以向香港特别行政区法院提起诉讼；但是，当事人对提起诉讼的法院另有约定的除外。

第二十五条　在香港特别行政区法院的诉讼活动中，香港驻军对香港驻军人员身份、执行职务的行为等事实发出的证明文件为有效证据。但是，相反证据成立的除外。

第二十六条　香港驻军的国防等国家行为不受香港特别行政区法院管辖。

第二十七条　香港特别行政区法院作出的判决、裁定涉及香港驻军的机关或者单位的财产执行的，香港驻军的机关或者单位必须履行；但是，香港特别行政区法院不得对香港驻军的武器装备、物资和其他财产实施强制执行。

第二十八条 军事司法机关可以与香港特别行政区法院和有关执法机关通过协商进行司法方面的联系和相互提供协助。

第六章 附 则

第二十九条 本法的解释权属于全国人民代表大会常务委员会。

第三十条 本法自1997年7月1日起施行。

中华人民共和国澳门特别行政区驻军法

（1999年6月28日第九届全国人民代表大会常务委员会第十次会议通过 1999年6月28日中华人民共和国主席令第18号公布 自1999年12月20日起施行）

第一章 总 则

第一条 为了保障中央人民政府派驻澳门特别行政区负责防务的军队依法履行职责，维护国家的主权、统一、领土完整和澳门的安全，根据宪法和澳门特别行政区基本法，制定本法。

一、综　合

第二条　中央人民政府派驻澳门特别行政区负责防务的军队，称中国人民解放军驻澳门部队（以下称澳门驻军）。

澳门驻军由中华人民共和国中央军事委员会领导，其部队组成、员额根据澳门特别行政区防务的需要确定。

澳门驻军实行人员轮换制度。

第三条　澳门驻军不干预澳门特别行政区的地方事务。澳门特别行政区政府在必要时，可以向中央人民政府请求澳门驻军协助维持社会治安和救助灾害。

第四条　澳门驻军人员除须遵守全国性的法律外，还须遵守澳门特别行政区的法律。

第五条　澳门驻军费用由中央人民政府负担。

第二章　澳门驻军的职责

第六条　澳门驻军履行下列防务职责：

（一）防备和抵抗侵略，保卫澳门特别行政区的安全；

（二）担负防卫勤务；

（三）管理军事设施；

（四）承办有关的涉外军事事宜。

第七条　在全国人民代表大会常务委员会决定宣布战争状态或者因澳门特别行政区内发生澳门特别行政区政府不能控制的危及国家统一或者安全的动乱而决定澳门特别行政区进入紧急状态时，澳门驻军根据中央人民政府决定在澳门特别行政区实施的全国性法律的规定履行职责。

第八条 澳门驻军的飞行器、舰船等武器装备和物资以及持有澳门驻军制发的证件或者证明文件的执行职务的人员和车辆，不受澳门特别行政区执法人员检查、搜查和扣押。

澳门驻军和澳门驻军人员并享有在澳门特别行政区实施的法律规定的其他权利和豁免。

第九条 澳门驻军人员对妨碍其执行职务的行为，可以依照在澳门特别行政区实施的法律的规定采取措施予以制止。

第三章 澳门驻军与澳门特别行政区政府的关系

第十条 澳门特别行政区政府应当支持澳门驻军履行防务职责，保障澳门驻军和澳门驻军人员的合法权益。

澳门特别行政区以法律保障澳门驻军和澳门驻军人员履行职责时应当享有的权利和豁免。

澳门特别行政区制定政策、拟定法案、草拟行政法规，涉及澳门驻军的，应当征求澳门驻军的意见。

第十一条 澳门驻军进行训练、演习等军事活动，涉及澳门特别行政区公共利益的，应当事先通报澳门特别行政区政府。

第十二条 澳门驻军和澳门特别行政区政府共同保护澳门特别行政区内的军事设施。

澳门驻军会同澳门特别行政区政府划定军事禁区。军事禁区的位置、范围由澳门特别行政区政府宣布。

澳门特别行政区政府应当协助澳门驻军维护军事禁区的安全，禁止任何组织或者个人破坏、危害军事设施。

澳门驻军以外的人员、车辆、船舶和飞行器未经澳门驻军最高指挥官或者其授权的军官批准，不得进入军事禁区。军事禁区的警卫人员有权依法制止擅自进入军事禁区和破坏、危害军事设施的行为。

澳门驻军对军事禁区内的自然资源、文物古迹以及非军事权益，应当依照澳门特别行政区的法律予以保护。

第十三条 澳门驻军的军事用地由澳门特别行政区政府无偿提供。

澳门驻军的军事用地，经中央人民政府批准不再用于防务目的的，无偿移交澳门特别行政区政府。

澳门特别行政区政府如需将澳门驻军的部分军事用地用于公共用途，必须经中央人民政府批准；经批准的，澳门特别行政区政府应当在中央人民政府同意的地点，为澳门驻军重新提供军事用地和军事设施，并负担所有费用。

第十四条 澳门特别行政区政府向中央人民政府请求澳门驻军协助维持社会治安和救助灾害并经中央人民政府批准后，澳门驻军根据中央军事委员会的命令派出部队执行协助维持社会治安和救助灾害的任务，任务完成后即返回驻地。

澳门驻军协助维持社会治安和救助灾害时，在澳门特别行政区政府的安排下，由澳门驻军最高指挥官或者其授权的军官实施指挥。

澳门驻军人员在协助维持社会治安和救助灾害时,行使与其执行任务相适应的澳门特别行政区法律规定的相关执法人员的权力。

第十五条 澳门驻军和澳门特别行政区政府应当建立必要的联系,协商处理与驻军有关的事宜。

第四章 澳门驻军人员的义务与纪律

第十六条 澳门驻军人员应当履行下列义务:

(一)忠于祖国,履行职责,维护祖国的安全、荣誉和利益,维护澳门的安全;

(二)遵守全国性的法律和澳门特别行政区的法律,遵守军队的纪律;

(三)尊重澳门特别行政区政权机构,尊重澳门特别行政区的社会制度和生活方式;

(四)爱护澳门特别行政区的公共财产和澳门居民及其他人的私有财产;

(五)遵守社会公德,讲究文明礼貌。

第十七条 澳门驻军人员不得参加澳门的政治组织、宗教组织和社会团体。

第十八条 澳门驻军和澳门驻军人员不得以任何形式从事营利性经营活动。澳门驻军人员并不得从事与军人职责不相称的其他任何活动。

第十九条 澳门驻军人员违反全国性的法律和澳门特

别行政区的法律的,依法追究法律责任。

澳门驻军人员违反军队纪律的,给予纪律处分。

第五章 澳门驻军人员的司法管辖

第二十条 澳门驻军人员犯罪的案件由军事司法机关管辖;但是,澳门驻军人员非执行职务的行为,侵犯澳门居民、澳门驻军以外的其他人的人身权、财产权以及其他违反澳门特别行政区法律构成犯罪的案件,由澳门特别行政区司法机关管辖。

军事司法机关和澳门特别行政区司法机关对各自管辖的澳门驻军人员犯罪的案件,如果认为由对方管辖更为适宜,经双方协商一致后,可以移交对方管辖。

军事司法机关管辖的澳门驻军人员犯罪的案件中,涉及的被告人中的澳门居民、澳门驻军以外的其他人,由澳门特别行政区法院审判。

第二十一条 澳门特别行政区执法人员依法拘捕的涉嫌犯罪的人员,查明是澳门驻军人员的,应当移交澳门驻军羁押。被羁押的人员所涉及的案件,依照本法第二十条的规定确定管辖。

第二十二条 澳门驻军人员被澳门特别行政区法院判处剥夺或者限制人身自由的刑罚或者保安处分的,依照澳门特别行政区的法律规定送交执行;但是,澳门特别行政区有关执法机关与军事司法机关对执行的地点另行协商确定的除外。

第二十三条 澳门驻军人员违反澳门特别行政区的法律，侵害澳门居民、澳门驻军以外的其他人的民事权利的，当事人可以通过协商、调解解决；不愿通过协商、调解解决或者协商、调解不成的，被侵权人可以向法院提起诉讼。澳门驻军人员非执行职务的行为引起的民事侵权案件，由澳门特别行政区法院管辖；执行职务的行为引起的民事侵权案件，由中华人民共和国最高人民法院管辖，侵权行为的损害赔偿适用澳门特别行政区法律。

第二十四条 澳门驻军的机关或者单位在澳门特别行政区与澳门居民、澳门驻军以外的其他人发生合同纠纷时，当事人可以通过协商、调解解决。当事人不愿通过协商、调解解决或者协商、调解不成的，可以依据合同中的仲裁条款或者事后达成的书面仲裁协议，向仲裁机构申请仲裁。当事人没有在合同中订立仲裁条款，事后又没有达成书面仲裁协议的，可以向澳门特别行政区法院提起诉讼；但是，当事人对提起诉讼的法院另有约定的除外。

第二十五条 在澳门特别行政区法院的诉讼活动中，澳门驻军对澳门驻军人员身份、执行职务的行为等事实发出的证明文件为有效证据。但是，相反证据成立的除外。

第二十六条 澳门驻军的国防等国家行为不受澳门特别行政区法院管辖。

第二十七条 澳门特别行政区法院作出的判决、裁定涉及澳门驻军的机关或者单位的财产执行的，澳门驻军的机关或者单位必须履行；但是，澳门特别行政区法院不得对澳门驻军的武器装备、物资和其他财产实施强制执行。

第二十八条 军事司法机关可以与澳门特别行政区司法机关和有关执法机关通过协商进行司法方面的联系和相互提供协助。

第六章 附 则

第二十九条 本法的解释权属于全国人民代表大会常务委员会。

第三十条 本法自1999年12月20日起施行。

中华人民共和国国防交通法

（2016年9月3日第十二届全国人民代表大会常务委员会第二十二次会议通过 2016年9月3日中华人民共和国主席令第50号公布 自2017年1月1日起施行）

第一章 总 则

第一条 为了加强国防交通建设，促进交通领域军民融合发展，保障国防活动顺利进行，制定本法。

第二条 以满足国防需要为目的，在铁路、道路、水路、航空、管道以及邮政等交通领域进行的规划、建设、管理和资源使用活动，适用本法。

第三条 国家坚持军民融合发展战略，推动军地资源优化配置、合理共享，提高国防交通平时服务、急时应急、战时应战的能力，促进经济建设和国防建设协调发展。

国防交通工作遵循统一领导、分级负责、统筹规划、平战结合的原则。

第四条 国家国防交通主管机构负责规划、组织、指导和协调全国的国防交通工作。国家国防交通主管机构的设置和工作职责，由国务院、中央军事委员会规定。

县级以上地方人民政府国防交通主管机构负责本行政区域的国防交通工作。

县级以上人民政府有关部门和有关军事机关按照职责分工，负责有关的国防交通工作。

省级以上人民政府有关部门和军队有关部门建立国防交通军民融合发展会商机制，相互通报交通建设和国防需求等情况，研究解决国防交通重大问题。

第五条 公民和组织应当依法履行国防交通义务。

国家鼓励公民和组织依法参与国防交通建设，并按照有关规定给予政策和经费支持。

第六条 国防交通经费按照事权划分的原则，列入政府预算。

企业事业单位用于开展国防交通日常工作的合理支出，

列入本单位预算，计入成本。

第七条 县级以上人民政府根据国防需要，可以依法征用民用运载工具、交通设施、交通物资等民用交通资源，有关组织和个人应当予以配合，履行相关义务。

民用交通资源征用的组织实施和补偿，依照有关法律、行政法规执行。

第八条 各级人民政府应当将国防交通教育纳入全民国防教育，通过多种形式开展国防交通宣传活动，普及国防交通知识，增强公民的国防交通观念。

各级铁路、道路、水路、航空、管道、邮政等行政管理部门（以下统称交通主管部门）和相关企业事业单位应当对本系统、本单位的人员进行国防交通教育。

设有交通相关专业的院校应当将国防交通知识纳入相关专业课程或者单独开设国防交通相关课程。

第九条 任何组织和个人对在国防交通工作中知悉的国家秘密和商业秘密负有保密义务。

第十条 对在国防交通工作中作出突出贡献的组织和个人，按照国家有关规定给予表彰和奖励。

第十一条 国家加强国防交通信息化建设，为提高国防交通保障能力提供支持。

第十二条 战时和平时特殊情况下，需要在交通领域采取行业管制、为武装力量优先提供交通保障等国防动员措施的，依照《中华人民共和国国防法》、《中华人民共和国国防动员法》等有关法律执行。

武装力量组织进行军事演习、训练，需要对交通采取临时性管制措施的，按照国务院、中央军事委员会的有关规定执行。

第十三条 战时和平时特殊情况下，国家根据需要，设立国防交通联合指挥机构，统筹全国或者局部地区的交通运输资源，统一组织指挥全国或者局部地区的交通运输以及交通设施设备的抢修、抢建与防护。相关组织和个人应当服从统一指挥。

第二章 国防交通规划

第十四条 国防交通规划包括国防交通工程设施建设规划、国防交通专业保障队伍建设规划、国防交通物资储备规划、国防交通科研规划等。

编制国防交通规划应当符合下列要求：

（一）满足国防需要，有利于平战快速转换，保障国防活动顺利进行；

（二）兼顾经济社会发展需要，突出重点，注重效益，促进资源融合共享；

（三）符合城乡规划和土地利用总体规划，与国家综合交通运输体系发展规划相协调；

（四）有利于加强边防、海防交通基础设施建设，扶持沿边、沿海经济欠发达地区交通运输发展；

（五）保护环境，节约土地、能源等资源。

第十五条 县级以上人民政府应当将国防交通建设纳入国民经济和社会发展规划。

国务院及其有关部门和省、自治区、直辖市人民政府制定交通行业以及相关领域的发展战略、产业政策和规划交通网络布局，应当兼顾国防需要，提高国家综合交通运输体系保障国防活动的能力。

国务院有关部门应当将有关国防要求纳入交通设施、设备的技术标准和规范。有关国防要求由国家国防交通主管机构征求军队有关部门意见后汇总提出。

第十六条 国防交通工程设施建设规划，由县级以上人民政府国防交通主管机构会同本级人民政府交通主管部门编制，经本级人民政府发展改革部门审核后，报本级人民政府批准。

下级国防交通工程设施建设规划应当依据上一级国防交通工程设施建设规划编制。

编制国防交通工程设施建设规划，应当征求有关军事机关和本级人民政府有关部门的意见。县级以上人民政府有关部门编制综合交通运输体系发展规划和交通工程设施建设规划，应当征求本级人民政府国防交通主管机构的意见，并纳入国防交通工程设施建设的相关内容。

第十七条 国防交通专业保障队伍建设规划，由国家国防交通主管机构会同国务院有关部门和军队有关部门编制。

第十八条 国防交通物资储备规划，由国防交通主管机构会同军地有关部门编制。

中央储备的国防交通物资，由国家国防交通主管机构会同国务院交通主管部门和军队有关部门编制储备规划。

地方储备的国防交通物资，由省、自治区、直辖市人民政府国防交通主管机构会同本级人民政府有关部门和有关军事机关编制储备规划。

第十九条 国防交通科研规划，由国家国防交通主管机构会同国务院有关部门和军队有关部门编制。

第三章 交通工程设施

第二十条 建设国防交通工程设施，应当以国防交通工程设施建设规划为依据，保障战时和平时特殊情况下国防交通畅通。

建设其他交通工程设施，应当依法贯彻国防要求，在建设中采用增强其国防功能的工程技术措施，提高国防交通保障能力。

第二十一条 国防交通工程设施应当按照基本建设程序、相关技术标准和规范以及国防要求进行设计、施工和竣工验收。相关人民政府国防交通主管机构组织军队有关部门参与项目的设计审定、竣工验收等工作。

交通工程设施建设中为增加国防功能修建的项目应当与主体工程同步设计、同步建设、同步验收。

第二十二条 国防交通工程设施在满足国防活动需要的前提下，应当为经济社会活动提供便利。

第二十三条 国防交通工程设施管理单位负责国防交通工程设施的维护和管理，保持其国防功能。

国防交通工程设施需要改变用途或者作报废处理的，由国防交通工程设施管理单位逐级上报国家国防交通主管机构或者其授权的国防交通主管机构批准。

县级以上人民政府应当加强对国防交通工程设施维护管理工作的监督检查。

第二十四条 任何组织和个人进行生产和其他活动，不得影响国防交通工程设施的正常使用，不得危及国防交通工程设施的安全。

第二十五条 县级以上人民政府国防交通主管机构负责向本级人民政府交通主管部门以及相关企业事业单位了解交通工程设施建设项目的立项、设计、施工等情况；有关人民政府交通主管部门以及相关企业事业单位应当予以配合。

第二十六条 县级以上人民政府国防交通主管机构应当及时向有关军事机关通报交通工程设施建设情况，并征求其贯彻国防要求的意见，汇总后提出需要贯彻国防要求的具体项目。

第二十七条 对需要贯彻国防要求的交通工程设施建设项目，由有关人民政府国防交通主管机构会同本级人民政府发展改革部门、财政部门、交通主管部门和有关军事机关，与建设单位协商确定贯彻国防要求的具体事宜。

交通工程设施新建、改建、扩建项目因贯彻国防要求增加的费用由国家承担。有关部门应当对项目的实施予以支持和保障。

第二十八条　各级人民政府对国防交通工程设施建设项目和贯彻国防要求的交通工程设施建设项目，在土地使用、城乡规划、财政、税费等方面，按照国家有关规定给予政策支持。

第四章　民用运载工具

第二十九条　国家国防交通主管机构应当根据国防需要，会同国务院有关部门和军队有关部门，确定需要贯彻国防要求的民用运载工具的类别和范围，及时向社会公布。

国家鼓励公民和组织建造、购置、经营前款规定的类别和范围内的民用运载工具及其相关设备。

第三十条　县级以上人民政府国防交通主管机构应当向民用运载工具登记管理部门和建造、购置人了解需要贯彻国防要求的民用运载工具的建造、购置、使用等情况，有关公民和组织应当予以配合。

第三十一条　县级以上人民政府国防交通主管机构应当及时将掌握的民用运载工具基本情况通报有关军事机关，并征求其贯彻国防要求的意见，汇总后提出需要贯彻国防要求的民用运载工具的具体项目。

第三十二条　对需要贯彻国防要求的民用运载工具的具体项目，由县级以上人民政府国防交通主管机构会同本级人民政府财政部门、交通主管部门和有关军事机关,与有关公民和组织协商确定贯彻国防要求的具体事宜,并签订相关协议。

第三十三条 民用运载工具因贯彻国防要求增加的费用由国家承担。有关部门应当对民用运载工具贯彻国防要求的实施予以支持和保障。

各级人民政府对贯彻国防要求的民用运载工具在服务采购、运营范围等方面,按照有关规定给予政策支持。

第三十四条 贯彻国防要求的民用运载工具所有权人、承租人、经营人负责民用运载工具的维护和管理,保障其使用效能。

第五章 国 防 运 输

第三十五条 县级以上人民政府交通主管部门会同军队有关交通运输部门按照统一计划、集中指挥、迅速准确、安全保密的原则,组织国防运输。

承担国防运输任务的公民和组织应当优先安排国防运输任务。

第三十六条 国家以大中型运输企业为主要依托,组织建设战略投送支援力量,增强战略投送能力,为快速组织远距离、大规模国防运输提供有效支持。

承担战略投送支援任务的企业负责编组人员和装备,根据有关规定制定实施预案,进行必要的训练、演练,提高执行战略投送任务的能力。

第三十七条 各级人民政府和军事机关应当加强国防运输供应、装卸等保障设施建设。

县级以上地方人民政府和相关企业事业单位,应当根据国防运输的需要提供饮食饮水供应、装卸作业、医疗救护、通行与休整、安全警卫等方面的必要的服务或者保障。

第三十八条 国家驻外机构和我国从事国际运输业务的企业及其境外机构,应当为我国实施国际救援、海上护航和维护国家海外利益的军事行动的船舶、飞机、车辆和人员的补给、休整提供协助。

国家有关部门应当对前款规定的机构和企业为海外军事行动提供协助所需的人员和运输工具、货物等的出境入境提供相关便利。

第三十九条 公民和组织完成国防运输任务所发生的费用,由使用单位按照不低于市场价格的原则支付。具体办法由国务院财政部门、交通主管部门和中央军事委员会后勤保障部规定。

第四十条 军队根据需要,可以在相关交通企业或者交通企业较为集中的地区派驻军事代表,会同有关单位共同完成国防运输和交通保障任务。

军事代表驻在单位和驻在地人民政府有关部门,应当为军事代表开展工作提供便利。

军事代表的派驻和工作职责,按照国务院、中央军事委员会的有关规定执行。

第六章　国防交通保障

第四十一条　各级国防交通主管机构组织人民政府有关部门和有关军事机关制定国防交通保障方案，明确重点交通目标、线路以及保障原则、任务、技术措施和组织措施。

第四十二条　国务院有关部门和县级以上地方人民政府按照职责分工，组织有关企业事业单位实施交通工程设施抢修、抢建和运载工具抢修，保障国防活动顺利进行。有关军事机关应当给予支持和协助。

第四十三条　国防交通保障方案确定的重点交通目标的管理单位和预定承担保障任务的单位，应当根据有关规定编制重点交通目标保障预案，并做好相关准备。

第四十四条　重点交通目标的管理单位和预定承担保障任务的单位，在重点交通目标受到破坏威胁时，应当立即启动保障预案，做好相应准备；在重点交通目标遭受破坏时，应当按照任务分工，迅速组织实施工程加固和抢修、抢建，尽快恢复交通。

与国防运输有关的其他交通工程设施遭到破坏的，其管理单位应当及时按照管理关系向上级报告，同时组织修复。

第四十五条　县级以上人民政府国防交通主管机构会同本级人民政府国土资源、城乡规划等主管部门确定预定抢建重要国防交通工程设施的土地，作为国防交通控制范围，纳入土地利用总体规划和城乡规划。

未经县级以上人民政府国土资源主管部门、城乡规划主管部门和国防交通主管机构批准，任何组织和个人不得占用作为国防交通控制范围的土地。

第四十六条 重点交通目标的对空、对海防御，由军队有关部门纳入对空、对海防御计划，统一组织实施。

重点交通目标的地面防卫，由其所在地县级以上人民政府和有关军事机关共同组织实施。

重点交通目标的工程技术防护，由其所在地县级以上人民政府交通主管部门会同本级人民政府国防交通主管机构、人民防空主管部门，组织指导其管理单位和保障单位实施。

重点交通目标以外的其他交通设施的防护，由其所在地县级以上人民政府按照有关规定执行。

第四十七条 因重大军事行动和国防科研生产试验以及与国防相关的保密物资、危险品运输等特殊需要，县级以上人民政府有关部门应当按照规定的权限和程序，在相关地区的陆域、水域、空域采取必要的交通管理措施和安全防护措施。有关军事机关应当给予协助。

第四十八条 县级以上人民政府交通主管部门和有关军事机关、国防交通主管机构应当根据需要，组织相关企业事业单位开展国防交通专业保障队伍的训练、演练。

国防交通专业保障队伍由企业事业单位按照有关规定组建。

参加训练、演练的国防交通专业保障队伍人员的生活福利待遇，参照民兵参加军事训练的有关规定执行。

第四十九条 国防交通专业保障队伍执行国防交通工程设施抢修、抢建、防护和民用运载工具抢修以及人员物资抢运等任务，由县级以上人民政府国防交通主管机构会同本级人民政府交通主管部门统一调配。

国防交通专业保障队伍的车辆、船舶和其他机动设备，执行任务时按照国家国防交通主管机构的规定设置统一标志，可以优先通行。

第五十条 各级人民政府对承担国防交通保障任务的企业和个人，按照有关规定给予政策支持。

第七章 国防交通物资储备

第五十一条 国家建立国防交通物资储备制度，保证战时和平时特殊情况下国防交通顺畅的需要。

国防交通物资储备应当布局合理、规模适度，储备的物资应当符合国家规定的质量标准。

国防交通储备物资的品种由国家国防交通主管机构会同国务院有关部门和军队有关部门规定。

第五十二条 国务院交通主管部门和省、自治区、直辖市人民政府国防交通主管机构，应当按照有关规定确定国防交通储备物资储存管理单位，监督检查国防交通储备物资管理工作。

国防交通储备物资储存管理单位应当建立健全管理制度，按照国家有关规定和标准对储备物资进行保管、维护和更新，保证储备物资的使用效能和安全，不得挪用、损坏和丢失储备物资。

第五十三条 战时和平时特殊情况下执行交通防护和抢修、抢建任务，或者组织重大军事演习，抢险救灾以及国防交通专业保障队伍训练、演练等需要的，可以调用国防交通储备物资。

调用中央储备的国防交通物资，由国家国防交通主管机构批准；调用地方储备的国防交通物资，由省、自治区、直辖市人民政府国防交通主管机构批准。

国防交通储备物资储存管理单位，应当严格执行储备物资调用指令，不得拒绝或者拖延。

未经批准，任何组织和个人不得动用国防交通储备物资。

第五十四条 国防交通储备物资因产品技术升级、更新换代或者主要技术性能低于使用维护要求，丧失储备价值的，可以改变用途或者作报废处理。

中央储备的国防交通物资需要改变用途或者作报废处理的，由国家国防交通主管机构组织技术鉴定并审核后，报国务院财政部门审批。

地方储备的国防交通物资需要改变用途或者作报废处理的，由省、自治区、直辖市人民政府国防交通主管机构组织技术鉴定并审核后，报本级人民政府财政部门审批。

中央和地方储备的国防交通物资改变用途或者报废获得的收益，应当上缴本级国库，纳入财政预算管理。

第八章 法律责任

第五十五条 违反本法规定，有下列行为之一的，由县级以上人民政府交通主管部门或者国防交通主管机构责令限期改正，对负有直接责任的主管人员和其他直接责任人员依法给予处分；有违法所得的，予以没收，并处违法所得一倍以上五倍以下罚款：

（一）擅自改变国防交通工程设施用途或者作报废处理的；

（二）拒绝或者故意拖延执行国防运输任务的；

（三）拒绝或者故意拖延执行重点交通目标抢修、抢建任务的；

（四）拒绝或者故意拖延执行国防交通储备物资调用命令的；

（五）擅自改变国防交通储备物资用途或者作报废处理的；

（六）擅自动用国防交通储备物资的；

（七）未按照规定保管、维护国防交通储备物资，造成损坏、丢失的。

上述违法行为造成财产损失的，依法承担赔偿责任。

第五十六条 国防交通主管机构、有关军事机关以及交通主管部门和其他相关部门的工作人员违反本法规定，有下列情形之一的，对负有直接责任的主管人员和其他直接责任人员依法给予处分：

（一）滥用职权或者玩忽职守，给国防交通工作造成严重损失的；

（二）贪污、挪用国防交通经费、物资的；

（三）泄露在国防交通工作中知悉的国家秘密和商业秘密的；

（四）在国防交通工作中侵害公民或者组织合法权益的。

第五十七条　违反本法规定，构成违反治安管理行为的，依法给予治安管理处罚；构成犯罪的，依法追究刑事责任。

第九章　附　　则

第五十八条　本法所称国防交通工程设施，是指国家为国防目的修建的交通基础设施以及国防交通专用的指挥、检修、装卸、仓储等工程设施。

本法所称国防运输，是指政府和军队为国防目的运用军民交通运输资源，运送人员、装备、物资的活动。军队运用自身资源进行的运输活动，按照中央军事委员会有关规定执行。

第五十九条　与国防交通密切相关的信息设施、设备和专业保障队伍的建设、管理、使用活动，适用本法。

国家对信息动员另有规定的，从其规定。

第六十条　本法自 2017 年 1 月 1 日起施行。

中华人民共和国军事设施保护法

（1990年2月23日第七届全国人民代表大会常务委员会第十二次会议通过　根据2009年8月27日第十一届全国人民代表大会常务委员会第十次会议《关于修改部分法律的决定》第一次修正　根据2014年6月27日第十二届全国人民代表大会常务委员会第九次会议《关于修改〈中华人民共和国军事设施保护法〉的决定》第二次修正　2021年6月10日第十三届全国人民代表大会常务委员会第二十九次会议修订　2021年6月10日中华人民共和国主席令第87号公布　自2021年8月1日起施行）

第一章　总　则

第一条　为了保护军事设施的安全，保障军事设施的使用效能和军事活动的正常进行，加强国防现代化建设，巩固国防，抵御侵略，根据宪法，制定本法。

第二条　本法所称军事设施，是指国家直接用于军事目的的下列建筑、场地和设备：

（一）指挥机关，地上和地下的指挥工程、作战工程；

（二）军用机场、港口、码头；

（三）营区、训练场、试验场；

（四）军用洞库、仓库；

（五）军用信息基础设施，军用侦察、导航、观测台站，军用测量、导航、助航标志；

（六）军用公路、铁路专用线，军用输电线路，军用输油、输水、输气管道；

（七）边防、海防管控设施；

（八）国务院和中央军事委员会规定的其他军事设施。

前款规定的军事设施，包括军队为执行任务必需设置的临时设施。

第三条 军事设施保护工作坚持中国共产党的领导。各级人民政府和军事机关应当共同保护军事设施，维护国防利益。

国务院、中央军事委员会按照职责分工，管理全国的军事设施保护工作。地方各级人民政府会同有关军事机关，管理本行政区域内的军事设施保护工作。

有关军事机关应当按照规定的权限和程序，提出需要地方人民政府落实的军事设施保护需求，地方人民政府应当会同有关军事机关制定具体保护措施并予以落实。

设有军事设施的地方，有关军事机关和县级以上地方人民政府应当建立军地军事设施保护协调机制，相互配合，监督、检查军事设施的保护工作，协调解决军事设施保护工作中的问题。

第四条 中华人民共和国的组织和公民都有保护军事设施的义务。

禁止任何组织或者个人破坏、危害军事设施。

任何组织或者个人对破坏、危害军事设施的行为,都有权检举、控告。

第五条 国家统筹兼顾经济建设、社会发展和军事设施保护,促进经济社会发展和军事设施保护相协调。

第六条 国家对军事设施实行分类保护、确保重点的方针。军事设施的分类和保护标准,由国务院和中央军事委员会规定。

第七条 国家对因设有军事设施、经济建设受到较大影响的地方,采取相应扶持政策和措施。具体办法由国务院和中央军事委员会规定。

第八条 对在军事设施保护工作中做出突出贡献的组织和个人,依照有关法律、法规的规定给予表彰和奖励。

第二章 军事禁区、军事管理区的划定

第九条 军事禁区、军事管理区根据军事设施的性质、作用、安全保密的需要和使用效能的要求划定,具体划定标准和确定程序,由国务院和中央军事委员会规定。

本法所称军事禁区,是指设有重要军事设施或者军事设施安全保密要求高、具有重大危险因素,需要国家采取特殊措施加以重点保护,依照法定程序和标准划定的军事

区域。

本法所称军事管理区，是指设有较重要军事设施或者军事设施安全保密要求较高、具有较大危险因素，需要国家采取特殊措施加以保护，依照法定程序和标准划定的军事区域。

第十条 军事禁区、军事管理区由国务院和中央军事委员会确定，或者由有关军事机关根据国务院和中央军事委员会的规定确定。

军事禁区、军事管理区的撤销或者变更，依照前款规定办理。

第十一条 陆地和水域的军事禁区、军事管理区的范围，由省、自治区、直辖市人民政府和有关军级以上军事机关共同划定，或者由省、自治区、直辖市人民政府、国务院有关部门和有关军级以上军事机关共同划定。空中军事禁区和特别重要的陆地、水域军事禁区的范围，由国务院和中央军事委员会划定。

军事禁区、军事管理区的范围调整，依照前款规定办理。

第十二条 军事禁区、军事管理区应当由县级以上地方人民政府按照国家统一规定的样式设置标志牌。

第十三条 军事禁区、军事管理区范围的划定或者调整，应当在确保军事设施安全保密和使用效能的前提下，兼顾经济建设、生态环境保护和当地居民的生产生活。

因军事设施建设需要划定或者调整军事禁区、军事管理区范围的，应当在军事设施建设项目开工建设前完成。但是，经战区级以上军事机关批准的除外。

第十四条 军事禁区、军事管理区范围的划定或者调整，需要征收、征用土地、房屋等不动产，压覆矿产资源，或者使用海域、空域等的，依照有关法律、法规的规定办理。

第十五条 军队为执行任务设置的临时军事设施需要划定陆地、水域临时军事禁区、临时军事管理区范围的，由县级以上地方人民政府和有关团级以上军事机关共同划定，并各自向上一级机关备案。其中，涉及有关海事管理机构职权的，应当在划定前征求其意见。划定之后，由县级以上地方人民政府或者有关海事管理机构予以公告。

军队执行任务结束后，应当依照前款规定的程序及时撤销划定的陆地、水域临时军事禁区、临时军事管理区。

第三章 军事禁区的保护

第十六条 军事禁区管理单位应当根据具体条件，按照划定的范围，为陆地军事禁区修筑围墙、设置铁丝网等障碍物，为水域军事禁区设置障碍物或者界线标志。

水域军事禁区的范围难以在实际水域设置障碍物或者界线标志的，有关海事管理机构应当向社会公告水域军事禁区的位置和边界。海域的军事禁区应当在海图上标明。

第十七条 禁止陆地、水域军事禁区管理单位以外的人员、车辆、船舶等进入军事禁区，禁止航空器在陆地、水域军事禁区上空进行低空飞行，禁止对军事禁区进行摄影、摄像、录音、勘察、测量、定位、描绘和记述。但是，经有关军事机关批准的除外。

禁止航空器进入空中军事禁区，但依照国家有关规定获得批准的除外。

使用军事禁区的摄影、摄像、录音、勘察、测量、定位、描绘和记述资料，应当经有关军事机关批准。

第十八条　在陆地军事禁区内，禁止建造、设置非军事设施，禁止开发利用地下空间。但是，经战区级以上军事机关批准的除外。

在水域军事禁区内，禁止建造、设置非军事设施，禁止从事水产养殖、捕捞以及其他妨碍军用舰船行动、危害军事设施安全和使用效能的活动。

第十九条　在陆地、水域军事禁区内采取的防护措施不足以保证军事设施安全保密和使用效能，或者陆地、水域军事禁区内的军事设施具有重大危险因素的，省、自治区、直辖市人民政府和有关军事机关，或者省、自治区、直辖市人民政府、国务院有关部门和有关军事机关根据军事设施性质、地形和当地经济建设、社会发展情况，可以在共同划定陆地、水域军事禁区范围的同时，在禁区外围共同划定安全控制范围，并在其外沿设置安全警戒标志。

安全警戒标志由县级以上地方人民政府按照国家统一规定的样式设置，地点由军事禁区管理单位和当地县级以上地方人民政府共同确定。

水域军事禁区外围安全控制范围难以在实际水域设置安全警戒标志的,依照本法第十六条第二款的规定执行。

第二十条 划定陆地、水域军事禁区外围安全控制范围,不改变原土地及土地附着物、水域的所有权。在陆地、水域军事禁区外围安全控制范围内,当地居民可以照常生产生活,但是不得进行爆破、射击以及其他危害军事设施安全和使用效能的活动。

因划定军事禁区外围安全控制范围影响不动产所有权人或者用益物权人行使权利的,依照有关法律、法规的规定予以补偿。

第四章 军事管理区的保护

第二十一条 军事管理区管理单位应当根据具体条件,按照划定的范围,为军事管理区修筑围墙、设置铁丝网或者界线标志。

第二十二条 军事管理区管理单位以外的人员、车辆、船舶等进入军事管理区,或者对军事管理区进行摄影、摄像、录音、勘察、测量、定位、描绘和记述,必须经军事管理区管理单位批准。

第二十三条 在陆地军事管理区内,禁止建造、设置非军事设施,禁止开发利用地下空间。但是,经军级以上军事机关批准的除外。

在水域军事管理区内，禁止从事水产养殖；未经军级以上军事机关批准，不得建造、设置非军事设施；从事捕捞或者其他活动，不得影响军用舰船的战备、训练、执勤等行动。

第二十四条 划为军事管理区的军民合用港口的水域，实行军地分区管理；在地方管理的水域内需要新建非军事设施的，必须事先征得军事设施管理单位的同意。

划为军事管理区的军民合用机场、港口、码头的管理办法，由国务院和中央军事委员会规定。

第五章 没有划入军事禁区、军事管理区的军事设施的保护

第二十五条 没有划入军事禁区、军事管理区的军事设施，军事设施管理单位应当采取措施予以保护；军队团级以上管理单位也可以委托当地人民政府予以保护。

第二十六条 在没有划入军事禁区、军事管理区的军事设施一定距离内进行采石、取土、爆破等活动，不得危害军事设施的安全和使用效能。

第二十七条 没有划入军事禁区、军事管理区的作战工程外围应当划定安全保护范围。作战工程的安全保护范围，应当根据作战工程性质、地形和当地经济建设、社会发展情况，由省、自治区、直辖市人民政府和有关军事机关共同划定，或者由省、自治区、直辖市人民政府、国务

院有关部门和有关军事机关共同划定。在作战工程布局相对集中的地区，作战工程安全保护范围可以连片划定。县级以上地方人民政府应当按照有关规定为作战工程安全保护范围设置界线标志。

作战工程安全保护范围的撤销或者调整，依照前款规定办理。

第二十八条 划定作战工程安全保护范围，不改变原土地及土地附着物的所有权。在作战工程安全保护范围内，当地居民可以照常生产生活，但是不得进行开山采石、采矿、爆破；从事修筑建筑物、构筑物、道路和进行农田水利基本建设、采伐林木等活动，不得危害作战工程安全和使用效能。

因划定作战工程安全保护范围影响不动产所有权人或者用益物权人行使权利的，依照有关法律、法规的规定予以补偿。

禁止私自开启封闭的作战工程，禁止破坏作战工程的伪装，禁止阻断进出作战工程的通道。未经作战工程管理单位师级以上的上级主管军事机关批准，不得对作战工程进行摄影、摄像、录音、勘察、测量、定位、描绘和记述，不得在作战工程内存放非军用物资器材或者从事种植、养殖等生产活动。

新建工程和建设项目，确实难以避开作战工程的，应当按照国家有关规定提出拆除或者迁建、改建作战工程的申请；申请未获批准的，不得拆除或者迁建、改建作战工程。

第二十九条 在军用机场净空保护区域内，禁止修建超出机场净空标准的建筑物、构筑物或者其他设施，不得从事影响飞行安全和机场助航设施使用效能的活动。

军用机场管理单位应当定期检查机场净空保护情况，发现修建的建筑物、构筑物或者其他设施超过军用机场净空保护标准的，应当及时向有关军事机关和当地人民政府主管部门报告。有关军事机关和当地人民政府主管部门应当依照本法规定及时处理。

第三十条 有关军事机关应当向地方人民政府通报当地军用机场净空保护有关情况和需求。

地方人民政府应当向有关军事机关通报可能影响军用机场净空保护的当地有关国土空间规划和高大建筑项目建设计划。

地方人民政府应当制定保护措施，督促有关单位对军用机场净空保护区域内的高大建筑物、构筑物或者其他设施设置飞行障碍标志。

第三十一条 军民合用机场以及由军队管理的保留旧机场、直升机起落坪的净空保护工作，适用军用机场净空保护的有关规定。

公路飞机跑道的净空保护工作，参照军用机场净空保护的有关规定执行。

第三十二条 地方各级人民政府和有关军事机关采取委托看管、分段负责等方式，实行军民联防，保护军用管线安全。

地下军用管线应当设立路由标石或者永久性标志,易遭损坏的路段、部位应当设置标志牌。已经公布具体位置、边界和路由的海域水下军用管线应当在海图上标明。

第三十三条 在军用无线电固定设施电磁环境保护范围内,禁止建造、设置影响军用无线电固定设施使用效能的设备和电磁障碍物体,不得从事影响军用无线电固定设施电磁环境的活动。

军用无线电固定设施电磁环境的保护措施,由军地无线电管理机构按照国家无线电管理相关规定和标准共同确定。

军事禁区、军事管理区内无线电固定设施电磁环境的保护,适用前两款规定。

军用无线电固定设施电磁环境保护涉及军事系统与非军事系统间的无线电管理事宜的,按照国家无线电管理的有关规定执行。

第三十四条 未经国务院和中央军事委员会批准或者国务院和中央军事委员会授权的机关批准,不得拆除、移动边防、海防管控设施,不得在边防、海防管控设施上搭建、设置民用设施。在边防、海防管控设施周边安排建设项目,不得危害边防、海防管控设施安全和使用效能。

第三十五条 任何组织和个人不得损毁或者擅自移动军用测量标志。在军用测量标志周边安排建设项目,不得危害军用测量标志安全和使用效能。

军用测量标志的保护,依照有关法律、法规的规定执行。

第六章　管理职责

第三十六条　县级以上地方人民政府编制国民经济和社会发展规划、安排可能影响军事设施保护的建设项目,国务院有关部门、地方人民政府编制国土空间规划等规划,应当兼顾军事设施保护的需要,并按照规定书面征求有关军事机关的意见。必要时,可以由地方人民政府会同有关部门、有关军事机关对建设项目进行评估。

国务院有关部门或者县级以上地方人民政府有关部门审批前款规定的建设项目,应当审查征求军事机关意见的情况;对未按规定征求军事机关意见的,应当要求补充征求意见;建设项目内容在审批过程中发生的改变可能影响军事设施保护的,应当再次征求有关军事机关的意见。

有关军事机关应当自收到征求意见函之日起三十日内提出书面答复意见;需要请示上级军事机关或者需要勘察、测量、测试的,答复时间可以适当延长,但通常不得超过九十日。

第三十七条　军队编制军事设施建设规划、组织军事设施项目建设,应当考虑地方经济建设、生态环境保护和社会发展的需要,符合国土空间规划等规划的总体要求,并进行安全保密环境评估和环境影响评价。涉及国土空间规划等规划的,应当征求国务院有关部门、地方人民政府的意见,尽量避开生态保护红线、自然保护地、地方经济建设热点区域和民用设施密集区域。确实不能避开,需要将生产生活设施拆除或者迁建的,应当依法进行。

第三十八条 县级以上地方人民政府安排建设项目或者开辟旅游景点,应当避开军事设施。确实不能避开,需要将军事设施拆除、迁建或者改作民用的,由省、自治区、直辖市人民政府或者国务院有关部门和战区级军事机关商定,并报国务院和中央军事委员会批准或者国务院和中央军事委员会授权的机关批准;需要将军事设施改建的,由有关军事机关批准。

因前款原因将军事设施拆除、迁建、改建或者改作民用的,由提出需求的地方人民政府依照有关规定给予有关军事机关政策支持或者经费补助。将军事设施迁建、改建涉及用地用海用岛的,地方人民政府应当依法及时办理相关手续。

第三十九条 军事设施因军事任务调整、周边环境变化和自然损毁等原因,失去使用效能并无需恢复重建的,军事设施管理单位应当按照规定程序及时报国务院和中央军事委员会批准或者国务院和中央军事委员会授权的机关批准,予以拆除或者改作民用。

军队执行任务结束后,应当及时将设置的临时军事设施拆除。

第四十条 军用机场、港口实行军民合用的,需经国务院和中央军事委员会批准。军用码头实行军民合用的,需经省、自治区、直辖市人民政府或者国务院有关部门会同战区级军事机关批准。

第四十一条　军事禁区、军事管理区和没有划入军事禁区、军事管理区的军事设施,县级以上地方人民政府应当会同军事设施管理单位制定具体保护措施,可以公告施行。

划入军事禁区、军事管理区的军事设施的具体保护措施,应当随军事禁区、军事管理区范围划定方案一并报批。

第四十二条　各级军事机关应当严格履行保护军事设施的职责,教育军队人员爱护军事设施,保守军事设施秘密,建立健全保护军事设施的规章制度,监督、检查、解决军事设施保护工作中的问题。

有关军事机关应当支持配合军事设施保护执法、司法活动。

第四十三条　军事设施管理单位应当认真执行有关保护军事设施的规章制度,建立军事设施档案,对军事设施进行检查、维护。

军事设施管理单位对军事设施的重要部位应当采取安全监控和技术防范措施,并及时根据军事设施保护需要和科技进步升级完善。

军事设施管理单位不得将军事设施用于非军事目的,但因执行应急救援等紧急任务的除外。

第四十四条　军事设施管理单位应当了解掌握军事设

一、综　合

施周边建设项目等情况，发现可能危害军事设施安全和使用效能的，应当及时向有关军事机关和当地人民政府主管部门报告，并配合有关部门依法处理。

第四十五条　军事禁区、军事管理区的管理单位应当依照有关法律、法规的规定，保护军事禁区、军事管理区内的生态环境、自然资源和文物。

第四十六条　军事设施管理单位必要时应当向县级以上地方人民政府提供地下、水下军用管线的位置资料。地方进行建设时，当地人民政府应当对地下、水下军用管线予以保护。

第四十七条　各级人民政府应当加强国防和军事设施保护教育，使全体公民增强国防观念，保护军事设施，保守军事设施秘密，制止破坏、危害军事设施的行为。

第四十八条　县级以上地方人民政府应当会同有关军事机关，定期组织检查和评估本行政区域内军事设施保护情况，督促限期整改影响军事设施保护的隐患和问题，完善军事设施保护措施。

第四十九条　国家实行军事设施保护目标责任制和考核评价制度，将军事设施保护目标完成情况作为对地方人民政府、有关军事机关和军事设施管理单位及其负责人考核评价的内容。

第五十条　军事禁区、军事管理区需要公安机关协助维护治安管理秩序的，经国务院和中央军事委员会决定或者由有关军事机关提请省、自治区、直辖市公安机关批准，可以设立公安机构。

第五十一条 违反本法规定,有下列情形之一的,军事设施管理单位的执勤人员应当予以制止:

(一) 非法进入军事禁区、军事管理区或者在陆地、水域军事禁区上空低空飞行的;

(二) 对军事禁区、军事管理区非法进行摄影、摄像、录音、勘察、测量、定位、描绘和记述的;

(三) 进行破坏、危害军事设施的活动的。

第五十二条 有本法第五十一条所列情形之一,不听制止的,军事设施管理单位依照国家有关规定,可以采取下列措施:

(一) 强制带离、控制非法进入军事禁区、军事管理区或者驾驶、操控航空器在陆地、水域军事禁区上空低空飞行的人员,对违法情节严重的人员予以扣留并立即移送公安、国家安全等有管辖权的机关;

(二) 立即制止信息传输等行为,扣押用于实施违法行为的器材、工具或者其他物品,并移送公安、国家安全等有管辖权的机关;

(三) 在紧急情况下,清除严重危害军事设施安全和使用效能的障碍物;

(四) 在危及军事设施安全或者执勤人员生命安全等紧急情况下依法使用武器。

军人、军队文职人员和军队其他人员有本法第五十一条所列情形之一的,依照军队有关规定处理。

第七章　法　律　责　任

第五十三条　违反本法第十七条、第十八条、第二十三条规定，擅自进入水域军事禁区，在水域军事禁区内从事水产养殖、捕捞，在水域军事管理区内从事水产养殖，或者在水域军事管理区内从事捕捞等活动影响军用舰船行动的，由交通运输、渔业等主管部门给予警告，责令离开，没收渔具、渔获物。

第五十四条　违反本法第十八条、第二十三条、第二十四条规定，在陆地、水域军事禁区、军事管理区内建造、设置非军事设施，擅自开发利用陆地军事禁区、军事管理区地下空间，或者在划为军事管理区的军民合用港口地方管理的水域未征得军事设施管理单位同意建造、设置非军事设施的，由住房和城乡建设、自然资源、交通运输、渔业等主管部门责令停止兴建活动，对已建成的责令限期拆除。

第五十五条　违反本法第二十八条第一款规定，在作战工程安全保护范围内开山采石、采矿、爆破的，由自然资源、生态环境等主管部门以及公安机关责令停止违法行为，没收采出的产品和违法所得；修筑建筑物、构筑物、道路或者进行农田水利基本建设影响作战工程安全和使用效能的，由自然资源、生态环境、交通运输、农业农村、住房和城乡建设等主管部门给予警告，责令限期改正。

第五十六条 违反本法第二十八条第三款规定，私自开启封闭的作战工程，破坏作战工程伪装，阻断作战工程通道，将作战工程用于存放非军用物资器材或者种植、养殖等生产活动的，由公安机关以及自然资源等主管部门责令停止违法行为，限期恢复原状。

第五十七条 违反本法第二十八条第四款、第三十四条规定，擅自拆除、迁建、改建作战工程，或者擅自拆除、移动边防、海防管控设施的，由住房和城乡建设主管部门、公安机关等责令停止违法行为，限期恢复原状。

第五十八条 违反本法第二十九条第一款规定，在军用机场净空保护区域内修建超出军用机场净空保护标准的建筑物、构筑物或者其他设施的，由住房和城乡建设、自然资源主管部门责令限期拆除超高部分。

第五十九条 违反本法第三十三条规定，在军用无线电固定设施电磁环境保护范围内建造、设置影响军用无线电固定设施使用效能的设备和电磁障碍物体，或者从事影响军用无线电固定设施电磁环境的活动的，由自然资源、生态环境等主管部门以及无线电管理机构给予警告，责令限期改正；逾期不改正的，查封干扰设备或者强制拆除障碍物。

第六十条 有下列行为之一的，适用《中华人民共和国治安管理处罚法》第二十三条的处罚规定：

（一）非法进入军事禁区、军事管理区或者驾驶、操控航空器在陆地、水域军事禁区上空低空飞行，不听制止的；

（二）在军事禁区外围安全控制范围内，或者在没有划入军事禁区、军事管理区的军事设施一定距离内，进行危害军事设施安全和使用效能的活动，不听制止的；

（三）在军用机场净空保护区域内，进行影响飞行安全和机场助航设施使用效能的活动，不听制止的；

（四）对军事禁区、军事管理区非法进行摄影、摄像、录音、勘察、测量、定位、描绘和记述，不听制止的；

（五）其他扰乱军事禁区、军事管理区管理秩序和危害军事设施安全的行为，情节轻微，尚不够刑事处罚的。

第六十一条 违反国家规定，故意干扰军用无线电设施正常工作的，或者对军用无线电设施产生有害干扰，拒不按照有关主管部门的要求改正的，依照《中华人民共和国治安管理处罚法》第二十八条的规定处罚。

第六十二条 毁坏边防、海防管控设施以及军事禁区、军事管理区的围墙、铁丝网、界线标志或者其他军事设施的，依照《中华人民共和国治安管理处罚法》第三十三条的规定处罚。

第六十三条 有下列行为之一，构成犯罪的，依法追究刑事责任：

（一）破坏军事设施的；

（二）过失损坏军事设施，造成严重后果的；

（三）盗窃、抢夺、抢劫军事设施的装备、物资、器材的；

（四）泄露军事设施秘密，或者为境外的机构、组织、人员窃取、刺探、收买、非法提供军事设施秘密的；

（五）破坏军用无线电固定设施电磁环境，干扰军用无

— 199 —

线电通讯，情节严重的；

（六）其他扰乱军事禁区、军事管理区管理秩序和危害军事设施安全的行为，情节严重的。

第六十四条 军人、军队文职人员和军队其他人员有下列行为之一，按照军队有关规定给予处分；构成犯罪的，依法追究刑事责任：

（一）有本法第五十三条至第六十三条规定行为的；

（二）擅自将军事设施用于非军事目的，或者有其他滥用职权行为的；

（三）擅离职守或者玩忽职守的。

第六十五条 公职人员在军事设施保护工作中有玩忽职守、滥用职权、徇私舞弊等行为的，依法给予处分；构成犯罪的，依法追究刑事责任。

第六十六条 违反本法规定，破坏、危害军事设施的，属海警机构职权范围的，由海警机构依法处理。

违反本法规定，有其他破坏、危害军事设施行为的，由有关主管部门依法处理。

第六十七条 违反本法规定，造成军事设施损失的，依法承担赔偿责任。

第六十八条 战时违反本法的，依法从重追究法律责任。

第八章　附　　则

第六十九条 中国人民武装警察部队所属军事设施的

保护，适用本法。

第七十条 国防科技工业重要武器装备的科研、生产、试验、存储等设施的保护，参照本法有关规定执行。具体办法和设施目录由国务院和中央军事委员会规定。

第七十一条 国务院和中央军事委员会根据本法制定实施办法。

第七十二条 本法自 2021 年 8 月 1 日起施行。

二、国防武装力量

中华人民共和国人民警察法

（1995年2月28日第八届全国人民代表大会常务委员会第十二次会议通过 根据2012年10月26日第十一届全国人民代表大会常务委员会第二十九次会议《关于修改〈中华人民共和国人民警察法〉的决定》修正）

第一章 总 则

第一条 为了维护国家安全和社会治安秩序，保护公民的合法权益，加强人民警察的队伍建设，从严治警，提高人民警察的素质，保障人民警察依法行使职权，保障改革开放和社会主义现代化建设的顺利进行，根据宪法，制定本法。

第二条 人民警察的任务是维护国家安全，维护社会治安秩序，保护公民的人身安全、人身自由和合法财产，保护公共财产，预防、制止和惩治违法犯罪活动。

人民警察包括公安机关、国家安全机关、监狱、劳动教养管理机关的人民警察和人民法院、人民检察院的司法警察。

第三条 人民警察必须依靠人民的支持，保持同人民的密切联系，倾听人民的意见和建议，接受人民的监督，维护人民的利益，全心全意为人民服务。

第四条 人民警察必须以宪法和法律为活动准则，忠于职守，清正廉洁，纪律严明，服从命令，严格执法。

第五条 人民警察依法执行职务，受法律保护。

第二章 职 权

第六条 公安机关的人民警察按照职责分工，依法履行下列职责：

（一）预防、制止和侦查违法犯罪活动；

（二）维护社会治安秩序，制止危害社会治安秩序的行为；

（三）维护交通安全和交通秩序，处理交通事故；

（四）组织、实施消防工作，实行消防监督；

（五）管理枪支弹药、管制刀具和易燃易爆、剧毒、放射性等危险物品；

（六）对法律、法规规定的特种行业进行管理；

（七）警卫国家规定的特定人员，守卫重要的场所和设施；

（八）管理集会、游行、示威活动；

（九）管理户政、国籍、入境出境事务和外国人在中国境内居留、旅行的有关事务；

（十）维护国（边）境地区的治安秩序；

（十一）对被判处拘役、剥夺政治权利的罪犯执行刑罚；

（十二）监督管理计算机信息系统的安全保护工作；

（十三）指导和监督国家机关、社会团体、企业事业组织和重点建设工程的治安保卫工作，指导治安保卫委员会等群众性组织的治安防范工作；

（十四）法律、法规规定的其他职责。

第七条 公安机关的人民警察对违反治安管理或者其他公安行政管理法律、法规的个人或者组织，依法可以实施行政强制措施、行政处罚。

第八条 公安机关的人民警察对严重危害社会治安秩序或者威胁公共安全的人员，可以强行带离现场、依法予以拘留或者采取法律规定的其他措施。

第九条 为维护社会治安秩序，公安机关的人民警察对有违法犯罪嫌疑的人员，经出示相应证件，可以当场盘问、检查；经盘问、检查，有下列情形之一的，可以将其带至公安机关，经该公安机关批准，对其继续盘问：

（一）被指控有犯罪行为的；

（二）有现场作案嫌疑的；

（三）有作案嫌疑身份不明的；

（四）携带的物品有可能是赃物的。

对被盘问人的留置时间自带至公安机关之时起不超过二十四小时，在特殊情况下，经县级以上公安机关批准，可以延长至四十八小时,并应当留有盘问记录。对于批准继续盘问的,应当立即通知其家属或者其所在单位。对于不批准继续盘问的,应当立即释放被盘问人。

经继续盘问,公安机关认为对被盘问人需要依法采取拘留或者其他强制措施的,应当在前款规定的期间作出决定;在前款规定的期间不能作出上述决定的,应当立即释放被盘问人。

第十条 遇有拒捕、暴乱、越狱、抢夺枪支或者其他暴力行为的紧急情况,公安机关的人民警察依照国家有关规定可以使用武器。

第十一条 为制止严重违法犯罪活动的需要,公安机关的人民警察依照国家有关规定可以使用警械。

第十二条 为侦查犯罪活动的需要,公安机关的人民警察可以依法执行拘留、搜查、逮捕或者其他强制措施。

第十三条 公安机关的人民警察因履行职责的紧急需要,经出示相应证件,可以优先乘坐公共交通工具,遇交通阻碍时,优先通行。

公安机关因侦查犯罪的需要,必要时,按照国家有关规定,可以优先使用机关、团体、企业事业组织和个人的交通工具、通信工具、场地和建筑物,用后应当及时归还,并支付适当费用;造成损失的,应当赔偿。

第十四条 公安机关的人民警察对严重危害公共安全或者他人人身安全的精神病人,可以采取保护性约束措施。需要送往指定的单位、场所加以监护的,应当报请县级以上人民政府公安机关批准,并及时通知其监护人。

第十五条 县级以上人民政府公安机关,为预防和制止严重危害社会治安秩序的行为,可以在一定的区域和时间,限制人员、车辆的通行或者停留,必要时可以实行交通管制。

公安机关的人民警察依照前款规定,可以采取相应的交通管制措施。

第十六条 公安机关因侦查犯罪的需要,根据国家有关规定,经过严格的批准手续,可以采取技术侦察措施。

第十七条 县级以上人民政府公安机关,经上级公安机关和同级人民政府批准,对严重危害社会治安秩序的突发事件,可以根据情况实行现场管制。

公安机关的人民警察依照前款规定,可以采取必要手段强行驱散,并对拒不服从的人员强行带离现场或者立即予以拘留。

第十八条 国家安全机关、监狱、劳动教养管理机关的人民警察和人民法院、人民检察院的司法警察,分别依照有关法律、行政法规的规定履行职权。

第十九条 人民警察在非工作时间,遇有其职责范围内的紧急情况,应当履行职责。

第三章 义务和纪律

第二十条 人民警察必须做到:

(一) 秉公执法,办事公道;

(二) 模范遵守社会公德;

(三) 礼貌待人,文明执勤;

(四) 尊重人民群众的风俗习惯。

第二十一条 人民警察遇到公民人身、财产安全受到侵犯或者处于其他危难情形,应当立即救助;对公民提出解决纠纷的要求,应当给予帮助;对公民的报警案件,应当及时查处。

人民警察应当积极参加抢险救灾和社会公益工作。

第二十二条 人民警察不得有下列行为:

(一) 散布有损国家声誉的言论,参加非法组织,参加旨在反对国家的集会、游行、示威等活动,参加罢工;

(二) 泄露国家秘密、警务工作秘密;

(三) 弄虚作假,隐瞒案情,包庇、纵容违法犯罪活动;

(四) 刑讯逼供或者体罚、虐待人犯;

(五) 非法剥夺、限制他人人身自由,非法搜查他人的身体、物品、住所或者场所;

(六) 敲诈勒索或者索取、收受贿赂;

(七) 殴打他人或者唆使他人打人;

(八) 违法实施处罚或者收取费用;

(九) 接受当事人及其代理人的请客送礼;

(十) 从事营利性的经营活动或者受雇于任何个人或者组织;

(十一) 玩忽职守,不履行法定义务;

(十二) 其他违法乱纪的行为。

第二十三条 人民警察必须按照规定着装，佩带人民警察标志或者持有人民警察证件，保持警容严整，举止端庄。

第四章 组织管理

第二十四条 国家根据人民警察的工作性质、任务和特点，规定组织机构设置和职务序列。

第二十五条 人民警察依法实行警衔制度。

第二十六条 担任人民警察应当具备下列条件：

(一) 年满十八岁的公民；

(二) 拥护中华人民共和国宪法；

(三) 有良好的政治、业务素质和良好的品行；

(四) 身体健康；

(五) 具有高中毕业以上文化程度；

(六) 自愿从事人民警察工作。

有下列情形之一的，不得担任人民警察：

(一) 曾因犯罪受过刑事处罚的；

(二) 曾被开除公职的。

第二十七条 录用人民警察，必须按照国家规定，公开考试，严格考核，择优选用。

第二十八条 担任人民警察领导职务的人员，应当具备下列条件：

(一) 具有法律专业知识；

（二）具有政法工作经验和一定的组织管理、指挥能力；

（三）具有大学专科以上学历；

（四）经人民警察院校培训，考试合格。

第二十九条 国家发展人民警察教育事业，对人民警察有计划地进行政治思想、法制、警察业务等教育培训。

第三十条 国家根据人民警察的工作性质、任务和特点，分别规定不同岗位的服务年限和不同职务的最高任职年龄。

第三十一条 人民警察个人或者集体在工作中表现突出，有显著成绩和特殊贡献的，给予奖励。奖励分为：嘉奖、三等功、二等功、一等功、授予荣誉称号。

对受奖励的人民警察，按照国家有关规定，可以提前晋升警衔，并给予一定的物质奖励。

第五章 警务保障

第三十二条 人民警察必须执行上级的决定和命令。

人民警察认为决定和命令有错误的，可以按照规定提出意见，但不得中止或者改变决定和命令的执行；提出的意见不被采纳时，必须服从决定和命令；执行决定和命令的后果由作出决定和命令的上级负责。

第三十三条 人民警察对超越法律、法规规定的人民警察职责范围的指令，有权拒绝执行，并同时向上级机关报告。

第三十四条　人民警察依法执行职务，公民和组织应当给予支持和协助。公民和组织协助人民警察依法执行职务的行为受法律保护。对协助人民警察执行职务有显著成绩的，给予表彰和奖励。

公民和组织因协助人民警察执行职务，造成人身伤亡或者财产损失的，应当按照国家有关规定给予抚恤或者补偿。

第三十五条　拒绝或者阻碍人民警察依法执行职务，有下列行为之一的，给予治安管理处罚：

（一）公然侮辱正在执行职务的人民警察的；

（二）阻碍人民警察调查取证的；

（三）拒绝或者阻碍人民警察执行追捕、搜查、救险等任务进入有关住所、场所的；

（四）对执行救人、救险、追捕、警卫等紧急任务的警车故意设置障碍的；

（五）有拒绝或者阻碍人民警察执行职务的其他行为的。

以暴力、威胁方法实施前款规定的行为，构成犯罪的，依法追究刑事责任。

第三十六条　人民警察的警用标志、制式服装和警械，由国务院公安部门统一监制，会同其他有关国家机关管理，其他个人和组织不得非法制造、贩卖。

人民警察的警用标志、制式服装、警械、证件为人民警察专用，其他个人和组织不得持有和使用。

违反前两款规定的，没收非法制造、贩卖、持有、使用的人民警察警用标志、制式服装、警械、证件，由公安机关处十五日以下拘留或者警告，可以并处违法所得五倍以下的罚款；构成犯罪的，依法追究刑事责任。

第三十七条　国家保障人民警察的经费。人民警察的经费，按照事权划分的原则，分别列入中央和地方的财政预算。

第三十八条　人民警察工作所必需的通讯、训练设施和交通、消防以及派出所、监管场所等基础设施建设，各级人民政府应当列入基本建设规划和城乡建设总体规划。

第三十九条　国家加强人民警察装备的现代化建设，努力推广、应用先进的科技成果。

第四十条　人民警察实行国家公务员的工资制度，并享受国家规定的警衔津贴和其他津贴、补贴以及保险福利待遇。

第四十一条　人民警察因公致残的，与因公致残的现役军人享受国家同样的抚恤和优待。

人民警察因公牺牲或者病故的，其家属与因公牺牲或者病故的现役军人家属享受国家同样的抚恤和优待。

第六章　执法监督

第四十二条　人民警察执行职务，依法接受人民检察院和行政监察机关的监督。

第四十三条　人民警察的上级机关对下级机关的执法

活动进行监督，发现其作出的处理或者决定有错误的，应当予以撤销或者变更。

第四十四条 人民警察执行职务，必须自觉地接受社会和公民的监督。人民警察机关作出的与公众利益直接有关的规定，应当向公众公布。

第四十五条 人民警察在办理治安案件过程中，遇有下列情形之一的，应当回避，当事人或者其法定代理人也有权要求他们回避：

（一）是本案的当事人或者是当事人的近亲属的；

（二）本人或者其近亲属与本案有利害关系的；

（三）与本案当事人有其他关系，可能影响案件公正处理的。

前款规定的回避，由有关的公安机关决定。

人民警察在办理刑事案件过程中的回避，适用刑事诉讼法的规定。

第四十六条 公民或者组织对人民警察的违法、违纪行为，有权向人民警察机关或者人民检察院、行政监察机关检举、控告。受理检举、控告的机关应当及时查处，并将查处结果告知检举人、控告人。

对依法检举、控告的公民或者组织，任何人不得压制和打击报复。

第四十七条 公安机关建立督察制度，对公安机关的人民警察执行法律、法规、遵守纪律的情况进行监督。

第七章 法 律 责 任

第四十八条 人民警察有本法第二十二条所列行为之一的,应当给予行政处分;构成犯罪的,依法追究刑事责任。

行政处分分为:警告、记过、记大过、降级、撤职、开除。对受行政处分的人民警察,按照国家有关规定,可以降低警衔、取消警衔。

对违反纪律的人民警察,必要时可以对其采取停止执行职务、禁闭的措施。

第四十九条 人民警察违反规定使用武器、警械,构成犯罪的,依法追究刑事责任;尚不构成犯罪的,应当依法给予行政处分。

第五十条 人民警察在执行职务中,侵犯公民或者组织的合法权益造成损害的,应当依照《中华人民共和国国家赔偿法》和其他有关法律、法规的规定给予赔偿。

第八章 附　　则

第五十一条 中国人民武装警察部队执行国家赋予的安全保卫任务。

第五十二条 本法自公布之日起施行。1957年6月25日公布的《中华人民共和国人民警察条例》同时废止。

中华人民共和国人民武装警察法

（2009年8月27日第十一届全国人民代表大会常务委员会第十次会议通过 2020年6月20日第十三届全国人民代表大会常务委员会第十九次会议修订 2020年6月20日中华人民共和国主席令第48号公布 自2020年6月21日起施行）

第一章 总 则

第一条 为了规范和保障人民武装警察部队履行职责，建设强大的现代化人民武装警察部队，维护国家安全和社会稳定，保护公民、法人和其他组织的合法权益，制定本法。

第二条 人民武装警察部队是中华人民共和国武装力量的重要组成部分，由党中央、中央军事委员会集中统一领导。

第三条 人民武装警察部队坚持中国共产党的绝对领导，贯彻习近平强军思想，贯彻新时代军事战略方针，按照多能一体、维稳维权的战略要求，加强练兵备战、坚持依法从严、加快建设发展，有效履行职责。

第四条 人民武装警察部队担负执勤、处置突发社会安全事件、防范和处置恐怖活动、海上维权执法、抢险救援和防卫作战以及中央军事委员会赋予的其他任务。

第五条 人民武装警察部队应当遵守宪法和法律，忠于职守，依照本法和其他法律的有关规定履行职责。

人民武装警察部队依法履行职责的行为受法律保护。

第六条 对在执行任务中做出突出贡献的人民武装警察，依照有关法律和中央军事委员会的规定给予表彰和奖励。

对协助人民武装警察执行任务有突出贡献的个人和组织，依照有关法律、法规的规定给予表彰和奖励。

第七条 人民武装警察部队实行衔级制度，衔级制度的具体内容由法律另行规定。

第八条 人民武装警察享有法律、法规规定的现役军人的权益。

第二章 组织和指挥

第九条 人民武装警察部队由内卫部队、机动部队、海警部队和院校、研究机构等组成。

内卫部队按照行政区划编设，机动部队按照任务编设，海警部队在沿海地区按照行政区划和任务区域编设。具体编设由中央军事委员会确定。

第十条 人民武装警察部队平时执行任务，由中央军事委员会或者中央军事委员会授权人民武装警察部队组织指挥。

人民武装警察部队平时与人民解放军共同参加抢险救援、维稳处突、联合训练演习等非战争军事行动，由中央军事委员会授权战区指挥。

人民武装警察部队战时执行任务，由中央军事委员会或者中央军事委员会授权战区组织指挥。

组织指挥具体办法由中央军事委员会规定。

第十一条 中央国家机关、县级以上地方人民政府应当与人民武装警察部队建立任务需求和工作协调机制。

中央国家机关、县级以上地方人民政府因重大活动安全保卫、处置突发社会安全事件、防范和处置恐怖活动、抢险救援等需要人民武装警察部队协助的，应当按照国家有关规定提出需求。

执勤目标单位可以向负责执勤任务的人民武装警察部队提出需求。

第十二条 调动人民武装警察部队执行任务，坚持依法用兵、严格审批的原则，按照指挥关系、职责权限和运行机制组织实施。批准权限和程序由中央军事委员会规定。

遇有重大灾情、险情或者暴力恐怖事件等严重威胁公共安全或者公民人身财产安全的紧急情况，人民武装警察部队应当依照中央军事委员会有关规定采取行动并同时报告。

第十三条 人民武装警察部队根据执行任务需要，参加中央国家机关、县级以上地方人民政府设立的指挥机构，在指挥机构领导下，依照中央军事委员会有关规定实施组织指挥。

第十四条 中央国家机关、县级以上地方人民政府对人民武装警察部队执勤、处置突发社会安全事件、防范和处置恐怖活动、抢险救援工作进行业务指导。

人民武装警察部队执行武装警卫、武装守卫、武装守护、武装警戒、押解、押运等任务，执勤目标单位可以对在本单位担负执勤任务的人民武装警察部队进行执勤业务指导。

第三章 任务和权限

第十五条 人民武装警察部队主要担负下列执勤任务：

（一）警卫对象、重要警卫目标的武装警卫；

（二）重大活动的安全保卫；

（三）重要的公共设施、核设施、企业、仓库、水源地、水利工程、电力设施、通信枢纽等目标的核心要害部位的武装守卫；

（四）重要的桥梁和隧道的武装守护；

（五）监狱、看守所等场所的外围武装警戒；

（六）直辖市，省、自治区人民政府所在地的市和其他重要城市（镇）的重点区域、特殊时期以及特定内陆边界的武装巡逻；

（七）协助公安机关、国家安全机关依法执行逮捕、追捕任务，协助监狱、看守所等执勤目标单位执行押解、追捕任务，协助中国人民银行、国防军工单位等执勤目标单位执行押运任务。

前款规定的执勤任务的具体范围,依照国家有关规定执行。

第十六条　人民武装警察部队参与处置动乱、暴乱、骚乱、非法聚集事件、群体性事件等突发事件,主要担负下列任务:

(一)保卫重要目标安全;

(二)封锁、控制有关场所和道路;

(三)实施隔离、疏导、带离、驱散行动,制止违法犯罪行为;

(四)营救和救护受困人员;

(五)武装巡逻,协助开展群众工作,恢复社会秩序。

第十七条　人民武装警察部队参与防范和处置恐怖活动,主要担负下列任务:

(一)实施恐怖事件现场控制、救援、救护,以及武装巡逻、重点目标警戒;

(二)协助公安机关逮捕、追捕恐怖活动人员;

(三)营救人质、排除爆炸物;

(四)参与处置劫持航空器等交通工具事件。

第十八条　人民武装警察部队参与自然灾害、事故灾难、公共卫生事件等突发事件的抢险救援,主要担负下列任务:

(一)参与搜寻、营救、转移或者疏散受困人员;

(二)参与危险区域、危险场所和警戒区的外围警戒;

（三）参与排除、控制灾情和险情，防范次生和衍生灾害；

（四）参与核生化救援、医疗救护、疫情防控、交通设施抢修抢建等专业抢险；

（五）参与抢救、运送、转移重要物资。

第十九条 人民武装警察执行任务时，可以依法采取下列措施：

（一）对进出警戒区域、通过警戒哨卡的人员、物品、交通工具等按照规定进行检查；对不允许进出、通过的，予以阻止；对强行进出、通过的，采取必要措施予以制止；

（二）在武装巡逻中，经现场指挥员同意并出示人民武装警察证件，对有违法犯罪嫌疑的人员当场进行盘问并查验其证件，对可疑物品和交通工具进行检查；

（三）协助执行交通管制或者现场管制；

（四）对聚众扰乱社会治安秩序、危及公民人身财产安全、危害公共安全或者执勤目标安全的，采取必要措施予以制止、带离、驱散；

（五）根据执行任务的需要，向相关单位和人员了解有关情况或者在现场以及与执行任务相关的场所实施必要的侦察。

第二十条 人民武装警察执行任务时，发现有下列情形的人员，经现场指挥员同意，应当及时予以控制并移交公安机关、国家安全机关或者其他有管辖权的机关处理：

（一）正在实施犯罪的；

（二）通缉在案的；

（三）违法携带危及公共安全物品的；

（四）正在实施危害执勤目标安全行为的；

（五）以暴力、威胁等方式阻碍人民武装警察执行任务的。

第二十一条　人民武装警察部队协助公安机关、国家安全机关和监狱等执行逮捕、追捕任务，根据所协助机关的决定，协助搜查犯罪嫌疑人、被告人、罪犯的人身和住所以及涉嫌藏匿犯罪嫌疑人、被告人、罪犯或者违法物品的场所、交通工具等。

第二十二条　人民武装警察执行执勤、处置突发社会安全事件、防范和处置恐怖活动任务使用警械和武器，依照人民警察使用警械和武器的规定以及其他有关法律、法规的规定执行。

第二十三条　人民武装警察执行任务，遇有妨碍、干扰的，可以采取必要措施排除阻碍、强制实施。

人民武装警察执行任务需要采取措施的，应当严格控制在必要限度内，有多种措施可供选择的，应当选择有利于最大程度地保护个人和组织权益的措施。

第二十四条　人民武装警察因执行任务的紧急需要，经出示人民武装警察证件，可以优先乘坐公共交通工具；遇交通阻碍时，优先通行。

第二十五条　人民武装警察因执行任务的需要，在紧急情况下，经现场指挥员出示人民武装警察证件，可以优先使用或者依法征用个人和组织的设备、设施、场地、建筑物、交通工具以及其他物资、器材，任务完成后应当及时归还或者恢复原状，并按照国家有关规定支付费用；造成损失的，按照国家有关规定给予补偿。

第二十六条 人民武装警察部队出境执行防范和处置恐怖活动等任务，依照有关法律、法规和中央军事委员会的规定执行。

第四章　义务和纪律

第二十七条 人民武装警察应当服从命令、听从指挥，依法履职尽责，坚决完成任务。

第二十八条 人民武装警察遇有公民的人身财产安全受到侵犯或者处于其他危难情形，应当及时救助。

第二十九条 人民武装警察不得有下列行为：

（一）违抗上级决定和命令、行动消极或者临阵脱逃；

（二）违反规定使用警械、武器；

（三）非法剥夺、限制他人人身自由，非法检查、搜查人身、物品、交通工具、住所、场所；

（四）体罚、虐待、殴打监管羁押、控制的对象；

（五）滥用职权、徇私舞弊，擅离职守或者玩忽职守；

（六）包庇、纵容违法犯罪活动；

（七）泄露国家秘密、军事秘密；

（八）其他违法违纪行为。

第三十条　人民武装警察执行任务，应当按照规定着装，持有人民武装警察证件，按照规定使用摄录器材录像取证、出示证件。

第三十一条　人民武装警察应当举止文明，礼貌待人，遵守社会公德，尊重公民的宗教信仰和民族风俗习惯。

第五章　保障措施

第三十二条　为了保障人民武装警察部队执行任务，中央国家机关、县级以上地方人民政府及其有关部门应当依据职责及时向人民武装警察部队通报下列情报信息：

（一）社会安全信息；

（二）恐怖事件、突发事件的情报信息；

（三）气象、水文、海洋环境、地理空间、灾害预警等信息；

（四）其他与执行任务相关的情报信息。

中央国家机关、县级以上地方人民政府应当与人民武装警察部队建立情报信息共享机制，可以采取联通安全信息网络和情报信息系统以及数据库等方式，提供与执行任务相关的情报信息及数据资源。

人民武装警察部队对获取的相关信息，应当严格保密、依法运用。

第三十三条　国家建立与经济社会发展相适应、与人民武装警察部队担负任务和建设发展相协调的经费保障机制。所需经费按照国家有关规定列入预算。

第三十四条 执勤目标单位及其上级主管部门应当按照国家有关规定，为担负执勤任务的人民武装警察部队提供执勤设施、生活设施等必要的保障。

第三十五条 在有毒、粉尘、辐射、噪声等严重污染或者高温、低温、缺氧以及其他恶劣环境下的执勤目标单位执行任务的人民武装警察，享有与执勤目标单位工作人员同等的保护条件和福利补助，由执勤目标单位或者其上级主管部门给予保障。

第三十六条 人民武装警察部队的专用标志、制式服装、警械装备、证件、印章，按照中央军事委员会有关规定监制和配备。

第三十七条 人民武装警察部队应当根据执行任务的需要，加强对所属人民武装警察的教育和训练，提高依法执行任务的能力。

第三十八条 人民武装警察因执行任务牺牲、伤残的，按照国家有关军人抚恤优待的规定给予抚恤优待。

第三十九条 人民武装警察部队依法执行任务，公民、法人和其他组织应当给予必要的支持和协助。

公民、法人和其他组织对人民武装警察部队执行任务给予协助的行为受法律保护。

公民、法人和其他组织因协助人民武装警察部队执行任务牺牲、伤残或者遭受财产损失的，按照国家有关规定给予抚恤优待或者相应补偿。

第六章　监督检查

第四十条　人民武装警察部队应当对所属单位和人员执行法律、法规和遵守纪律的情况进行监督检查。

第四十一条　人民武装警察受中央军事委员会监察委员会、人民武装警察部队各级监察委员会的监督。

人民武装警察执行执勤、处置突发社会安全事件、防范和处置恐怖活动、海上维权执法、抢险救援任务，接受人民政府及其有关部门、公民、法人和其他组织的监督。

第四十二条　中央军事委员会监察委员会、人民武装警察部队各级监察委员会接到公民、法人和其他组织的检举、控告，或者接到县级以上人民政府及其有关部门对人民武装警察违法违纪行为的情况通报后，应当依法及时查处，按照有关规定将处理结果反馈检举人、控告人或者通报县级以上人民政府及其有关部门。

第七章　法律责任

第四十三条　人民武装警察在执行任务中不履行职责，或者有本法第二十九条所列行为之一的，按照中央军事委员会的有关规定给予处分。

第四十四条　妨碍人民武装警察依法执行任务，有下列行为之一的，由公安机关依法给予治安管理处罚：

（一）侮辱、威胁、围堵、拦截、袭击正在执行任务的人民武装警察的；

（二）强行冲闯人民武装警察部队设置的警戒带、警戒区的；

（三）拒绝或者阻碍人民武装警察执行追捕、检查、搜查、救险、警戒等任务的；

（四）阻碍执行任务的人民武装警察部队的交通工具和人员通行的；

（五）其他严重妨碍人民武装警察执行任务的行为。

第四十五条　非法制造、买卖、持有、使用人民武装警察部队专用标志、警械装备、证件、印章的，由公安机关处十五日以下拘留或者警告，可以并处违法所得一倍以上五倍以下的罚款。

第四十六条　违反本法规定，构成犯罪的，依法追究刑事责任。

第八章　附　　则

第四十七条　人民武装警察部队执行海上维权执法任务，由法律另行规定。

第四十八条　人民武装警察部队执行防卫作战任务，依照中央军事委员会的命令执行。

第四十九条　人民武装警察部队执行戒严任务，依照《中华人民共和国戒严法》的有关规定执行。

第五十条 人民武装警察部队文职人员在执行本法规定的任务时,依法履行人民武装警察的有关职责和义务,享有相应权益。

第五十一条 本法自 2020 年 6 月 21 日起施行。

中华人民共和国海警法

(2021 年 1 月 22 日第十三届全国人民代表大会常务委员会第二十五次会议通过 2021 年 1 月 22 日中华人民共和国主席令第 71 号公布 自 2021 年 2 月 1 日起施行)

第一章 总 则

第一条 为了规范和保障海警机构履行职责,维护国家主权、安全和海洋权益,保护公民、法人和其他组织的合法权益,制定本法。

第二条 人民武装警察部队海警部队即海警机构,统一履行海上维权执法职责。

海警机构包括中国海警局及其海区分局和直属局、省级海警局、市级海警局、海警工作站。

第三条 海警机构在中华人民共和国管辖海域(以下简称我国管辖海域)及其上空开展海上维权执法活动,适用本法。

第四条 海上维权执法工作坚持中国共产党的领导，贯彻总体国家安全观，遵循依法管理、综合治理、规范高效、公正文明的原则。

第五条 海上维权执法工作的基本任务是开展海上安全保卫，维护海上治安秩序，打击海上走私、偷渡，在职责范围内对海洋资源开发利用、海洋生态环境保护、海洋渔业生产作业等活动进行监督检查，预防、制止和惩治海上违法犯罪活动。

第六条 海警机构及其工作人员依法执行职务受法律保护，任何组织和个人不得非法干涉、拒绝和阻碍。

第七条 海警机构工作人员应当遵守宪法和法律，崇尚荣誉，忠于职守，纪律严明，严格执法，清正廉洁。

第八条 国家建立陆海统筹、分工合作、科学高效的海上维权执法协作配合机制。国务院有关部门、沿海地方人民政府、军队有关部门和海警机构应当相互加强协作配合，做好海上维权执法工作。

第九条 对在海上维权执法活动中做出突出贡献的组织和个人，依照有关法律、法规的规定给予表彰和奖励。

第二章　机构和职责

第十条 国家在沿海地区按照行政区划和任务区域编设中国海警局海区分局和直属局、省级海警局、市级海警局和海警工作站，分别负责所管辖区域的有关海上维权执法工作。中国海警局按照国家有关规定领导所属海警机构开展海上维权执法工作。

第十一条　海警机构管辖区域应当根据海上维权执法工作的需要合理划定和调整，可以不受行政区划限制。

海警机构管辖区域的划定和调整应当及时向社会公布，并通报有关机关。

第十二条　海警机构依法履行下列职责：

（一）在我国管辖海域开展巡航、警戒，值守重点岛礁，管护海上界线，预防、制止、排除危害国家主权、安全和海洋权益的行为；

（二）对海上重要目标和重大活动实施安全保卫，采取必要措施保护重点岛礁以及专属经济区和大陆架的人工岛屿、设施和结构安全；

（三）实施海上治安管理，查处海上违反治安管理、入境出境管理的行为，防范和处置海上恐怖活动，维护海上治安秩序；

（四）对海上有走私嫌疑的运输工具或者货物、物品、人员进行检查，查处海上走私违法行为；

（五）在职责范围内对海域使用、海岛保护以及无居民海岛开发利用、海洋矿产资源勘查开发、海底电（光）缆和管道铺设与保护、海洋调查测量、海洋基础测绘、涉外海洋科学研究等活动进行监督检查，查处违法行为；

（六）在职责范围内对海洋工程建设项目、海洋倾倒废弃物对海洋污染损害、自然保护地海岸线向海一侧保护利用等活动进行监督检查，查处违法行为，按照规定权限参与海洋环境污染事故的应急处置和调查处理；

（七）对机动渔船底拖网禁渔区线外侧海域和特定渔业资源渔场渔业生产作业、海洋野生动物保护等活动进行监督检查，查处违法行为，依法组织或者参与调查处理海上渔业生产安全事故和渔业生产纠纷；

（八）预防、制止和侦查海上犯罪活动；

（九）按照国家有关职责分工，处置海上突发事件；

（十）依照法律、法规和我国缔结、参加的国际条约，在我国管辖海域以外的区域承担相关执法任务；

（十一）法律、法规规定的其他职责。

海警机构与公安、自然资源、生态环境、交通运输、渔业渔政、海关等主管部门的职责分工，按照国家有关规定执行。

第十三条 海警机构接到因海上自然灾害、事故灾难等紧急求助，应当及时通报有关主管部门，并积极开展应急救援和救助。

第十四条 中央国家机关按照国家有关规定对海上维权执法工作实行业务指导。

第十五条 中国海警局及其海区分局按照国家有关规定，协调指导沿海地方人民政府海上执法队伍开展海域使用、海岛保护开发、海洋生态环境保护、海洋渔业管理等相关执法工作。

根据海上维权执法工作需要，中国海警局及其海区分局可以统一协调组织沿海地方人民政府海上执法队伍的船舶、人员参与海上重大维权执法行动。

第三章 海上安全保卫

第十六条 为维护海上安全和秩序，海警机构有权依法对在我国管辖海域航行、停泊、作业的外国船舶进行识别查证，判明船舶的基本信息及其航行、作业的基本情况。对有违法嫌疑的外国船舶，海警机构有权采取跟踪监视等措施。

第十七条 对非法进入我国领海及其以内海域的外国船舶，海警机构有权责令其立即离开，或者采取扣留、强制驱离、强制拖离等措施。

第十八条 海警机构执行海上安全保卫任务，可以对在我国管辖海域航行、停泊、作业的船舶依法登临、检查。

海警机构登临、检查船舶，应当通过明确的指令要求被检查船舶停船接受检查。被检查船舶应当按照指令停船接受检查，并提供必要的便利；拒不配合检查的，海警机构可以强制检查；现场逃跑的，海警机构有权采取必要的措施进行拦截、紧追。

海警机构检查船舶，有权依法查验船舶和生产作业许可有关的证书、资料以及人员身份信息，检查船舶及其所载货物、物品，对有关违法事实进行调查取证。

对外国船舶登临、检查、拦截、紧追，遵守我国缔结、参加的国际条约的有关规定。

第十九条　海警机构因处置海上突发事件的紧急需要，可以采取下列措施：

（一）责令船舶停止航行、作业；

（二）责令船舶改变航线或者驶向指定地点；

（三）责令船舶上的人员下船，或者限制、禁止人员上船、下船；

（四）责令船舶卸载货物，或者限制、禁止船舶卸载货物；

（五）法律、法规规定的其他措施。

第二十条　未经我国主管机关批准，外国组织和个人在我国管辖海域和岛礁建造建筑物、构筑物，以及布设各类固定或者浮动装置的，海警机构有权责令其停止上述违法行为或者限期拆除；对拒不停止违法行为或者逾期不拆除的，海警机构有权予以制止或者强制拆除。

第二十一条　对外国军用船舶和用于非商业目的的外国政府船舶在我国管辖海域违反我国法律、法规的行为，海警机构有权采取必要的警戒和管制措施予以制止，责令其立即离开相关海域；对拒不离开并造成严重危害或者威胁的，海警机构有权采取强制驱离、强制拖离等措施。

第二十二条　国家主权、主权权利和管辖权在海上正在受到外国组织和个人的不法侵害或者面临不法侵害的紧迫危险时，海警机构有权依照本法和其他相关法律、法规，采取包括使用武器在内的一切必要措施制止侵害、排除危险。

第四章 海上行政执法

第二十三条 海警机构对违反海上治安、海关、海洋资源开发利用、海洋生态环境保护、海洋渔业管理等法律、法规、规章的组织和个人,依法实施包括限制人身自由在内的行政处罚、行政强制或者法律、法规规定的其他措施。

海警机构依照海洋资源开发利用、海洋生态环境保护、海洋渔业管理等法律、法规的规定,对海上生产作业现场进行监督检查。

海警机构因调查海上违法行为的需要,有权向有关组织和个人收集、调取证据。有关组织和个人应当如实提供证据。

海警机构为维护海上治安秩序,对有违法犯罪嫌疑的人员进行当场盘问、检查或者继续盘问的,依照《中华人民共和国人民警察法》的规定执行。

第二十四条 海警机构因开展行政执法需要登临、检查、拦截、紧追相关船舶的,依照本法第十八条规定执行。

第二十五条 有下列情形之一,省级海警局以上海警机构可以在我国管辖海域划定海上临时警戒区,限制或者禁止船舶、人员通行、停留:

(一)执行海上安全保卫任务需要的;

(二)打击海上违法犯罪活动需要的;

(三)处置海上突发事件需要的;

（四）保护海洋资源和生态环境需要的；

（五）其他需要划定海上临时警戒区的情形。

划定海上临时警戒区，应当明确海上临时警戒区的区域范围、警戒期限、管理措施等事项并予以公告。其中，可能影响海上交通安全的，应当在划定前征求海事管理机构的意见，并按照相关规定向海事管理机构申请发布航行通告、航行警告；涉及军事用海或者可能影响海上军事设施安全和使用的，应当依法征得军队有关部门的同意。

对于不需要继续限制或者禁止船舶、人员通行、停留的，海警机构应当及时解除警戒，并予公告。

第二十六条　对涉嫌违法正在接受调查处理的船舶，海警机构可以责令其暂停航行、作业，在指定地点停泊或者禁止其离港。必要时，海警机构可以将嫌疑船舶押解至指定地点接受调查处理。

第二十七条　国际组织、外国组织和个人的船舶经我国主管机关批准在我国管辖海域从事渔业生产作业以及其他自然资源勘查开发、海洋科学研究、海底电（光）缆和管道铺设等活动的，海警机构应当依法进行监管，可以派出执法人员随船监管。

第二十八条　为预防、制止和惩治在我国陆地领土、内水或者领海内违反有关安全、海关、财政、卫生或者入境出境管理法律、法规的行为，海警机构有权在毗连区行使管制权，依法实施行政强制措施或者法律、法规规定的其他措施。

第二十九条　违法事实确凿，并有下列情形之一，海警机构执法人员可以当场作出处罚决定：

（一）对个人处五百元以下罚款或者警告、对单位处五千元以下罚款或者警告的；

（二）罚款处罚决定不在海上当场作出，事后难以处罚的。

当场作出的处罚决定，应当及时报所属海警机构备案。

第三十条　对不适用当场处罚，但事实清楚，当事人自愿认错认罚，且对违法事实和法律适用没有异议的海上行政案件，海警机构征得当事人书面同意后，可以通过简化取证方式和审核审批等措施快速办理。

对符合快速办理条件的海上行政案件，当事人在自行书写材料或者询问笔录中承认违法事实、认错认罚，并有视听资料、电子数据、检查笔录等关键证据能够相互印证的，海警机构可以不再开展其他调查取证工作。

使用执法记录仪等设备对询问过程录音录像的，可以替代书面询问笔录。必要时，对视听资料的关键内容和相应时间段等作文字说明。

对快速办理的海上行政案件，海警机构应当在当事人到案后四十八小时内作出处理决定。

第三十一条　海上行政案件有下列情形之一，不适用快速办理：

（一）依法应当适用听证程序的；

（二）可能作出十日以上行政拘留处罚的；

（三）有重大社会影响的；

（四）可能涉嫌犯罪的；

（五）其他不宜快速办理的。

第三十二条 海警机构实施行政强制措施前，执法人员应当向本单位负责人报告并经批准。情况紧急，需要在海上当场实施行政强制措施的，应当在二十四小时内向本单位负责人报告，抵岸后及时补办批准手续；因不可抗力无法在二十四小时内向本单位负责人报告的，应当在不可抗力影响消除后二十四小时内向本单位负责人报告。海警机构负责人认为不应当采取行政强制措施的，应当立即解除。

第三十三条 当事人逾期不履行处罚决定的，作出处罚决定的海警机构可以依法采取下列措施：

（一）到期不缴纳罚款的，每日按罚款数额的百分之三加处罚款；

（二）将查封、扣押的财物依法拍卖、变卖或者将冻结的存款、汇款划拨抵缴罚款；

（三）根据法律规定，采取其他行政强制执行方式。

本法和其他法律没有规定海警机构可以实施行政强制执行的事项，海警机构应当申请人民法院强制执行。

第三十四条 各级海警机构对海上行政案件的管辖分工，由中国海警局规定。

海警机构与其他机关对海上行政案件管辖有争议的，由海警机构与其他机关按照有利于案件调查处理的原则进行协商。

第三十五条　海警机构办理海上行政案件时，有证据证明当事人在海上实施将物品倒入海中等故意毁灭证据的行为，给海警机构举证造成困难的，可以结合其他证据，推定有关违法事实成立，但是当事人有证据足以推翻的除外。

第三十六条　海警机构开展巡航、警戒、拦截、紧追等海上执法工作，使用标示有专用标志的执法船舶、航空器的，即为表明身份。

海警机构在进行行政执法调查或者检查时，执法人员不得少于两人，并应当主动出示执法证件表明身份。当事人或者其他有关人员有权要求执法人员出示执法证件。

第三十七条　海警机构开展海上行政执法的程序，本法未作规定的，适用《中华人民共和国行政处罚法》、《中华人民共和国行政强制法》、《中华人民共和国治安管理处罚法》等有关法律的规定。

第五章　海上犯罪侦查

第三十八条　海警机构办理海上发生的刑事案件，依照《中华人民共和国刑事诉讼法》和本法的有关规定行使侦查权，采取侦查措施和刑事强制措施。

第三十九条　海警机构在立案后，对于危害国家安全犯罪、恐怖活动犯罪、黑社会性质的组织犯罪、重大毒品犯罪或者其他严重危害社会的犯罪案件，依照《中华人民共和国刑事诉讼法》和有关规定，经过严格的批准手续，可以采取技术侦查措施，按照规定交由有关机关执行。

追捕被通缉或者批准、决定逮捕的在逃的犯罪嫌疑人、被告人，经过批准，可以采取追捕所必需的技术侦查措施。

第四十条 应当逮捕的犯罪嫌疑人在逃，海警机构可以按照规定发布通缉令，采取有效措施，追捕归案。

海警机构对犯罪嫌疑人发布通缉令的，可以商请公安机关协助追捕。

第四十一条 海警机构因办理海上刑事案件需要登临、检查、拦截、紧追相关船舶的，依照本法第十八条规定执行。

第四十二条 海警机构、人民检察院、人民法院依法对海上刑事案件的犯罪嫌疑人、被告人决定取保候审的，由被取保候审人居住地的海警机构执行。被取保候审人居住地未设海警机构的，当地公安机关应当协助执行。

第四十三条 海警机构、人民检察院、人民法院依法对海上刑事案件的犯罪嫌疑人、被告人决定监视居住的，由海警机构在被监视居住人住处执行；被监视居住人在负责办案的海警机构所在的市、县没有固定住处的，可以在指定的居所执行。对于涉嫌危害国家安全犯罪、恐怖活动犯罪，在住处执行可能有碍侦查的，经上一级海警机构批准，也可以在指定的居所执行。但是，不得在羁押场所、专门的办案场所执行。

第四十四条 海警工作站负责侦查发生在本管辖区域内的海上刑事案件。

市级海警局以上海警机构负责侦查管辖区域内的重大的危害国家安全犯罪、恐怖活动犯罪、涉外犯罪、经济犯罪、集团犯罪案件以及其他重大犯罪案件。

上级海警机构认为有必要的,可以侦查下级海警机构管辖范围内的海上刑事案件;下级海警机构认为案情重大需要上级海警机构侦查的海上刑事案件,可以报请上级海警机构管辖。

第四十五条 海警机构办理海上刑事案件,需要提请批准逮捕或者移送起诉的,应当向所在地相应人民检察院提请或者移送。

第六章 警械和武器使用

第四十六条 有下列情形之一,海警机构工作人员可以使用警械或者现场的其他装备、工具:

(一)依法登临、检查、拦截、紧追船舶时,需要迫使船舶停止航行的;

(二)依法强制驱离、强制拖离船舶的;

(三)依法执行职务过程中遭遇阻碍、妨害的;

(四)需要现场制止违法犯罪行为的其他情形。

第四十七条 有下列情形之一,经警告无效的,海警机构工作人员可以使用手持武器:

(一)有证据表明船舶载有犯罪嫌疑人或者非法载运武器、弹药、国家秘密资料、毒品等物品,拒不服从停船指令的；

（二）外国船舶进入我国管辖海域非法从事生产作业活动，拒不服从停船指令或者以其他方式拒绝接受登临、检查，使用其他措施不足以制止违法行为的。

第四十八条 有下列情形之一，海警机构工作人员除可以使用手持武器外，还可以使用舰载或者机载武器：

（一）执行海上反恐怖任务的；

（二）处置海上严重暴力事件的；

（三）执法船舶、航空器受到武器或者其他危险方式攻击的。

第四十九条 海警机构工作人员依法使用武器，来不及警告或者警告后可能导致更为严重危害后果的，可以直接使用武器。

第五十条 海警机构工作人员应当根据违法犯罪行为和违法犯罪行为人的危险性质、程度和紧迫性，合理判断使用武器的必要限度，尽量避免或者减少不必要的人员伤亡、财产损失。

第五十一条 海警机构工作人员使用警械和武器，本法未作规定的，依照人民警察使用警械和武器的规定以及其他有关法律、法规的规定执行。

第七章　保障和协作

第五十二条 国家建立与海警机构担负海上维权执法

任务和建设发展相适应的经费保障机制。所需经费按照国家有关规定列入预算。

第五十三条　国务院有关部门、沿海县级以上地方人民政府及其有关部门在编制国土空间规划和相关专项规划时，应当统筹海上维权执法工作需求，按照国家有关规定对海警机构执法办案、执勤训练、生活等场地和设施建设等予以保障。

第五十四条　海警机构因海上维权执法紧急需要，可以依照法律、法规、规章的规定优先使用或者征用组织和个人的交通工具、通信工具、场地，用后应当及时归还，并支付适当费用；造成损失的，按照国家有关规定给予补偿。

第五十五条　海警机构应当优化力量体系，建强人才队伍，加强教育培训，保障海警机构工作人员具备履行法定职责的知识、技能和素质，提高海上维权执法专业能力。

海上维权执法实行持证上岗和资格管理制度。

第五十六条　国家加强海上维权执法装备体系建设，保障海警机构配备与其履行职责相适应的船舶、航空器、武器以及其他装备。

第五十七条　海警机构应当加强信息化建设，运用现代信息技术，促进执法公开，强化便民服务，提高海上维权执法工作效率。

海警机构应当开通海上报警服务平台，及时受理人民群众报警、紧急求助。

第五十八条 海警机构分别与相应的外交（外事）、公安、自然资源、生态环境、交通运输、渔业渔政、应急管理、海关等主管部门，以及人民法院、人民检察院和军队有关部门建立信息共享和工作协作配合机制。

有关主管部门应当及时向海警机构提供与开展海上维权执法工作相关的基础数据、行政许可、行政管理政策等信息服务和技术支持。

海警机构应当将海上监督检查、查处违法犯罪等工作数据、信息，及时反馈有关主管部门，配合有关主管部门做好海上行政管理工作。海警机构依法实施行政处罚，认为需要吊销许可证件的，应当将相关材料移送发证机关处理。

第五十九条 海警机构因开展海上维权执法工作需要，可以向有关主管部门提出协助请求。协助请求属于有关主管部门职责范围内的，有关主管部门应当配合。

第六十条 海警机构对依法决定行政拘留的违法行为人和拘留审查的外国人，以及决定刑事拘留、执行逮捕的犯罪嫌疑人，分别送海警机构所在地拘留所或者看守所执行。

第六十一条 海警机构对依法扣押、扣留的涉案财物，应当妥善保管，不得损毁或者擅自处理。但是，对下列货物、物品，经市级海警局以上海警机构负责人批准，可以先行依法拍卖或者变卖并通知所有人，所有人不明确的，通知其他当事人：

（一）成品油等危险品；

(二) 鲜活、易腐、易失效等不宜长期保存的;

(三) 长期不使用容易导致机械性能下降、价值贬损的车辆、船舶等;

(四) 体量巨大难以保管的;

(五) 所有人申请先行拍卖或者变卖的。

拍卖或者变卖所得款项由海警机构暂行保存,待结案后按照国家有关规定处理。

第六十二条 海警机构对应当退还所有人或者其他当事人的涉案财物,通知所有人或者其他当事人在六个月内领取;所有人不明确的,应当采取公告方式告知所有人认领。在通知所有人、其他当事人或者公告后六个月内无人认领的,按无主财物处理,依法拍卖或者变卖后将所得款项上缴国库。遇有特殊情况的,可以延期处理,延长期限最长不超过三个月。

第八章　国　际　合　作

第六十三条 中国海警局根据中华人民共和国缔结、参加的国际条约或者按照对等、互利的原则,开展海上执法国际合作;在规定权限内组织或者参与有关海上执法国际条约实施工作,商签海上执法合作性文件。

第六十四条 海警机构开展海上执法国际合作的主要任务是参与处置涉外海上突发事件,协调解决海上执法争端,管控海上危机,与外国海上执法机构和有关国际组织合作打击海上违法犯罪活动,保护海洋资源环境,共同维护国际和地区海洋公共安全和秩序。

第六十五条 海警机构可以与外国海上执法机构和有关国际组织开展下列海上执法国际合作:

(一)建立双边、多边海上执法合作机制,参加海上执法合作机制的活动;

(二)交流和共享海上执法情报信息;

(三)海上联合巡逻、检查、演练、训练;

(四)教育培训交流;

(五)互派海上执法国际合作联络人员;

(六)其他海上执法国际合作活动。

第九章　监　　督

第六十六条 海警机构及其工作人员应当依照法律、法规规定的条件、权限和程序履行职责、行使职权,不得滥用职权、玩忽职守、徇私舞弊,不得侵犯组织和个人的合法权益。

第六十七条 海警机构应当尊重和依法保障公民、法人和其他组织对海警机构执法工作的知情权、参与权和监督权,增强执法工作透明度和公信力。

海警机构应当依法公开海上执法工作信息。

第六十八条 海警机构询问、讯问、继续盘问、辨认违法犯罪嫌疑人以及对违法犯罪嫌疑人进行安全检查、信息采集等执法活动,应当在办案场所进行。紧急情况下必须在现场进行询问、讯问或者有其他不宜在办案场所进行询问、讯问的情形除外。

海警机构应当按照国家有关规定以文字、音像等形式,对海上维权执法活动进行全过程记录,归档保存。

第六十九条 海警机构及其工作人员开展海上维权执法工作,依法接受检察机关、军队监察机关的监督。

第七十条 人民政府及其有关部门、公民、法人和其他组织对海警机构及其工作人员的违法违纪行为,有权向检察机关、军队监察机关通报、检举、控告。对海警机构及其工作人员正在发生的违法违纪或者失职行为,可以通过海上报警服务平台进行投诉、举报。

对依法检举、控告或者投诉、举报的公民、法人和其他组织,任何机关和个人不得压制和打击报复。

第七十一条 上级海警机构应当对下级海警机构的海上维权执法工作进行监督,发现其作出的处理措施或者决定有错误的,有权撤销、变更或者责令下级海警机构撤销、变更;发现其不履行法定职责的,有权责令其依法履行。

第七十二条 中国海警局应当建立健全海上维权执法工作监督机制和执法过错责任追究制度。

第十章 法律责任

第七十三条 有下列阻碍海警机构及其工作人员依法

执行职务的行为之一,由公安机关或者海警机构依照《中华人民共和国治安管理处罚法》关于阻碍人民警察依法执行职务的规定予以处罚:

(一)侮辱、威胁、围堵、拦截、袭击海警机构工作人员的;

(二)阻碍调查取证的;

(三)强行冲闯海上临时警戒区的;

(四)阻碍执行追捕、检查、搜查、救险、警卫等任务的;

(五)阻碍执法船舶、航空器、车辆和人员通行的;

(六)采取危险驾驶、设置障碍等方法驾驶船舶逃窜,危及执法船舶、人员安全的;

(七)其他严重阻碍海警机构及其工作人员执行职务的行为。

第七十四条 海警机构工作人员在执行职务中,有下列行为之一,按照中央军事委员会的有关规定给予处分:

(一)泄露国家秘密、商业秘密和个人隐私的;

(二)弄虚作假,隐瞒案情,包庇、纵容违法犯罪活动的;

(三)刑讯逼供或者体罚、虐待违法犯罪嫌疑人的;

(四)违反规定使用警械、武器的;

(五)非法剥夺、限制人身自由,非法检查或者搜查人身、货物、物品、交通工具、住所或者场所的;

(六)敲诈勒索,索取、收受贿赂或者接受当事人及其

代理人请客送礼的;

（七）违法实施行政处罚、行政强制，采取刑事强制措施或者收取费用的;

（八）玩忽职守，不履行法定义务的;

（九）其他违法违纪行为。

第七十五条 违反本法规定，构成犯罪的，依法追究刑事责任。

第七十六条 组织和个人对海警机构作出的行政行为不服的，有权依照《中华人民共和国行政复议法》的规定向上一级海警机构申请行政复议；或者依照《中华人民共和国行政诉讼法》的规定向有管辖权的人民法院提起行政诉讼。

第七十七条 海警机构及其工作人员违法行使职权，侵犯组织和个人合法权益造成损害的，应当依照《中华人民共和国国家赔偿法》和其他有关法律、法规的规定给予赔偿。

第十一章　附　　则

第七十八条 本法下列用语的含义是：

（一）省级海警局，是指直接由中国海警局领导，在沿海省、自治区、直辖市设立的海警局；市级海警局，是指由省级海警局领导，在沿海省、自治区下辖市和直辖市下辖区设立的海警局；海警工作站，通常是指由市级海警局领导，在沿海县级行政区域设立的基层海警机构。

（二）船舶，是指各类排水或者非排水的船、艇、筏、水上飞行器、潜水器等移动式装置，不包括海上石油、天然气等作业平台。

第七十九条　外国在海上执法方面对我国公民、法人和其他组织采取歧视性的禁止、限制或者其他特别措施的，海警机构可以按照国家有关规定采取相应的对等措施。

第八十条　本法规定的对船舶的维权执法措施适用于海上各种固定或者浮动建筑、装置，固定或者移动式平台。

第八十一条　海警机构依照法律、法规和我国缔结、参加的国际条约，在我国管辖海域以外的区域执行执法任务时，相关程序可以参照本法有关规定执行。

第八十二条　中国海警局根据法律、行政法规和国务院、中央军事委员会的决定，就海上维权执法事项制定规章，并按照规定备案。

第八十三条　海警机构依照《中华人民共和国国防法》、《中华人民共和国人民武装警察法》等有关法律、军事法规和中央军事委员会的命令，执行防卫作战等任务。

第八十四条　本法自 2021 年 2 月 1 日起施行。

中华人民共和国兵役法

（1984年5月31日第六届全国人民代表大会第二次会议通过 根据1998年12月29日第九届全国人民代表大会常务委员会第六次会议《关于修改〈中华人民共和国兵役法〉的决定》第一次修正 根据2009年8月27日第十一届全国人民代表大会常务委员会第十次会议《关于修改部分法律的决定》第二次修正 根据2011年10月29日第十一届全国人民代表大会常务委员会第二十三次会议《关于修改〈中华人民共和国兵役法〉的决定》第三次修正 2021年8月20日第十三届全国人民代表大会常务委员会第三十次会议修订 2021年8月20日中华人民共和国主席令第95号公布 自2021年10月1日起施行）

第一章 总 则

第一条 为了规范和加强国家兵役工作，保证公民依法服兵役，保障军队兵员补充和储备，建设巩固国防和强大军队，根据宪法，制定本法。

第二条 保卫祖国、抵抗侵略是中华人民共和国每一个公民的神圣职责。

第三条 中华人民共和国实行以志愿兵役为主体的志愿兵役与义务兵役相结合的兵役制度。

第四条 兵役工作坚持中国共产党的领导,贯彻习近平强军思想,贯彻新时代军事战略方针,坚持与国家经济社会发展相协调,坚持与国防和军队建设相适应,遵循服从国防需要、聚焦备战打仗、彰显服役光荣、体现权利和义务一致的原则。

第五条 中华人民共和国公民,不分民族、种族、职业、家庭出身、宗教信仰和教育程度,都有义务依照本法的规定服兵役。

有严重生理缺陷或者严重残疾不适合服兵役的公民,免服兵役。

依照法律被剥夺政治权利的公民,不得服兵役。

第六条 兵役分为现役和预备役。在中国人民解放军服现役的称军人;预编到现役部队或者编入预备役部队服预备役的,称预备役人员。

第七条 军人和预备役人员,必须遵守宪法和法律,履行公民的义务,同时享有公民的权利;由于服兵役而产生的权利和义务,由本法和其他相关法律法规规定。

第八条 军人必须遵守军队的条令和条例,忠于职守,随时为保卫祖国而战斗。

预备役人员必须按照规定参加军事训练、担负战备勤务、执行非战争军事行动任务,随时准备应召参战,保卫祖国。

军人和预备役人员入役时应当依法进行服役宣誓。

第九条 全国的兵役工作,在国务院、中央军事委员会领导下,由国防部负责。

省军区(卫戍区、警备区)、军分区(警备区)和县、自治县、不设区的市、市辖区的人民武装部,兼各该级人民政府的兵役机关,在上级军事机关和同级人民政府领导下,负责办理本行政区域的兵役工作。

机关、团体、企业事业组织和乡、民族乡、镇的人民政府,依照本法的规定完成兵役工作任务。兵役工作业务,在设有人民武装部的单位,由人民武装部办理;不设人民武装部的单位,确定一个部门办理。普通高等学校应当有负责兵役工作的机构。

第十条 县级以上地方人民政府兵役机关应当会同相关部门,加强对本行政区域内兵役工作的组织协调和监督检查。

县级以上地方人民政府和同级军事机关应当将兵役工作情况作为拥军优属、拥政爱民评比和有关单位及其负责人考核评价的内容。

第十一条 国家加强兵役工作信息化建设,采取有效措施实现有关部门之间信息共享,推进兵役信息收集、处理、传输、存储等技术的现代化,为提高兵役工作质量效益提供支持。

兵役工作有关部门及其工作人员应当对收集的个人信息严格保密,不得泄露或者向他人非法提供。

第十二条　国家采取措施，加强兵役宣传教育，增强公民依法服兵役意识，营造服役光荣的良好社会氛围。

第十三条　军人和预备役人员建立功勋的，按照国家和军队关于功勋荣誉表彰的规定予以褒奖。

组织和个人在兵役工作中作出突出贡献的，按照国家和军队有关规定予以表彰和奖励。

第二章　兵役登记

第十四条　国家实行兵役登记制度。兵役登记包括初次兵役登记和预备役登记。

第十五条　每年十二月三十一日以前年满十八周岁的男性公民，都应当按照兵役机关的安排在当年进行初次兵役登记。

机关、团体、企业事业组织和乡、民族乡、镇的人民政府，应当根据县、自治县、不设区的市、市辖区人民政府兵役机关的安排，负责组织本单位和本行政区域的适龄男性公民进行初次兵役登记。

初次兵役登记可以采取网络登记的方式进行，也可以到兵役登记站（点）现场登记。进行兵役登记，应当如实填写个人信息。

第十六条　经过初次兵役登记的未服现役的公民，符合预备役条件的，县、自治县、不设区的市、市辖区人民政府兵役机关可以根据需要，对其进行预备役登记。

第十七条 退出现役的士兵自退出现役之日起四十日内，退出现役的军官自确定安置地之日起三十日内，到安置地县、自治县、不设区的市、市辖区人民政府兵役机关进行兵役登记信息变更；其中，符合预备役条件，经部队确定需要办理预备役登记的，还应当办理预备役登记。

第十八条 县级以上地方人民政府兵役机关负责本行政区域兵役登记工作。

县、自治县、不设区的市、市辖区人民政府兵役机关每年组织兵役登记信息核验，会同有关部门对公民兵役登记情况进行查验，确保兵役登记及时，信息准确完整。

第三章 平时征集

第十九条 全国每年征集服现役的士兵的人数、次数、时间和要求，由国务院和中央军事委员会的命令规定。

县级以上地方各级人民政府组织兵役机关和有关部门组成征集工作机构，负责组织实施征集工作。

第二十条 年满十八周岁的男性公民，应当被征集服现役；当年未被征集的，在二十二周岁以前仍可以被征集服现役。普通高等学校毕业生的征集年龄可以放宽至二十四周岁，研究生的征集年龄可以放宽至二十六周岁。

根据军队需要，可以按照前款规定征集女性公民服现役。

根据军队需要和本人自愿，可以征集年满十七周岁未满十八周岁的公民服现役。

第二十一条 经初次兵役登记并初步审查符合征集条件的公民，称应征公民。

在征集期间，应征公民应当按照县、自治县、不设区的市、市辖区征集工作机构的通知，按时参加体格检查等征集活动。

应征公民符合服现役条件，并经县、自治县、不设区的市、市辖区征集工作机构批准的，被征集服现役。

第二十二条 在征集期间，应征公民被征集服现役，同时被机关、团体、企业事业组织招录或者聘用的，应当优先履行服兵役义务；有关机关、团体、企业事业组织应当服从国防和军队建设的需要，支持兵员征集工作。

第二十三条 应征公民是维持家庭生活唯一劳动力的，可以缓征。

第二十四条 应征公民因涉嫌犯罪正在被依法监察调查、侦查、起诉、审判或者被判处徒刑、拘役、管制正在服刑的，不征集。

第四章 士兵的现役和预备役

第二十五条 现役士兵包括义务兵役制士兵和志愿兵役制士兵，义务兵役制士兵称义务兵，志愿兵役制士兵称军士。

第二十六条 义务兵服现役的期限为二年。

第二十七条 义务兵服现役期满，根据军队需要和本人自愿，经批准可以选改为军士；服现役期间表现特别优秀的，经批准可以提前选改为军士。根据军队需要，可以直接从非军事部门具有专业技能的公民中招收军士。

军士实行分级服现役制度。军士服现役的期限一般不超过三十年，年龄不超过五十五周岁。

军士分级服现役的办法和直接从非军事部门招收军士的办法，按照国家和军队有关规定执行。

第二十八条 士兵服现役期满，应当退出现役。

士兵因国家建设或者军队编制调整需要退出现役的，经军队医院诊断证明本人健康状况不适合继续服现役的，或者因其他特殊原因需要退出现役的，经批准可以提前退出现役。

第二十九条 士兵服现役的时间自征集工作机构批准入伍之日起算。

士兵退出现役的时间为部队下达退出现役命令之日。

第三十条 依照本法第十七条规定经过预备役登记的退出现役的士兵，由部队会同兵役机关根据军队需要，遴选确定服士兵预备役；经过考核，适合担任预备役军官职务的，服军官预备役。

第三十一条 依照本法第十六条规定经过预备役登记的公民，符合士兵预备役条件的，由部队会同兵役机关根据军队需要，遴选确定服士兵预备役。

第三十二条 预备役士兵服预备役的最高年龄，依照其他有关法律规定执行。

预备役士兵达到服预备役最高年龄的，退出预备役。

第五章 军官的现役和预备役

第三十三条 现役军官从下列人员中选拔、招收：

（一）军队院校毕业学员；

（二）普通高等学校应届毕业生；

（三）表现优秀的现役士兵；

（四）军队需要的专业技术人员和其他人员。

战时根据需要，可以从现役士兵、军队院校学员、征召的预备役军官和其他人员中直接任命军官。

第三十四条 预备役军官包括下列人员：

（一）确定服军官预备役的退出现役的军官；

（二）确定服军官预备役的退出现役的士兵；

（三）确定服军官预备役的专业技术人员和其他人员。

第三十五条 军官服现役和服预备役的最高年龄，依照其他有关法律规定执行。

第三十六条 现役军官按照规定服现役已满最高年龄或者衔级最高年限的，退出现役；需要延长服现役或者暂缓退出现役的，依照有关法律规定执行。

现役军官按照规定服现役未满最高年龄或者衔级最高年限，因特殊情况需要退出现役的，经批准可以退出现役。

第三十七条 依照本法第十七条规定经过预备役登记的退出现役的军官、依照本法第十六条规定经过预备役登记的公民，符合军官预备役条件的，由部队会同兵役机关根据军队需要，遴选确定服军官预备役。

预备役军官按照规定服预备役已满最高年龄的，退出预备役。

第六章　军队院校从青年学生中招收的学员

第三十八条　根据军队建设的需要，军队院校可以从青年学生中招收学员。招收学员的年龄，不受征集服现役年龄的限制。

第三十九条　学员完成学业达到军队培养目标的，由院校发给毕业证书；按照规定任命为现役军官或者军士。

第四十条　学员未达到军队培养目标或者不符合军队培养要求的，由院校按照国家和军队有关规定发给相应证书，并采取多种方式分流；其中，回入学前户口所在地的学员，就读期间其父母已办理户口迁移手续的，可以回父母现户口所在地，由县、自治县、不设区的市、市辖区的人民政府按照国家有关规定接收安置。

第四十一条　学员被开除学籍的，回入学前户口所在地；就读期间其父母已办理户口迁移手续的，可以回父母现户口所在地，由县、自治县、不设区的市、市辖区的人民政府按照国家有关规定办理。

第四十二条　军队院校从现役士兵中招收的学员，适用本法第三十九条、第四十条、第四十一条的规定。

第七章　战时兵员动员

第四十三条　为了应对国家主权、统一、领土完整、安全和发展利益遭受的威胁，抵抗侵略，各级人民政府、各级军事机关，在平时必须做好战时兵员动员的准备工作。

第四十四条　在国家发布动员令或者国务院、中央军事委员会依照《中华人民共和国国防动员法》采取必要的国防动员措施后，各级人民政府、各级军事机关必须依法迅速实施动员，军人停止退出现役，休假、探亲的军人立即归队，预备役人员随时准备应召服现役，经过预备役登记的公民做好服预备役被征召的准备。

第四十五条　战时根据需要，国务院和中央军事委员会可以决定适当放宽征召男性公民服现役的年龄上限，可以决定延长公民服现役的期限。

第四十六条　战争结束后，需要复员的军人，根据国务院和中央军事委员会的复员命令，分期分批地退出现役，由各级人民政府妥善安置。

第八章　服役待遇和抚恤优待

第四十七条　国家保障军人享有符合军事职业特点、与其履行职责相适应的工资、津贴、住房、医疗、保险、休假、疗养等待遇。军人的待遇应当与国民经济发展相协调,与社会进步相适应。

女军人的合法权益受法律保护。军队应当根据女军人的特点,合理安排女军人的工作任务和休息休假,在生育、健康等方面为女军人提供特别保护。

第四十八条 预备役人员参战、参加军事训练、担负战备勤务、执行非战争军事行动任务,享受国家规定的伙食、交通等补助。预备役人员是机关、团体、企业事业组织工作人员的,参战、参加军事训练、担负战备勤务、执行非战争军事行动任务期间,所在单位应当保持其原有的工资、奖金和福利待遇。预备役人员的其他待遇保障依照有关法律法规和国家有关规定执行。

第四十九条 军人按照国家有关规定,在医疗、金融、交通、参观游览、法律服务、文化体育设施服务、邮政服务等方面享受优待政策。公民入伍时保留户籍。

军人因战、因公、因病致残的,按照国家规定评定残疾等级,发给残疾军人证,享受国家规定的待遇、优待和残疾抚恤金。因工作需要继续服现役的残疾军人,由所在部队按照规定发给残疾抚恤金。

军人牺牲、病故,国家按照规定发给其遗属抚恤金。

第五十条 国家建立义务兵家庭优待金制度。义务兵家庭优待金标准由地方人民政府制定,中央财政给予定额补助。具体补助办法由国务院退役军人工作主管部门、财政部门会同中央军事委员会机关有关部门制定。

义务兵和军士入伍前是机关、团体、事业单位或者国有企业工作人员的,退出现役后可以选择复职复工。

义务兵和军士入伍前依法取得的农村土地承包经营权,服现役期间应当保留。

第五十一条 现役军官和军士的子女教育,家属的随军、就业创业以及工作调动,享受国家和社会的优待。

符合条件的军人家属,其住房、医疗、养老按照有关规定享受优待。

军人配偶随军未就业期间,按照国家有关规定享受相应的保障待遇。

第五十二条 预备役人员因参战、参加军事训练、担负战备勤务、执行非战争军事行动任务致残、牺牲的,由当地人民政府依照有关规定给予抚恤优待。

第九章 退役军人的安置

第五十三条 对退出现役的义务兵,国家采取自主就业、安排工作、供养等方式妥善安置。

义务兵退出现役自主就业的,按照国家规定发给一次性退役金,由安置地的县级以上地方人民政府接收,根据当地的实际情况,可以发给经济补助。国家根据经济社会发展,适时调整退役金的标准。

服现役期间平时获得二等功以上荣誉或者战时获得三等功以上荣誉以及属于烈士子女的义务兵退出现役,由安置地的县级以上地方人民政府安排工作;待安排工作期间由当地人民政府按照国家有关规定发给生活补助费；根据本人自愿，也可以选择自主就业。

因战、因公、因病致残的义务兵退出现役，按照国家规定的评定残疾等级采取安排工作、供养等方式予以妥善安置；符合安排工作条件的，根据本人自愿，也可以选择自主就业。

第五十四条 对退出现役的军士，国家采取逐月领取退役金、自主就业、安排工作、退休、供养等方式妥善安置。

军士退出现役，服现役满规定年限的，采取逐月领取退役金方式予以妥善安置。

军士退出现役，服现役满十二年或者符合国家规定的其他条件的，由安置地的县级以上地方人民政府安排工作；待安排工作期间由当地人民政府按照国家有关规定发给生活补助费；根据本人自愿，也可以选择自主就业。

军士服现役满三十年或者年满五十五周岁或者符合国家规定的其他条件的，作退休安置。

因战、因公、因病致残的军士退出现役，按照国家规定的评定残疾等级采取安排工作、退休、供养等方式予以妥善安置；符合安排工作条件的，根据本人自愿，也可以选择自主就业。

军士退出现役，不符合本条第二款至第五款规定条件的，依照本法第五十三条规定的自主就业方式予以妥善安置。

第五十五条 对退出现役的军官，国家采取退休、转业、逐月领取退役金、复员等方式妥善安置；其安置方式的适用条件，依照有关法律法规的规定执行。

第五十六条 残疾军人、患慢性病的军人退出现役后，由安置地的县级以上地方人民政府按照国务院、中央军事委员会的有关规定负责接收安置；其中，患过慢性病旧病复发需要治疗的，由当地医疗机构负责给予治疗，所需医疗和生活费用，本人经济困难的，按照国家规定给予补助。

第十章 法律责任

第五十七条 有服兵役义务的公民有下列行为之一的，由县级人民政府责令限期改正；逾期不改正的，由县级人民政府强制其履行兵役义务，并处以罚款：

（一）拒绝、逃避兵役登记的；

（二）应征公民拒绝、逃避征集服现役的；

（三）预备役人员拒绝、逃避参加军事训练、担负战备勤务、执行非战争军事行动任务和征召的。

有前款第二项行为，拒不改正的，不得录用为公务员或者参照《中华人民共和国公务员法》管理的工作人员，不得招录、聘用为国有企业和事业单位工作人员，两年内不准出境或者升学复学，纳入履行国防义务严重失信主体名单实施联合惩戒。

第五十八条 军人以逃避服兵役为目的，拒绝履行职责或者逃离部队的，按照中央军事委员会的规定给予处分。

军人有前款行为被军队除名、开除军籍或者被依法追究刑事责任的，依照本法第五十七条第二款的规定处罚；其中，被军队除名的，并处以罚款。

明知是逃离部队的军人而招录、聘用的，由县级人民政府责令改正，并处以罚款。

第五十九条 机关、团体、企业事业组织拒绝完成本法规定的兵役工作任务的，阻挠公民履行兵役义务的，或者有其他妨害兵役工作行为的，由县级以上地方人民政府责令改正，并可以处以罚款；对单位负有责任的领导人员、直接负责的主管人员和其他直接责任人员，依法予以处罚。

第六十条 扰乱兵役工作秩序，或者阻碍兵役工作人员依法执行职务的，依照《中华人民共和国治安管理处罚法》的规定处罚。

第六十一条 国家工作人员和军人在兵役工作中，有下列行为之一的，依法给予处分：

（一）贪污贿赂的；

（二）滥用职权或者玩忽职守的；

（三）徇私舞弊，接送不合格兵员的；

（四）泄露或者向他人非法提供兵役个人信息的。

第六十二条 违反本法规定，构成犯罪的，依法追究刑事责任。

第六十三条 本法第五十七条、第五十八条、第五十九条规定的处罚，由县级以上地方人民政府兵役机关会同有关部门查明事实，经同级地方人民政府作出处罚决定后，由县级以上地方人民政府兵役机关、发展改革、公安、退役军人工作、卫生健康、教育、人力资源和社会保障等部门按照职责分工具体执行。

第十一章　附　　则

第六十四条　本法适用于中国人民武装警察部队。

第六十五条　本法自2021年10月1日起施行。

中华人民共和国现役军官法

（1988年9月5日第七届全国人民代表大会常务委员会第三次会议通过　根据1994年5月12日第八届全国人民代表大会常务委员会第七次会议《关于修改〈中国人民解放军现役军官服役条例〉的决定》第一次修正　根据2000年12月28日第九届全国人民代表大会常务委员会第十九次会议《关于修改〈中国人民解放军现役军官服役条例〉的决定》第二次修正）

第一章　总　　则

第一条　为了建设一支革命化、年轻化、知识化、专业化的现役军官队伍，以利于人民解放军完成国家赋予的任务，制定本法。

第二条 人民解放军现役军官（以下简称军官）是被任命为排级以上职务或者初级以上专业技术职务，并被授予相应军衔的现役军人。

军官按照职务性质分为军事军官、政治军官、后勤军官、装备军官和专业技术军官。

第三条 军官是国家工作人员的组成部分。

军官履行宪法和法律赋予的神圣职责，在社会生活中享有与其职责相应的地位和荣誉。

国家依法保障军官的合法权益。

第四条 军官的选拔和使用，坚持任人唯贤、德才兼备、注重实绩、适时交流的原则，实行民主监督，尊重群众公论。

第五条 国家按照优待现役军人的原则，确定军官的各种待遇。

第六条 军官符合本法规定的退出现役条件的，应当退出现役。

第七条 人民解放军总政治部主管全军的军官管理工作，团级以上单位的政治机关主管本单位的军官管理工作。

第二章　军官的基本条件、来源和培训

第八条 军官必须具备下列基本条件：

（一）忠于祖国，忠于中国共产党，有坚定的革命理想、信念，全心全意为人民服务，自觉献身国防事业；

（二）遵守宪法和法律、法规，执行国家的方针、政策和军队的规章、制度，服从命令，听从指挥；

（三）具有胜任本职工作所必需的理论、政策水平，现代军事、科学文化、专业知识，组织、指挥能力，经过院校培训并取得相应学历，身体健康；

（四）爱护士兵，以身作则，公道正派，廉洁奉公，艰苦奋斗，不怕牺牲。

第九条 军官的来源：

（一）选拔优秀士兵和普通中学毕业生入军队院校学习毕业；

（二）接收普通高等学校毕业生；

（三）由文职干部改任；

（四）招收军队以外的专业技术人员和其他人员。

战时根据需要，可以从士兵、征召的预备役军官和非军事部门的人员中直接任命军官。

第十条 人民解放军实行经院校培训提拔军官的制度。

军事、政治、后勤、装备军官每晋升一级指挥职务，应当经过相应的院校或者其他训练机构培训。担任营级以下指挥职务的军官，应当经过初级指挥院校培训；担任团级和师级指挥职务的军官，应当经过中级指挥院校培训；担任军级以上指挥职务的军官，应当经过高级指挥院校培训。

在机关任职的军官应当经过相应的院校培训。

专业技术军官每晋升一级专业技术职务，应当经过与其所从事专业相应的院校培训；院校培训不能满足需要时，应当通过其他方式，完成规定的继续教育任务。

第三章　军官的考核和职务任免

第十一条　各级首长和政治机关应当按照分工对所属军官进行考核。

考核军官，应当实行领导和群众相结合，根据军官的基本条件和中央军事委员会规定的军官考核标准、程序、方法，以工作实绩为主，全面考核。考核结果分为优秀、称职、不称职三个等次，并作为任免军官职务的主要依据。考核结果应当告知本人。

任免军官职务，应当先经考核；未经考核不得任免。

第十二条　军官职务的任免权限：

（一）总参谋长、总政治部主任至正师职军官职务，由中央军事委员会主席任免；

（二）副师职（正旅职）、正团职（副旅职）军官职务和高级专业技术军官职务，由总参谋长、总政治部主任、总后勤部部长和政治委员、总装备部部长和政治委员、大军区及军兵种或者相当大军区级单位的正职首长任免，副大军区级单位的正团职（副旅职）军官职务由副大军区级单位的正职首长任免；

（三）副团职、正营职军官职务和中级专业技术军官职务，由集团军或者其他有任免权的军级单位的正职首长任免，独立师的正营职军官职务由独立师的正职首长任免；

（四）副营职以下军官职务和初级专业技术军官职务，由师（旅）或者其他有任免权的师（旅）级单位的正职首长任免。

前款所列军官职务的任免，按照中央军事委员会规定的程序办理。

第十三条　在执行作战、抢险救灾等紧急任务时，上级首长有权暂时免去违抗命令、不履行职责或者不称职的所属军官的职务，并可以临时指派其他军人代理；因其他原因，军官职务出现空缺时，上级首长也可以临时指派军人代理。

依照前款规定暂时免去或者临时指派军人代理军官职务，应当尽快报请有任免权的上级审核决定，履行任免手续。

第十四条　作战部队的军事、政治、后勤、装备军官平时任职的最高年龄分别为：

（一）担任排级职务的，三十岁；

（二）担任连级职务的，三十五岁；

（三）担任营级职务的，四十岁；

（四）担任团级职务的，四十五岁；

（五）担任师级职务的，五十岁；

（六）担任军级职务的，五十五岁；

（七）担任大军区级职务的，副职六十三岁，正职六十五岁。

在舰艇上服役的营级和团级职务军官，任职的最高年龄分别为四十五岁和五十岁；从事飞行的团级职务军官，任职的最高年龄为五十岁。

作战部队的师级和军级职务军官，少数工作需要的，按照任免权限经过批准，任职的最高年龄可以适当延长，但是师级和正军职军官延长的年龄最多不得超过五岁，副军职军官延长的年龄最多不得超过三岁。

第十五条　作战部队以外单位的副团职以下军官和大军区级职务军官，任职的最高年龄依照本法第十四条第一款的相应规定执行；正团职军官，任职的最高年龄为五十岁；师级职务军官，任职的最高年龄为五十五岁；副军职和正军职军官，任职的最高年龄分别为五十八岁和六十岁。

第十六条　专业技术军官平时任职的最高年龄分别为：

（一）担任初级专业技术职务的，四十岁；

（二）担任中级专业技术职务的，五十岁；

（三）担任高级专业技术职务的，六十岁。

担任高级专业技术职务的军官，少数工作需要的，按照任免权限经过批准，任职的最高年龄可以适当延长，但是延长的年龄最多不得超过五岁。

第十七条　担任排、连、营、团、师（旅）、军级主官职务的军官，平时任职的最低年限分别为三年。

第十八条　机关和院校的股长、科长、处长、局长、部长及相当领导职务的军官，任职的最低年限参照本法第十七条的规定执行。

机关和院校的参谋、干事、秘书、助理员、教员等军官，每个职务等级任职的最低年限为三年。

第十九条 专业技术军官平时任职的最低年限，按照中央军事委员会的有关规定执行。

第二十条 军官任职满最低年限后，才能根据编制缺额和本人德才条件逐职晋升。

军官德才优秀、实绩显著、工作需要的，可以提前晋升；特别优秀的，可以越职晋升。

第二十一条 军官晋升职务，应当具备拟任职务所要求的任职经历、文化程度、院校培训等资格。具体条件由中央军事委员会规定。

第二十二条 军官职务应当按照编制员额和编制职务等级任命。

第二十三条 军官经考核不称职的，应当调任下级职务或者改做其他工作，并按照新任职务确定待遇。

第二十四条 担任师、军、大军区级职务的军官，正职和副职平时任职的最高年限分别为十年。任职满最高年限的，应当免去现任职务。

第二十五条 根据国防建设的需要，军队可以向非军事部门派遣军官，执行军队交付的任务。

第二十六条 军官可以按照中央军事委员会的规定改任文职干部。

第四章 军官的交流和回避

第二十七条 军官应当在不同岗位或者不同单位之间进行交流,具体办法由中央军事委员会根据本法规定。

第二十八条 军官在一个岗位任职满下列年限的,应当交流:

(一)作战部队担任师级以下主官职务的,四年;担任军级主官职务的,五年;

(二)作战部队以外单位担任军级以下主官职务的,五年;

(三)机关担任股长、科长、处长及相当领导职务的,四年;担任局长、部长及相当领导职务的,五年;但是少数专业性强和工作特别需要的除外。

担任师级和军级领导职务的军官,在本单位连续工作分别满二十五年和三十年的,应当交流。

担任其他职务的军官,也应当根据需要进行交流。

第二十九条 在艰苦地区工作的军官向其他地区交流,按照中央军事委员会的有关规定执行。

第三十条 军官之间有夫妻关系、直系血亲关系、三代以内旁系血亲关系以及近姻亲关系的,不得担任有直接上下级或者间隔一级领导关系的职务,不得在同一单位担任双方直接隶属于同一首长的职务,也不得在担任领导职务一方的机关任职。

第三十一条 军官不得在其原籍所在地的军分区（师级警备区）和县、市、市辖区的人民武装部担任主官职务，但是工作特别需要的除外。

第三十二条 军官在执行职务时，涉及本人或者涉及与本人有本法第三十条所列亲属关系人员的利益关系的，应当回避，但是执行作战任务和其他紧急任务的除外。

第五章 军官的奖励和处分

第三十三条 军官在作战和军队建设中做出突出贡献或者取得显著成绩，以及为国家和人民做出其他较大贡献的，按照中央军事委员会的规定给予奖励。

奖励分为：嘉奖、三等功、二等功、一等功、荣誉称号以及中央军事委员会规定的其他奖励。

第三十四条 军官违反军纪的，按照中央军事委员会的规定给予处分。

处分分为：警告、严重警告、记过、记大过、降职（级）或者降衔、撤职、开除军籍以及中央军事委员会规定的其他处分。

第三十五条 对被撤职的军官，根据其所犯错误的具体情况，任命新的职务；未任命新的职务的，应当确定职务等级待遇。

第三十六条 军官违反法律，构成犯罪的，依法追究刑事责任。

第六章 军官的待遇

第三十七条 军官实行职务军衔等级工资制和定期增资制度，按照国家和军队的有关规定享受津贴和补贴，并随着国民经济的发展适时调整。具体标准和办法由中央军事委员会规定。

军官按照规定离职培训、休假、治病疗养以及免职待分配期间，工资照发。

第三十八条 军官享受公费医疗待遇。有关部门应当做好军官的医疗保健工作，妥善安排军官的治病和疗养。

军官按照国家和军队的有关规定享受军人保险待遇。

第三十九条 军官住房实行公寓住房与自有住房相结合的保障制度。军官按照规定住用公寓住房或者购买自有住房，享受相应的住房补贴和优惠待遇。

第四十条 军官享受休假待遇。上级首长应当每年按照规定安排军官休假。

执行作战任务部队的军官停止休假。

国家发布动员令后，按照动员令应当返回部队的正在休假的军官，应当自动结束休假，立即返回本部。

第四十一条 军官的家属随军、就业、工作调动和子女教育，享受国家和社会优待。

军官具备家属随军条件的，经师（旅）级以上单位的政治机关批准，其配偶和未成年子女、无独立生活能力的子女可以随军，是农村户口的，转为城镇户口。

部队移防或者军官工作调动的,随军家属可以随调。

军官年满五十岁、身边无子女的,可以调一名有工作的子女到军官所在地。所调子女已婚的,其配偶和未成年子女、无独立生活能力的子女可以随调。

随军的军官家属、随调的军官子女及其配偶的就业和工作调动,按照国务院和中央军事委员会的有关规定办理。

第四十二条 军官牺牲、病故后,其随军家属移交政府安置管理。具体办法由国务院和中央军事委员会规定。

第七章 军官退出现役

第四十三条 军事、政治、后勤、装备军官平时服现役的最低年限分别为:

(一)担任排级职务的,八年;

(二)担任连级职务的,副职十年,正职十二年;

(三)担任营级职务的,副职十四年,正职十六年;

(四)担任团级职务的,副职十八年,正职二十年。

第四十四条 专业技术军官平时服现役的最低年限分别为:

(一)担任初级专业技术职务的,十二年;

(二)担任中级专业技术职务的,十六年;

(三)担任高级专业技术职务的,二十年。

第四十五条 军官未达到平时服现役的最低年限的,不得退出现役。但是有下列情形之一的,应当提前退出现役:

（一）伤病残不能坚持正常工作的；

（二）经考核不称职又不宜作其他安排的；

（三）犯有严重错误不适合继续服现役的；

（四）调离军队，到非军事部门工作的；

（五）因军队体制编制调整精简需要退出现役的。

军官未达到平时服现役的最低年限，要求提前退出现役未获批准，经教育仍坚持退出现役的，给予降职（级）处分或者取消其军官身份后，可以作出退出现役处理。

第四十六条　军官达到平时服现役的最高年龄的，应当退出现役。

军官平时服现役的最高年龄分别为：

（一）担任正团职职务的，五十岁；

（二）担任师级职务的，五十五岁；

（三）担任军级职务的，副职五十八岁，正职六十岁；

（四）担任其他职务的，服现役的最高年龄与任职的最高年龄相同。

第四十七条　军官未达到平时服现役的最高年龄，有下列情形之一的，应当退出现役：

（一）任职满最高年限后需要退出现役的；

（二）伤病残不能坚持正常工作的；

（三）受军队编制员额限制，不能调整使用的；

（四）调离军队，到非军事部门工作的；

（五）有其他原因需要退出现役的。

第四十八条　军官退出现役的批准权限与军官职务的

任免权限相同。

第四十九条 军官退出现役后,采取转业由政府安排工作和职务,或者由政府协助就业、发给退役金的方式安置;有的也可以采取复员或者退休的方式安置。

担任师级以上职务和高级专业技术职务的军官,退出现役后作退休安置,有的也可以作转业安置或者其他安置。

担任团级以下职务和初级、中级专业技术职务的军官,退出现役后作转业安置或者其他安置。

对退出现役由政府安排工作和职务以及由政府协助就业、发给退役金的军官,政府应当根据需要进行职业培训。

未达到服现役的最高年龄,基本丧失工作能力的军官,退出现役后作退休安置。

服现役满三十年以上或者服现役和参加工作满三十年以上,或者年满五十岁以上的军官,担任师级以上职务,本人提出申请,经组织批准的,退出现役后可以作退休安置;担任团级职务,不宜作转业或者其他安置的,可以由组织批准退出现役后作退休安置。

第五十条 军官达到服现役的最高年龄,符合国家规定的离休条件的,可以离职休养。因工作需要或者其他原因,经过批准,可以提前或者推迟离休。

第五十一条 军官退出现役后的安置管理具体办法由国务院和中央军事委员会规定。

军官离职休养和军级以上职务军官退休后,按照国务院和中央军事委员会的有关规定安置管理。

第八章　附　　则

第五十二条　人民解放军总政治部根据本法制定实施办法,报国务院和中央军事委员会批准后施行。

第五十三条　中国人民武装警察部队现役警官适用本法,具体办法由国务院和中央军事委员会规定。

第五十四条　本法(原称《中国人民解放军现役军官服役条例》)自1989年1月1日起施行。1978年8月18日第五届全国人民代表大会常务委员会批准、1978年8月19日国务院和中央军事委员会颁布的《中国人民解放军干部服役条例》同时废止。

中华人民共和国预备役人员法

(2022年12月30日第十三届全国人民代表大会常务委员会第三十八次会议通过　2022年12月30日中华人民共和国主席令第127号公布　自2023年3月1日起施行)

第一章　总　　则

第一条　为了健全预备役人员制度,规范预备役人员管理，维护预备役人员合法权益，保障预备役人员有效履行职责使命，加强国防力量建设，根据宪法和《中华人民共和国国防法》、《中华人民共和国兵役法》，制定本法。

第二条 本法所称预备役人员，是指依法履行兵役义务，预编到中国人民解放军现役部队或者编入中国人民解放军预备役部队服预备役的公民。

预备役人员分为预备役军官和预备役士兵。预备役士兵分为预备役军士和预备役兵。

预备役人员是国家武装力量的成员，是战时现役部队兵员补充的重要来源。

第三条 预备役人员工作坚持中国共产党的领导，贯彻习近平强军思想，坚持总体国家安全观，贯彻新时代军事战略方针，以军事需求为牵引，以备战打仗为指向，以质量建设为着力点，提高预备役人员履行使命任务的能力和水平。

第四条 预备役人员必须服从命令、严守纪律，英勇顽强、不怕牺牲，按照规定参加政治教育和军事训练、担负战备勤务、执行非战争军事行动任务，随时准备应召参战，保卫祖国。

国家依法保障预备役人员的地位和权益。预备役人员享有与其履行职责相应的荣誉和待遇。

第五条 中央军事委员会领导预备役人员工作。

中央军事委员会政治工作部门负责组织指导预备役人员管理工作，中央军事委员会国防动员部门负责组织预备役人员编组、动员征集等有关工作，中央军事委员会机关其他部门按照职责分工负责预备役人员有关工作。

中央国家机关、县级以上地方人民政府和同级军事机关按照职责分工做好预备役人员有关工作。

编有预备役人员的部队（以下简称部队）负责所属预备役人员政治教育、军事训练、执行任务和有关选拔补充、日常管理、退出预备役等工作。

第六条 县级以上地方人民政府和有关军事机关应当根据预备役人员工作需要召开军地联席会议，协调解决有关问题。

县级以上地方人民政府和同级军事机关，应当将预备役人员工作情况作为拥军优属、拥政爱民评比和有关单位及其负责人考核评价的内容。

第七条 机关、团体、企业事业组织和乡镇人民政府、街道办事处应当支持预备役人员履行预备役职责，协助做好预备役人员工作。

第八条 国家加强预备役人员工作信息化建设。

中央军事委员会政治工作部门会同中央国家机关、中央军事委员会机关有关部门，统筹做好信息数据系统的建设、维护、应用和信息安全管理等工作。

有关部门和单位、个人应当对在预备役人员工作过程中知悉的国家秘密、军事秘密和个人隐私、个人信息予以保密，不得泄露或者向他人非法提供。

第九条 预备役人员工作所需经费，按照财政事权和支出责任划分原则列入中央和地方预算。

第十条 预备役人员在履行预备役职责中做出突出贡献的,按照国家和军队有关规定给予表彰和奖励。

组织和个人在预备役人员工作中做出突出贡献的,按照国家和军队有关规定给予表彰和奖励。

第二章 预备役军衔

第十一条 国家实行预备役军衔制度。

预备役军衔是区分预备役人员等级、表明预备役人员身份的称号和标志,是党和国家给予预备役人员的地位和荣誉。

第十二条 预备役军衔分为预备役军官军衔、预备役军士军衔和预备役兵军衔。

预备役军官军衔设二等七衔:

(一) 预备役校官:预备役大校、上校、中校、少校;

(二) 预备役尉官:预备役上尉、中尉、少尉。

预备役军士军衔设三等七衔:

(一) 预备役高级军士:预备役一级军士长、二级军士长、三级军士长;

(二) 预备役中级军士:预备役一级上士、二级上士;

(三) 预备役初级军士:预备役中士、下士。

预备役兵军衔设两衔:预备役上等兵、列兵。

第十三条 预备役军衔按照军种划分种类,在预备役军衔前冠以军种名称。

预备役军官分为预备役指挥管理军官和预备役专业技术军官,分别授予预备役指挥管理军官军衔和预备役专业技术军官军衔。

预备役军衔标志式样和佩带办法由中央军事委员会规定。

第十四条 预备役军衔的授予和晋升,以预备役人员任职岗位、德才表现、服役时间和做出的贡献为依据,具体办法由中央军事委员会规定。

第十五条 预备役人员退出预备役的,其预备役军衔予以保留,在其军衔前冠以"退役"。

第十六条 对违反军队纪律的预备役人员,按照中央军事委员会的有关规定,可以降低其预备役军衔等级。

依照本法规定取消预备役人员身份的,相应取消其预备役军衔;预备役人员犯罪或者退出预备役后犯罪,被依法判处剥夺政治权利或者有期徒刑以上刑罚的,应当剥夺其预备役军衔。

批准取消或者剥夺预备役军衔的权限,与批准授予相应预备役军衔的权限相同。

第三章　选拔补充

第十七条 预备役人员应当符合下列条件:

(一)忠于祖国,忠于中国共产党,拥护社会主义制度,热爱人民,热爱国防和军队;

（二）遵守宪法和法律，具有良好的政治素质和道德品行；

（三）年满十八周岁；

（四）具有履行职责的身体条件和心理素质；

（五）具备岗位要求的文化程度和工作能力；

（六）法律、法规规定的其他条件。

第十八条 预备役人员主要从符合服预备役条件、经过预备役登记的退役军人和专业技术人才、专业技能人才中选拔补充。

预备役登记依照《中华人民共和国兵役法》有关规定执行。

第十九条 预备役人员的选拔补充计划由中央军事委员会确定。中央军事委员会机关有关部门会同有关中央国家机关，指导部队和县级以上地方人民政府兵役机关实施。

第二十条 部队应当按照规定的标准条件，会同县级以上地方人民政府兵役机关遴选确定预备役人员。

预备役人员服预备役的时间自批准服预备役之日起算。

第二十一条 县级以上地方人民政府兵役机关应当向部队及时、准确地提供本行政区域公民预备役登记信息，组织预备役人员选拔补充对象的政治考核、体格检查等工作，办理相关入役手续。

第二十二条 机关、团体、企业事业组织和乡镇人民政府、街道办事处，应当根据部队需要和县、自治县、不设区的市、市辖区人民政府兵役机关的安排，组织推荐本单位、本行政区域符合条件的人员参加预备役人员选拔补充。

被推荐人员应当按照规定参加预备役人员选拔补充。

第二十三条 部队应当按照规定，对选拔补充的预备役人员授予预备役军衔、任用岗位职务。

第四章 教育训练和晋升任用

第二十四条 预备役人员的教育训练，坚持院校教育、训练实践、职业培训相结合，纳入国家和军队教育培训体系。

军队和预备役人员所在单位应当按照有关规定开展预备役人员教育训练。

第二十五条 预备役人员在被授予和晋升预备役军衔、任用岗位职务前，应当根据需要接受相应的教育训练。

第二十六条 预备役人员应当按照规定参加军事训练，达到军事训练大纲规定的训练要求。

年度军事训练时间由战区级以上军事机关根据需要确定。

中央军事委员会可以决定对预备役人员实施临战训练，预备役人员必须按照要求接受临战训练。

第二十七条 预备役人员在服预备役期间应当按照规定参加职业培训，提高履行预备役职责的能力。

第二十八条 对预备役人员应当进行考核。考核工作由部队按照规定组织实施，考核结果作为其预备役军衔晋升、职务任用、待遇调整、奖励惩戒等的依据。

预备役人员的考核结果应当通知本人和其预备役登记地县、自治县、不设区的市、市辖区人民政府兵役机关以及所在单位,并作为调整其职位、职务、职级、级别、工资和评定职称等的依据之一。

第二十九条 预备役人员表现优秀、符合条件的,可以按照规定晋升预备役军衔、任用部队相应岗位职务。

预备役兵服预备役满规定年限,根据军队需要和本人自愿,经批准可以选改为预备役军士。

预备役人员任用岗位职务的批准权限由中央军事委员会规定。

第五章 日常管理

第三十条 预备役人员有单位变更、迁居、出国(境)、患严重疾病、身体残疾等重要事项以及联系方式发生变化的,应当及时向部队报告。

预备役人员有前款规定情况或者严重违纪违法、失踪、死亡的,预备役人员所在单位和乡镇人民政府、街道办事处应当及时报告县、自治县、不设区的市、市辖区人民政府兵役机关。

部队应当与县、自治县、不设区的市、市辖区人民政府兵役机关建立相互通报制度,准确掌握预备役人员动态情况。

第三十一条 预备役人员因迁居等原因需要变更预备役登记地的,相关县、自治县、不设区的市、市辖区人民政府兵役机关应当及时变更其预备役登记信息。

第三十二条 预备役人员参加军事训练、担负战备勤务、执行非战争军事行动任务等的召集，由部队通知本人，并通报其所在单位和预备役登记地县、自治县、不设区的市、市辖区人民政府兵役机关。

召集预备役人员担负战备勤务、执行非战争军事行动任务，应当经战区级以上军事机关批准。

预备役人员所在单位和预备役登记地县、自治县、不设区的市、市辖区人民政府兵役机关，应当协助召集预备役人员。

预备役人员应当按照召集规定时间到指定地点报到。

第三十三条 预备役人员参加军事训练、担负战备勤务、执行非战争军事行动任务等期间，由部队按照军队有关规定管理。

第三十四条 预备役人员按照军队有关规定穿着预备役制式服装、佩带预备役标志服饰。

任何单位和个人不得非法生产、买卖预备役制式服装和预备役标志服饰。

第三十五条 预备役人员应当落实军队战备工作有关规定，做好执行任务的准备。

第六章　征　　召

第三十六条 在国家发布动员令或者国务院、中央军事委员会依法采取必要的国防动员措施后，部队应当根据上级的命令，迅速向被征召的预备役人员下达征召通知，并通报其预备役登记地县、自治县、不设区的市、市辖区人民政府兵役机关和所在单位。

预备役人员接到征召通知后，必须按照要求在规定时间到指定地点报到。国家发布动员令后，尚未接到征召通知的预备役人员，未经部队和预备役登记地兵役机关批准，不得离开预备役登记地；已经离开的，应当立即返回或者原地待命。

第三十七条　预备役登记地县、自治县、不设区的市、市辖区人民政府兵役机关，预备役人员所在单位和乡镇人民政府、街道办事处，应当督促预备役人员响应征召，为预备役人员征召提供必要的支持和协助，帮助解决困难，维护预备役人员合法权益。

从事交通运输的单位和个人应当优先运送被征召的预备役人员。

预备役人员因被征召，诉讼、行政复议、仲裁活动不能正常进行的，适用有关时效中止和程序中止的规定，但是法律另有规定的除外。

第三十八条　预备役人员有下列情形之一的，经其预备役登记地县、自治县、不设区的市、市辖区人民政府兵役机关核实，并经部队批准，可以暂缓征召：

（一）患严重疾病处于治疗期间暂时无法履行预备役职责；

（二）家庭成员生活不能自理，且本人为唯一监护人、赡养人、扶养人，或者家庭发生重大变故必须由本人亲自处理；

（三）女性预备役人员在孕期、产假、哺乳期内；

（四）涉嫌严重职务违法或者职务犯罪正在被监察机关调查，或者涉嫌犯罪正在被侦查、起诉、审判；

（五）法律、法规规定的其他情形。

第三十九条　被征召的预备役人员，根据军队有关规定转服现役。

预备役人员转服现役，由其预备役登记地县、自治县、不设区的市、市辖区人民政府兵役机关办理入伍手续。预备役人员转服现役的，按照有关规定改授相应军衔、任用相应岗位职务，履行军人职责。

第四十条　国家解除国防动员后，由预备役人员转服现役的军人需要退出现役的，按照军人退出现役的有关规定由各级人民政府妥善安置。被征召的预备役人员未转服现役的，部队应当安排其返回，并通知其预备役登记地县、自治县、不设区的市、市辖区人民政府兵役机关和所在单位。

第七章　待遇保障

第四十一条　国家建立激励与补偿相结合的预备役人员津贴补贴制度。

预备役人员按照规定享受服役津贴；参战、参加军事训练、担负战备勤务、执行非战争军事行动任务期间,按照规定享受任务津贴。

预备役人员参战、参加军事训练、担负战备勤务、执行非战争军事行动任务期间,按照规定享受相应补贴和伙食、交通等补助;其中,预备役人员是机关、团体、企业事业组织工作人员的,所在单位应当保持其原有的工资、奖金、福利和保险等待遇。

预备役人员津贴补贴的标准及其调整办法由中央军事委员会规定。

第四十二条 预备役人员参战,享受军人同等医疗待遇;参加军事训练、担负战备勤务、执行非战争军事行动任务期间,按照规定享受国家和军队相应医疗待遇。

军队医疗机构按照规定为预备役人员提供优先就医等服务。

第四十三条 预备役人员参加军事训练、担负战备勤务、执行非战争军事行动任务期间,军队为其购买人身意外伤害保险。

第四十四条 预备役人员参战、参加军事训练、担负战备勤务、执行非战争军事行动任务期间,其家庭因自然灾害、意外事故、重大疾病等原因,基本生活出现严重困难的,地方人民政府和部队应当按照有关规定给予救助和慰问。

国家鼓励和支持人民团体、企业事业组织、社会组织和其他组织以及个人,为困难预备役人员家庭提供援助服务。

第四十五条　预备役人员所在单位不得因预备役人员履行预备役职责，对其作出辞退、解聘或者解除劳动关系、免职、降低待遇、处分等处理。

第四十六条　预备役人员所在单位按照国家有关规定享受优惠和扶持政策。

预备役人员创办小微企业、从事个体经营等活动，可以按照国家有关规定享受融资优惠等政策。

第四十七条　预备役人员按照规定享受优待。

预备役人员因参战、参加军事训练、担负战备勤务、执行非战争军事行动任务伤亡的，由县级以上地方人民政府按照国家有关规定给予抚恤。

第四十八条　预备役人员被授予和晋升预备役军衔、获得功勋荣誉表彰，以及退出预备役时，部队应当举行仪式。

第四十九条　女性预备役人员的合法权益受法律保护。部队应当根据女性预备役人员的特点，合理安排女性预备役人员的岗位和任务。

第五十条　预备役人员退出预备役后，按照规定享受相应的荣誉和待遇。

第八章　退出预备役

第五十一条　预备役军官、预备役军士在本衔级服预备役的最低年限为四年。

预备役军官、预备役军士服预备役未满本衔级最低年限的，不得申请退出预备役；满最低年限的，本人提出申请、经批准可以退出预备役。

预备役兵服预备役年限为四年，其中，预备役列兵、上等兵各为二年。预备役兵服预备役未满四年的，不得申请退出预备役。预备役兵服预备役满四年未被选改为预备役军士的，应当退出预备役。

第五十二条 预备役人员服预备役达到最高年龄的，应当退出预备役。预备役人员服预备役的最高年龄：

（一）预备役指挥管理军官：预备役尉官为四十五周岁，预备役校官为六十周岁；

（二）预备役专业技术军官：预备役尉官为五十周岁，预备役校官为六十周岁；

（三）预备役军士：预备役下士、中士、二级上士均为四十五周岁，预备役一级上士、三级军士长、二级军士长、一级军士长均为五十五周岁；

（四）预备役兵为三十周岁。

第五十三条 预备役军官、预备役军士服预备役未满本衔级最低年限或者未达到最高年龄，预备役兵服预备役未满规定年限或者未达到最高年龄，有下列情形之一的，应当安排退出预备役：

（一）被征集或者选拔补充服现役的；

（二）因军队体制编制调整改革或者优化预备役人员队

伍结构需要退出的；

（三）因所在单位或者岗位变更等原因，不适合继续服预备役的；

（四）因伤病残无法履行预备役职责的；

（五）法律、法规规定的其他情形。

第五十四条 预备役军官、预备役军士服预备役满本衔级最低年限或者达到最高年龄，预备役兵服预备役满规定年限或者达到最高年龄，有下列情形之一的，不得退出预备役：

（一）国家发布动员令或者国务院、中央军事委员会依法采取国防动员措施要求的；

（二）正在参战或者担负战备勤务、执行非战争军事行动任务的；

（三）涉嫌违反军队纪律正在接受审查或者调查、尚未作出结论的；

（四）法律、法规规定的其他情形。

前款规定的情形消失的，预备役人员可以提出申请，经批准后退出预备役。

第五十五条 预备役人员有下列情形之一的，应当取消预备役人员身份：

（一）预备役军官、预备役军士服预备役未满本衔级最低年限，预备役兵服预备役未满规定年限，本人要求提前退出预备役，经教育仍坚持退出预备役的；

（二）连续两年部队考核不称职的；

（三）因犯罪被追究刑事责任的；

（四）法律、法规规定的其他情形。

第五十六条 预备役人员退出预备役的时间为下达退出预备役命令之日。

第五十七条 批准预备役人员退出预备役的权限，与批准晋升相应预备役军衔的权限相同。

第九章　法律责任

第五十八条 经过预备役登记的公民拒绝、逃避参加预备役人员选拔补充的，预备役人员拒绝、逃避参加军事训练、担负战备勤务、执行非战争军事行动任务和征召的，由县级人民政府责令限期改正；逾期不改的，由县级人民政府强制其履行兵役义务，并处以罚款；属于公职人员的，还应当依法给予处分。

预备役人员有前款规定行为的，部队应当按照有关规定停止其相关待遇。

第五十九条 预备役人员参战、参加军事训练、担负战备勤务、执行非战争军事行动任务期间，违反纪律的，由部队按照有关规定给予处分。

第六十条 国家机关及其工作人员、军队单位及其工作人员在预备役人员工作中滥用职权、玩忽职守、徇私舞弊，或者有其他违反本法规定行为的，由其所在单位、主管部门或者上级机关责令改正；对负有责任的领导人员和直接责任人员，依法给予处分。

第六十一条　机关、团体、企业事业组织拒绝完成本法规定的预备役人员工作任务的，阻挠公民履行预备役义务的，或者有其他妨害预备役人员工作行为的，由县级以上地方人民政府责令改正，并可以处以罚款；对负有责任的领导人员和直接责任人员，依法给予处分、处罚。

非法生产、买卖预备役制式服装和预备役标志服饰的，依法予以处罚。

第六十二条　违反本法规定，构成犯罪的，依法追究刑事责任。

第六十三条　本法第五十八条、第六十一条第一款规定的处罚，由县级以上地方人民政府兵役机关会同有关部门查明事实，经同级地方人民政府作出处罚决定后，由县级以上地方人民政府兵役机关和有关部门按照职责分工具体执行。

第十章　附　　则

第六十四条　中国人民武装警察部队退出现役的人员服预备役的，适用本法。

第六十五条　本法自 2023 年 3 月 1 日起施行。《中华人民共和国预备役军官法》同时废止。

征兵工作条例

（1985年10月24日国务院、中央军委发布 根据2001年9月5日《国务院、中央军事委员会关于修改〈征兵工作条例〉的决定》第一次修订 2023年4月1日中华人民共和国国务院、中华人民共和国中央军事委员会令第759号第二次修订 自2023年5月1日起施行）

第一章 总 则

第一条 为了规范和加强征兵工作，根据《中华人民共和国兵役法》，制定本条例。

第二条 征兵工作坚持中国共产党的领导，贯彻习近平强军思想，贯彻新时代军事战略方针，服从国防需要，聚焦备战打仗，依法、精准、高效征集高素质兵员。

第三条 征兵是保障军队兵员补充、建设巩固国防和强大军队的一项重要工作。根据国防需要征集公民服现役的工作，适用本条例。

各级人民政府和军事机关应当依法履行征兵工作职责，完成征兵任务。

公民应当依法服兵役，自觉按照本条例的规定接受征集。

第四条 全国的征兵工作,在国务院、中央军事委员会领导下,由国防部负责,具体工作由国防部征兵办公室承办。国务院、中央军事委员会建立全国征兵工作部际联席会议制度,统筹协调全国征兵工作。

省、市、县各级征兵工作领导小组负责统筹协调本行政区域的征兵工作。县级以上地方人民政府组织兵役机关和宣传、教育、公安、人力资源社会保障、交通运输、卫生健康以及其他有关部门组成征兵办公室,负责组织实施本行政区域的征兵工作,承担本级征兵工作领导小组日常工作。有关部门在本级人民政府征兵办公室的统一组织下,按照职责分工做好征兵有关工作。

机关、团体、企业事业组织和乡、民族乡、镇的人民政府以及街道办事处,应当根据县、自治县、不设区的市、市辖区人民政府的安排和要求,办理本单位和本行政区域的征兵工作。设有人民武装部的单位,征兵工作由人民武装部办理;不设人民武装部的单位,确定一个部门办理。普通高等学校负责征兵工作的机构,应当协助兵役机关办理征兵工作有关事项。

第五条 全国每年征兵的人数、次数、时间和要求,由国务院、中央军事委员会的征兵命令规定。

县级以上地方人民政府和同级军事机关根据上级的征兵命令,科学分配征兵任务,下达本级征兵命令,部署本行政区域的征兵工作。

县级以上地方人民政府和同级军事机关建立征兵任务统筹机制，优先保证普通高等学校毕业生和对政治、身体条件或者专业技能有特别要求的兵员征集；对本行政区域内普通高等学校，可以直接分配征兵任务；对遭受严重灾害或者有其他特殊情况的地区，可以酌情调整征兵任务。

第六条 县级以上地方人民政府兵役机关应当会同有关部门加强对本行政区域内征兵工作的监督检查。

县级以上地方人民政府和同级军事机关应当将征兵工作情况作为有关单位及其负责人考核评价的内容。

第七条 军地有关部门应当将征兵信息化建设纳入国家电子政务以及军队信息化建设，实现兵役机关与宣传、发展改革、教育、公安、人力资源社会保障、卫生健康、退役军人工作以及军地其他部门间的信息共享和业务协同。

征兵工作有关部门及其工作人员应当对收集的个人信息依法予以保密，不得泄露或者向他人非法提供。

第八条 机关、团体、企业事业组织应当深入开展爱国主义、革命英雄主义、军队光荣历史和服役光荣的教育，增强公民国防观念和依法服兵役意识。

县级以上地方人民政府兵役机关应当会同宣传部门，协调组织网信、教育、文化等部门，开展征兵宣传工作，鼓励公民积极应征。

第九条 对在征兵工作中作出突出贡献的组织和个人，按照国家和军队有关规定给予表彰和奖励。

第二章 征兵准备

第十条 县级以上地方人民政府征兵办公室应当适时调整充实工作人员，开展征兵业务培训；根据需要，按照国家有关规定采取政府购买服务等方式开展征兵辅助工作。

第十一条 县、自治县、不设区的市、市辖区人民政府兵役机关应当适时发布兵役登记公告，组织机关、团体、企业事业组织和乡、民族乡、镇的人民政府以及街道办事处，对本单位和本行政区域当年 12 月 31 日以前年满 18 周岁的男性公民进行初次兵役登记，对参加过初次兵役登记的适龄男性公民进行信息核验更新。

公民初次兵役登记由其户籍所在地县、自治县、不设区的市、市辖区人民政府兵役机关负责，可以采取网络登记的方式进行，也可以到兵役登记站（点）现场登记。本人因身体等特殊原因不能自主完成登记的，可以委托其亲属代为登记，户籍所在地乡、民族乡、镇的人民政府以及街道办事处应当予以协助。

第十二条 县、自治县、不设区的市、市辖区人民政府兵役机关对经过初次兵役登记的男性公民，依法确定应服兵役、免服兵役或者不得服兵役，在公民兵役登记信息中注明，并出具兵役登记凭证。县、自治县、不设区的市、市辖区人民政府有关部门按照职责分工，为兵役机关核实公民兵役登记信息提供协助。

根据军队需要,可以按照规定征集女性公民服现役。

第十三条 依照法律规定应服兵役的公民,经初步审查具备下列征集条件的,为应征公民:

(一)拥护中华人民共和国宪法,拥护中国共产党领导和社会主义制度;

(二)热爱国防和军队,遵纪守法,具有良好的政治素质和道德品行;

(三)符合法律规定的征集年龄;

(四)具有履行军队岗位职责的身体条件、心理素质和文化程度等;

(五)法律规定的其他条件。

第十四条 应征公民缓征、不征集的,依照有关法律的规定执行。

第十五条 应征公民应当在户籍所在地应征;经常居住地与户籍所在地不在同一省、自治区、直辖市,符合规定条件的,可以在经常居住地应征。应征公民为普通高等学校的全日制在校生、应届毕业生的,可以在入学前户籍所在地或者学校所在地应征。

第十六条 县级以上人民政府公安、卫生健康、教育等部门按照职责分工,对应征公民的思想政治、健康状况和文化程度等信息进行初步核查。

应征公民根据乡、民族乡、镇和街道办事处人民武装部(以下统称基层人民武装部)或者普通高等学校负责征兵工作的机构的通知，在规定时限内，自行到全国范围内任一指定的医疗机构参加初步体检，初步体检结果在全国范围内互认。

第十七条　基层人民武装部和普通高等学校负责征兵工作的机构选定初步核查、初步体检合格且思想政治好、身体素质强、文化程度高的应征公民为当年预定征集的对象，并通知本人。

县、自治县、不设区的市、市辖区人民政府兵役机关和基层人民武装部、普通高等学校负责征兵工作的机构应当加强对预定征集的应征公民的管理、教育和考察，了解掌握基本情况。

预定征集的应征公民应当保持与所在地基层人民武装部或者普通高等学校负责征兵工作的机构的联系，并根据县、自治县、不设区的市、市辖区人民政府兵役机关的通知按时应征。

预定征集的应征公民所在的机关、团体、企业事业组织应当督促其按时应征，并提供便利。

第三章　体格检查

第十八条　征兵体格检查由征集地的县级以上地方人民政府征兵办公室统一组织，本级卫生健康行政部门具体负责实施，有关单位予以协助。

第十九条　县级以上地方人民政府征兵办公室会同本

级卫生健康行政部门指定符合标准条件和管理要求的医院或者体检机构设立征兵体检站。本行政区域内没有符合标准条件和管理要求的医院和体检机构的，经省级人民政府征兵办公室和卫生健康行政部门批准，可以选定适合场所设立临时征兵体检站。

设立征兵体检站的具体办法，由中央军事委员会机关有关部门会同国务院有关部门制定。

第二十条 基层人民武装部应当组织预定征集的应征公民按时到征兵体检站进行体格检查。送检人数由县、自治县、不设区的市、市辖区人民政府征兵办公室根据上级赋予的征兵任务和当地预定征集的应征公民体质情况确定。

体格检查前，县级以上地方人民政府征兵办公室应当组织对体检对象的身份、户籍、文化程度、专业技能、病史等相关信息进行现场核对。

第二十一条 负责体格检查工作的医务人员，应当严格执行应征公民体格检查标准、检查办法和其他有关规定，保证体格检查工作的质量。

对兵员身体条件有特别要求的，县级以上地方人民政府征兵办公室应当安排部队接兵人员参与体格检查工作。

第二十二条 县级以上地方人民政府征兵办公室根据需要组织对体格检查合格的应征公民进行抽查；抽查发现不合格人数比例较高的，应当全部进行复查。

第四章 政治考核

第二十三条 征兵政治考核由征集地的县级以上地方人民政府征兵办公室统一组织,本级公安机关具体负责实施,有关单位予以协助。

第二十四条 征兵政治考核主要考核预定征集的应征公民政治态度、现实表现及其家庭成员等情况。

第二十五条 对预定征集的应征公民进行政治考核,有关部门应当按照征兵政治考核的规定,核实核查情况,出具考核意见,形成考核结论。

对政治条件有特别要求的,县、自治县、不设区的市、市辖区人民政府征兵办公室还应当组织走访调查;走访调查应当安排部队接兵人员参加并签署意见,未经部队接兵人员签署意见的,不得批准入伍。

第五章 审定新兵

第二十六条 县级以上地方人民政府征兵办公室应当在审定新兵前,集中组织体格检查、政治考核合格的人员进行役前教育。役前教育的时间、内容、方式以及相关保障等由省级人民政府征兵办公室规定。

第二十七条 县、自治县、不设区的市、市辖区人民政府征兵办公室应当组织召开会议集体审定新兵,对体格检查、政治考核合格的人员军事职业适应能力、文化程度、身体和心理素质等进行分类考评、综合衡量，择优确定拟批准服现役的应征公民，并合理分配入伍去向。审定新兵的具体办法由国防部征兵办公室制定。

第二十八条　烈士、因公牺牲军人、病故军人的子女、兄弟姐妹和现役军人子女，本人自愿应征并且符合条件的，应当优先批准服现役。

第二十九条　退出现役的士兵，本人自愿应征并且符合条件的，可以批准再次入伍，优先安排到原服现役单位或者同类型岗位服现役；具备任军士条件的，可以直接招收为军士。

第三十条　县、自治县、不设区的市、市辖区人民政府征兵办公室应当及时向社会公示拟批准服现役的应征公民名单，公示期不少于5个工作日。对被举报和反映有问题的拟批准服现役的应征公民，经调查核实不符合服现役条件或者有违反廉洁征兵有关规定情形的，取消入伍资格，出现的缺额从拟批准服现役的应征公民中依次递补。

第三十一条　公示期满，县、自治县、不设区的市、市辖区人民政府征兵办公室应当为批准服现役的应征公民办理入伍手续，开具应征公民入伍批准书，发给入伍通知书，并通知其户籍所在地的户口登记机关。新兵自批准入伍之日起，按照规定享受现役军人有关待遇保障。新兵家属享受法律法规规定的义务兵家庭优待金和其他优待保障。

县、自治县、不设区的市、市辖区人民政府征兵办公室应当为新兵建立入伍档案,将应征公民入伍批准书、应征公民政治考核表、应征公民体格检查表以及国防部征兵办公室规定的其他材料装入档案。

第三十二条 县级以上地方人民政府可以采取购买人身意外伤害保险等措施,为应征公民提供相应的权益保障。

第三十三条 已被普通高等学校录取或者正在普通高等学校就学的学生,被批准服现役的,服现役期间保留入学资格或者学籍,退出现役后两年内允许入学或者复学。

第三十四条 在征集期间,应征公民被征集服现役,同时被机关、团体、企业事业组织招录或者聘用的,应当优先履行服兵役义务;有关机关、团体、企业事业组织应当支持其应征入伍,有条件的应当允许其延后入职。

被批准服现役的应征公民,是机关、团体、企业事业组织工作人员的,由原单位发给离职当月的全部工资、奖金及各种补贴。

第六章 交接运输新兵

第三十五条 交接新兵采取兵役机关送兵、新兵自行报到以及部队派人领兵、接兵等方式进行。

依托部队设立的新兵训练机构成规模集中组织新兵训练的,由兵役机关派人送兵或者新兵自行报到;对政治、身体条件或者专业技能有特别要求的兵员,通常由部队派人接兵;其他新兵通常由部队派人领兵。

第三十六条 在征兵开始日的 15 日前,军级以上单位应当派出联络组,与省级人民政府征兵办公室联系,商定补兵区域划分、新兵交接方式、被装保障、新兵运输等事宜。

第三十七条 由兵役机关送兵的,应当做好下列工作:

(一)省级人民政府征兵办公室与新兵训练机构商定送兵到达地点、途中转运和交接等有关事宜,制定送兵计划,明确送兵任务;

(二)征集地的县、自治县、不设区的市、市辖区人民政府征兵办公室于新兵起运前完成新兵档案审核并密封,出发前组织新兵与送兵人员集体见面;

(三)新兵训练机构在驻地附近交通便利的车站、港口码头、机场设立接收点,负责接收新兵,并安全送达营区,于新兵到达营区 24 小时内与送兵人员办理完毕交接手续。

第三十八条 由新兵自行报到的,应当做好下列工作:

(一)县、自治县、不设区的市、市辖区人民政府征兵办公室根据上级下达的计划,与新兵训练机构商定新兵报到地点、联系办法、档案交接和人员接收等有关事宜,及时向新兵训练机构通报新兵名单、人数、到达时间等事项;

(二)县、自治县、不设区的市、市辖区人民政府征兵办公室书面告知新兵报到地点、时限、联系办法、安全要求和其他注意事项;

(三)新兵训练机构在新兵报到地点的车站、港口码头、机场设立报到处,组织接收新兵;

(四)新兵训练机构将新兵实际到达时间、人员名单及时函告征集地的县、自治县、不设区的市、市辖区人民政府征兵办公室；

（五）新兵未能按时报到的，由县、自治县、不设区的市、市辖区人民政府征兵办公室查明情况，督促其尽快报到，并及时向新兵训练机构通报情况，无正当理由不按时报到或者不报到的，按照有关规定处理。

第三十九条 由部队派人领兵的，应当做好下列工作：

（一）领兵人员于新兵起运前7至10日内到达领兵地区，对新兵档案进行审核，与新兵集体见面，及时协商解决发现的问题。县、自治县、不设区的市、市辖区人民政府征兵办公室于部队领兵人员到达后，及时将新兵档案提供给领兵人员；

（二）交接双方于新兵起运前1日，在县、自治县、不设区的市、市辖区人民政府征兵办公室所在地或者双方商定的交通便利的地点，一次性完成交接。

第四十条 由部队派人接兵的，应当做好下列工作：

（一）接兵人员于征兵开始日前到达接兵地区，协助县、自治县、不设区的市、市辖区人民政府征兵办公室开展工作，共同把好新兵质量关；

（二）县、自治县、不设区的市、市辖区人民政府征兵办公室向部队接兵人员介绍征兵工作情况，商定交接新兵等有关事宜；

（三）交接双方在起运前完成新兵及其档案交接。

第四十一条 兵役机关送兵和部队派人领兵、接兵的，在兵役机关与新兵训练机构、部队交接前发生的问题以兵役机关为主负责处理,交接后发生的问题以新兵训练机构或者部队为主负责处理。

新兵自行报到的,新兵到达新兵训练机构前发生的问题以兵役机关为主负责处理,到达后发生的问题以新兵训练机构为主负责处理。

第四十二条 兵役机关送兵和部队派人领兵、接兵的,交接双方应当按照征集地的县、自治县、不设区的市、市辖区人民政府征兵办公室统一编制的新兵花名册,清点人员,核对档案份数,当面点交清楚,并在新兵花名册上签名确认。交接双方在交接过程中,发现新兵人数、档案份数有问题的,应当协商解决后再办理交接手续;发现有其他问题的,先行办理交接手续,再按照有关规定处理。

新兵自行报到的,档案由征集地的县、自治县、不设区的市、市辖区人民政府征兵办公室自新兵起运后10日内通过机要邮寄或者派人送交新兵训练机构。

第四十三条 新兵训练机构自收到新兵档案之日起5日内完成档案审查;部队领兵、接兵人员于新兵起运48小时前完成档案审查。档案审查发现问题的,函告或者当面告知征集地的县、自治县、不设区的市、市辖区人民政府征兵办公室处理。

对新兵档案中的问题,征集地的县、自治县、不设区的市、市辖区人民政府征兵办公室自收到新兵训练机构公函之日起25日内处理完毕;部队领兵、接兵人员当面告知的，应当于新兵起运 24 小时前处理完毕。

第四十四条 新兵的被装，由军队被装调拨单位调拨到县、自治县、不设区的市、市辖区人民政府兵役机关指定地点，由县、自治县、不设区的市、市辖区人民政府兵役机关在新兵起运前发给新兵。

第四十五条 中央军事委员会后勤保障部门应当会同国务院交通运输主管部门组织指导有关单位制定新兵运输计划。

在征兵开始日后的 5 日内，省级人民政府征兵办公室应当根据新兵的人数和乘车、船、飞机起止地点，向联勤保障部队所属交通运输军事代表机构提出本行政区域新兵运输需求。

第四十六条 联勤保障部队应当组织军地有关单位实施新兵运输计划。军地有关单位应当加强新兵运输工作协调配合，交通运输企业应当及时调配运力，保证新兵按照运输计划安全到达新兵训练机构或者部队。

县、自治县、不设区的市、市辖区人民政府征兵办公室和部队领兵、接兵人员，应当根据新兵运输计划按时组织新兵起运；在起运前，应当对新兵进行编组，并进行安全教育和检查，防止发生事故。

交通运输军事代表机构以及沿途军用饮食供应站应当主动解决新兵运输中的有关问题。军用饮食供应站和送兵、领兵、接兵人员以及新兵应当接受交通运输军事代表机构的指导。

第四十七条 新兵起运时,有关地方人民政府应当组织欢送;新兵到达时,新兵训练机构或者部队应当组织欢迎。

第七章 检疫、复查和退回

第四十八条 新兵到达新兵训练机构或者部队后,新兵训练机构或者部队应当按照规定组织新兵检疫和复查。经检疫发现新兵患传染病的,应当及时隔离治疗,并采取必要的防疫措施;经复查发现新兵入伍前有犯罪嫌疑的,应当采取必要的控制措施。

第四十九条 经检疫和复查,发现新兵因身体原因不适宜服现役,或者政治情况不符合条件的,作退回处理。作退回处理的期限,自新兵到达新兵训练机构或者部队之日起,至有批准权的军队政治工作部门批准后向原征集地的设区的市级或者省级人民政府征兵办公室发函之日止,不超过45日。

因身体原因退回的,须经军队医院检查证明,由旅级以上单位政治工作部门批准,并函告原征集地的设区的市级人民政府征兵办公室。

因政治原因退回的,新兵训练机构或者部队应当事先与原征集地的省级人民政府征兵办公室联系核查,确属不符合条件的,经旅级以上单位政治工作部门核实,由军级以上单位政治工作部门批准,并函告原征集地的省级人民政府征兵办公室。

第五十条　新兵自批准入伍之日起，至到达新兵训练机构或者部队后 45 日内，受伤或者患病的，军队医疗机构给予免费治疗，其中，可以治愈、不影响服现役的，不作退回处理；难以治愈或者治愈后影响服现役的，由旅级以上单位根据军队医院出具的认定结论，函告原征集地的设区的市级人民政府征兵办公室，待病情稳定出院后作退回处理，退回时间不受限制。

第五十一条　退回人员返回原征集地后，由原征集地人民政府按照有关规定纳入社会保障体系，享受相应待遇。

需回地方接续治疗的退回人员，旅级以上单位应当根据军队医院出具的证明，为其开具接续治疗函，并按照规定给予军人保险补偿；原征集地人民政府应当根据接续治疗函，安排有关医疗机构予以优先收治；已经参加当地基本医疗保险的，医疗费用按照规定由医保基金支付；符合医疗救助条件的，按照规定实施救助。

第五十二条　新兵作退回处理的，新兵训练机构或者部队应当做好退回人员的思想工作，派人将退回人员及其档案送回原征集地的设区的市级人民政府征兵办公室；经与原征集地的设区的市级人民政府征兵办公室协商达成一致，也可以由其接回退回人员及其档案。

退回人员及其档案交接手续，应当自新兵训练机构、部队人员到达之日起 7 个工作日内，或者征兵办公室人员到达之日起 7 个工作日内办理完毕。

第五十三条　原征集地的设区的市级人民政府征兵办

公室应当及时核实退回原因以及有关情况，查验退回审批手续以及相关证明材料，核对新兵档案，按照国家和军队有关规定妥善保存和处置新兵档案。

原征集地的设区的市级人民政府征兵办公室对退回人员身体复查结果有异议的，按照规定向指定的医学鉴定机构提出鉴定申请；医学鉴定机构应当在5个工作日内完成鉴定工作，形成最终鉴定结论。经鉴定，符合退回条件的，由原征集地的设区的市级人民政府征兵办公室接收；不符合退回条件的，继续服现役。

第五十四条 对退回的人员，原征集地的县、自治县、不设区的市、市辖区人民政府征兵办公室应当注销其应征公民入伍批准书，通知其户籍所在地的户口登记机关。

第五十五条 退回人员原是机关、团体、企业事业组织工作人员的，原单位应当按照有关规定准予复工、复职；原是已被普通高等学校录取或者正在普通高等学校就学的学生的，原学校应当按照有关规定准予入学或者复学。

第五十六条 义务兵入伍前有下列行为之一的，作退回处理，作退回处理的期限不受本条例第四十九条第一款的限制，因被征集服现役而取得的相关荣誉、待遇、抚恤优待以及其他利益，由有关部门予以取消、追缴：

（一）入伍前有犯罪行为或者记录，故意隐瞒的；

（二）入伍前患有精神类疾病、神经系统疾病、艾滋病（含病毒携带者）、恶性肿瘤等影响服现役的严重疾病，故意隐瞒的；

（三）通过提供虚假入伍材料或者采取行贿等非法手段取得入伍资格的。

按照前款规定作退回处理的，由军级以上单位政治工作部门函告原征集地的省级人民政府征兵办公室进行调查核实；情况属实的，报军级以上单位批准后，由原征集地的县、自治县、不设区的市、市辖区人民政府征兵办公室负责接收。

第八章　经费保障

第五十七条　开展征兵工作所需经费按照隶属关系分级保障。兵役征集费开支范围、管理使用办法，由中央军事委员会机关有关部门会同国务院有关部门制定。

第五十八条　新兵被装调拨到县、自治县、不设区的市、市辖区人民政府兵役机关指定地点所需的费用，由军队被装调拨单位负责保障；县、自治县、不设区的市、市辖区人民政府兵役机关下发新兵被装所需的运输费列入兵役征集费开支。

第五十九条　征集的新兵，实行兵役机关送兵或者新兵自行报到的，从县、自治县、不设区的市、市辖区新兵集中点前往新兵训练机构途中所需的车船费、伙食费、住宿费，由新兵训练机构按照规定报销；部队派人领兵、接兵的，自部队接收之日起，所需费用由部队负责保障。军队有关部门按照统一组织实施的军事运输安排产生的运费，依照有关规定结算支付。

第六十条 送兵人员同新兵一起前往新兵训练机构途中所需的差旅费，由新兵训练机构按照规定报销；送兵人员在新兵训练机构办理新兵交接期间，住宿由新兵训练机构负责保障，伙食补助费和返回的差旅费列入兵役征集费开支。

第六十一条 新兵训练机构或者部队退回不合格新兵的费用，在与有关地方人民政府征兵办公室办理退回手续之前，由新兵训练机构或者部队负责；办理退回手续之后，新兵训练机构或者部队人员返回的差旅费由其所在单位按照规定报销，其他费用由有关地方人民政府征兵办公室负责。

第六十二条 义务兵家庭优待金按照国家有关规定由中央财政和地方财政共同负担，实行城乡统一标准，由批准入伍地的县、自治县、不设区的市、市辖区人民政府按照规定发放。

县级以上人民政府征兵办公室应当向本级财政、退役军人工作主管部门提供当年批准入伍人数，用于制定义务兵家庭优待金分配方案。

第九章　战时征集

第六十三条 国家发布动员令或者国务院、中央军事委员会依法采取国防动员措施后，各级人民政府和军事机关必须按照要求组织战时征集。

第六十四条 战时根据需要，国务院和中央军事委员会可以在法律规定的范围内调整征集公民服现役的条件和办法。

战时根据需要，可以重点征集退役军人，补充到原服现役单位或者同类型岗位。

第六十五条 国防部征兵办公室根据战时兵员补充需求，指导县级以上地方人民政府征兵办公室按照战时征集的条件和办法组织实施征集工作。

第六十六条 应征公民接到兵役机关的战时征集通知后，必须按期到指定地点参加应征。

机关、团体、企业事业组织和乡、民族乡、镇的人民政府以及街道办事处必须组织本单位和本行政区域战时征集对象，按照规定的时间、地点报到。

从事交通运输的单位和个人，应当优先运送战时征集对象；其他组织和个人应当为战时征集对象报到提供便利。

第十章 法律责任

第六十七条 有服兵役义务的公民拒绝、逃避兵役登记的，应征公民拒绝、逃避征集服现役的，依法给予处罚。

新兵以逃避服兵役为目的，拒绝履行职责或者逃离部队的，依法给予处分或者处罚。

第六十八条 机关、团体、企业事业组织拒绝完成征兵任务的，阻挠公民履行兵役义务的，或者有其他妨害征兵工作行为的，对单位及负有责任的人员，依法给予处罚。

第六十九条 国家工作人员、军队人员在征兵工作中，有贪污贿赂、徇私舞弊、滥用职权、玩忽职守以及其他违反征兵工作规定行为的，依法给予处分。

第七十条 违反本条例规定，构成犯罪的，依法追究刑事责任。

第七十一条 本条例第六十七条、第六十八条规定的处罚，由县级以上地方人民政府兵役机关会同有关部门查明事实，经同级地方人民政府作出处罚决定后，由县级以上地方人民政府兵役机关、发展改革、公安、卫生健康、教育、人力资源社会保障等部门按照职责分工具体执行。

第十一章　附　　则

第七十二条 征集公民到中国人民武装警察部队服现役的工作，适用本条例。

第七十三条 从非军事部门招收现役军官（警官）、军士（警士）的体格检查、政治考核、办理入伍手续等工作，参照本条例有关规定执行。

第七十四条 本条例自2023年5月1日起施行。

三、边防、海防、空防和其他重大安全领域防卫

中华人民共和国领海及毗连区法

(1992年2月25日第七届全国人民代表大会常务委员会第二十四次会议通过 1992年2月25日中华人民共和国主席令第55号公布 自公布之日起施行)

第一条 为行使中华人民共和国对领海的主权和对毗连区的管制权,维护国家安全和海洋权益,制定本法。

第二条 中华人民共和国领海为邻接中华人民共和国陆地领土和内水的一带海域。

中华人民共和国的陆地领土包括中华人民共和国大陆及其沿海岛屿、台湾及其包括钓鱼岛在内的附属各岛、澎湖列岛、东沙群岛、西沙群岛、中沙群岛、南沙群岛以及其他一切属于中华人民共和国的岛屿。

中华人民共和国领海基线向陆地一侧的水域为中华人民共和国的内水。

第三条 中华人民共和国领海的宽度从领海基线量起为十二海里。

中华人民共和国领海基线采用直线基线法划定,由各相邻基点之间的直线连线组成。

中华人民共和国领海的外部界限为一条其每一点与领海基线的最近点距离等于十二海里的线。

第四条 中华人民共和国毗连区为领海以外邻接领海的一带海域。毗连区的宽度为十二海里。

中华人民共和国毗连区的外部界限为一条其每一点与领海基线的最近点距离等于二十四海里的线。

第五条 中华人民共和国对领海的主权及于领海上空、领海的海床及底土。

第六条 外国非军用船舶,享有依法无害通过中华人民共和国领海的权利。

外国军用船舶进入中华人民共和国领海,须经中华人民共和国政府批准。

第七条 外国潜水艇和其他潜水器通过中华人民共和国领海,必须在海面航行,并展示其旗帜。

第八条 外国船舶通过中华人民共和国领海,必须遵守中华人民共和国法律、法规,不得损害中华人民共和国的和平、安全和良好秩序。

外国核动力船舶和载运核物质、有毒物质或者其他危险物质的船舶通过中华人民共和国领海,必须持有有关证书,并采取特别预防措施。

中华人民共和国政府有权采取一切必要措施,以防止和制止对领海的非无害通过。

外国船舶违反中华人民共和国法律、法规的，由中华人民共和国有关机关依法处理。

第九条　为维护航行安全和其他特殊需要，中华人民共和国政府可以要求通过中华人民共和国领海的外国船舶使用指定的航道或者依照规定的分道通航制航行，具体办法由中华人民共和国政府或者其有关主管部门公布。

第十条　外国军用船舶或者用于非商业目的的外国政府船舶在通过中华人民共和国领海时，违反中华人民共和国法律、法规的，中华人民共和国有关主管机关有权令其立即离开领海，对所造成的损失或者损害，船旗国应当负国际责任。

第十一条　任何国际组织、外国的组织或者个人，在中华人民共和国领海内进行科学研究、海洋作业等活动，须经中华人民共和国政府或者其有关主管部门批准，遵守中华人民共和国法律、法规。

违反前款规定，非法进入中华人民共和国领海进行科学研究、海洋作业等活动的，由中华人民共和国有关机关依法处理。

第十二条　外国航空器只有根据该国政府与中华人民共和国政府签订的协定、协议，或者经中华人民共和国政府或者其授权的机关批准或者接受，方可进入中华人民共和国领海上空。

第十三条　中华人民共和国有权在毗连区内，为防止和惩处在其陆地领土、内水或者领海内违反有关安全、海关、财政、卫生或者入境出境管理的法律、法规的行为行使管制权。

第十四条　中华人民共和国有关主管机关有充分理由认为外国船舶违反中华人民共和国法律、法规时，可以对该外国船舶行使紧追权。

追逐须在外国船舶或者其小艇之一或者以被追逐的船舶为母船进行活动的其他船艇在中华人民共和国的内水、领海或者毗连区内时开始。

如果外国船舶是在中华人民共和国毗连区内，追逐只有在本法第十三条所列有关法律、法规规定的权利受到侵犯时方可进行。

追逐只要没有中断，可以在中华人民共和国领海或者毗连区外继续进行。在被追逐的船舶进入其本国领海或者第三国领海时，追逐终止。

本条规定的紧追权由中华人民共和国军用船舶、军用航空器或者中华人民共和国政府授权的执行政府公务的船舶、航空器行使。

第十五条　中华人民共和国领海基线由中华人民共和国政府公布。

第十六条　中华人民共和国政府依据本法制定有关规定。

第十七条　本法自公布之日起施行。

中华人民共和国陆地国界法

（2021年10月23日第十三届全国人民代表大会常务委员会第三十一次会议通过　2021年10月23日中华人民共和国主席令第99号公布　自2022年1月1日起施行）

第一章　总　　则

第一条　为了规范和加强陆地国界工作，保障陆地国界及边境的安全稳定，促进我国与陆地邻国睦邻友好和交流合作，维护国家主权、安全和领土完整，根据宪法，制定本法。

第二条　中华人民共和国陆地国界的划定和勘定，陆地国界及边境的防卫、管理和建设，陆地国界事务的国际合作等，适用本法。

第三条　陆地国界是指划分中华人民共和国与陆地邻国接壤的领陆和内水的界限。陆地国界垂直划分中华人民共和国与陆地邻国的领空和底土。

中华人民共和国陆地国界内侧一定范围内的区域为边境。

第四条　中华人民共和国的主权和领土完整神圣不可侵犯。

国家采取有效措施，坚决维护领土主权和陆地国界安全,防范和打击任何损害领土主权和破坏陆地国界的行为。

第五条 国家对陆地国界工作实行统一的领导。

第六条 外交部负责陆地国界涉外事务,参与陆地国界管理相关工作,牵头开展对外谈判、缔约、履约及国际合作,处理需要通过外交途径解决的问题,组织开展国界线和界标维护管理。

国务院公安部门负责边境地区公安工作,指导、监督边境公安机关加强社会治安管理,防范和打击边境违法犯罪活动。

海关总署负责边境口岸等的进出境相关监督管理工作,依法组织实施进出境交通运输工具、货物、物品和人员的海关监管、检疫。

国家移民管理部门负责边境地区移民管理工作,依法组织实施出入境边防检查、边民往来管理和边境地区边防管理。

国务院其他有关部门按照各自职责分工,依法行使职权,开展相关工作。

第七条 在中央军事委员会领导下,有关军事机关组织、指导、协调陆地国界及边境的防卫管控、维护社会稳定、处置突发事件、边防合作及相关工作。

中国人民解放军、中国人民武装警察部队按照各自任务分工,警戒守卫陆地国界,抵御武装侵略,处置陆地国界及边境重大突发事件和恐怖活动,会同或者协助地方有关部门防范、制止和打击非法越界,保卫陆地国界及边境的安全稳定。

第八条 边境省、自治区的各级人民代表大会及其常务委员会在本行政区域内，保证有关陆地国界及边境的法律法规的遵守和执行。

边境省、自治区的各级人民政府依照法律法规规定管理本行政区域内的陆地国界及边境相关工作。

第九条 军地有关部门、单位依托有关统筹协调机构，合力推进强边固防，组织开展边防防卫管控、边防基础设施建设与维护管理等工作，共同维护陆地国界及边境的安全稳定与正常秩序。

第十条 国家采取有效措施，加强边防建设，支持边境经济社会发展和对外开放，推进固边兴边富民行动，提高边境公共服务和基础设施建设水平，改善边境生产生活条件，鼓励和支持边民在边境生产生活，促进边防建设与边境经济社会协调发展。

第十一条 国家加强陆地国界宣传教育，铸牢中华民族共同体意识，弘扬中华民族捍卫祖国统一和领土完整的精神，增强公民的国家观念和国土安全意识，构筑中华民族共有精神家园。

各级人民政府和有关教育科研机构应当加强对陆地国界及边境相关史料的收集、保护和研究。

公民和组织发现陆地国界及边境相关史料、史迹和实物，应当依法及时上报或者上交国家有关部门。

第十二条 国家保障陆地国界工作经费。

国务院和边境省、自治区的县级以上各级人民政府，应当将陆地国界及边境相关工作纳入国民经济和社会发展规划。

第十三条 公民和组织应当维护陆地国界及边境安全稳定，保护界标和边防基础设施，配合、协助开展陆地国界相关工作。

国家对配合、协助开展陆地国界相关工作的公民和组织给予鼓励和支持，对作出突出贡献的公民和组织按照有关规定给予表彰、奖励。

第十四条 中华人民共和国遵守同外国缔结或者共同参加的有关陆地国界事务的条约。

第十五条 国家坚持平等互信、友好协商的原则，通过谈判与陆地邻国处理陆地国界及相关事务，妥善解决争端和历史遗留的边界问题。

第二章 陆地国界的划定和勘定

第十六条 国家与陆地邻国通过谈判缔结划定陆地国界的条约，规定陆地国界的走向和位置。

划定陆地国界的条约应当依照法律规定由国务院提请全国人民代表大会常务委员会决定批准，由中华人民共和国主席根据全国人民代表大会常务委员会的决定予以批准。

第十七条 国家与陆地邻国根据划界条约，实地勘定陆地国界并缔结勘界条约。

勘界条约应当依照法律规定由国务院核准。

第十八条 为保持国界线清晰稳定，国家与有关陆地邻国开展陆地国界联合检查，缔结联合检查条约。

第十九条 勘定陆地国界依据的自然地理环境发生无法恢复原状的重大变化时，国家可与陆地邻国协商，重新勘定陆地国界。

第二十条 国家设置界标在实地标示陆地国界。

界标的位置、种类、规格、材质及设置方式等，由外交部与陆地邻国相关部门协商确定。

第二十一条 陆地国界的划定、勘定、联合检查和设置界标等具体工作，由外交部会同国务院有关部门、有关军事机关和有关边境省、自治区依法组织实施。

第三章 陆地国界及边境的防卫

第二十二条 中国人民解放军、中国人民武装警察部队应当在边境开展边防执勤、管控，组织演训和勘察等活动，坚决防范、制止和打击入侵、蚕食、渗透、挑衅等行为，守卫陆地国界，维护边境安全稳定。

第二十三条 边境省、自治区的各级人民政府统筹资源配置，加强维护国界安全的群防队伍建设，支持和配合边防执勤、管控工作。

边境省、自治区的各级人民政府建设基础设施，应当统筹兼顾陆地国界及边境防卫需求。

公民和组织应当支持边防执勤、管控活动，为其提供便利条件或者其他协助。

第二十四条　国家根据边防管控需要，可以在靠近陆地国界的特定区域划定边境禁区并设置警示标志，禁止无关人员进入。

划定边境禁区应当兼顾经济社会发展、自然资源和生态环境保护、居民生产生活，由有关军事机关会同边境省、自治区人民政府提出方案，经征求国务院有关部门意见后，报国务院和中央军事委员会批准。

边境禁区的变更或者撤销，依照前款规定程序办理。

第二十五条　国家根据陆地国界及边境防卫需要，可以在陆地国界内侧建设拦阻、交通、通信、监控、警戒、防卫及辅助设施等边防基础设施，也可以与陆地邻国协商后在陆地国界线上建设拦阻设施。

边防基础设施的建设和维护在保证国家主权、安全和领土完整的前提下，兼顾经济社会发展、自然资源和生态环境保护、野生动物迁徙、居民生产生活的需要，并且不得损害陆地国界与边防基础设施之间领土的有效管控。

边防基础设施的建设规划由国务院和中央军事委员会批准。

第四章　陆地国界及边境的管理

第一节　一般规定

第二十六条　国家对陆地国界及边境的管理和相关建

设实行统筹协调、分工负责、依法管理。

第二十七条　陆地国界及边境管理应当保障陆地国界清晰和安全稳定。

第二十八条　依照本法规定在边境地区设立经济、贸易、旅游等跨境合作区域或者开展跨境合作活动，应当符合边防管控要求，不得危害边防安全。

第二十九条　在陆地国界及边境管理中遇有重要情况和重大问题，有关地方人民政府、军事机关应当立即按照规定向上级机关报告。

第三十条　边境省、自治区可以根据本行政区域的具体情况和实际需要制定地方性法规、地方政府规章，对陆地国界及边境管理执行中的问题作出规定。

第三十一条　国家可以与有关陆地邻国缔结条约，就陆地国界及边境管理制度作出规定。条约对陆地国界及边境管理制度另有规定的，按照条约的规定执行。

第二节　陆地国界管理

第三十二条　界标和边防基础设施受法律保护。

任何组织或者个人不得擅自移动、损毁界标和边防基础设施。

界标被移动、损毁、遗失的，由外交部与陆地邻国相关部门协商后组织恢复、修缮或者重建。

第三十三条　为保持陆地国界清晰可视，国家可以在陆地国界内侧开辟和清理通视道。

第三十四条 国务院有关部门和边境省、自治区的各级人民政府应当采取措施维护界河（江、湖）走向稳定，并依照有关条约保护和合理利用边界水。

船舶和人员需要进入界河（江、湖）活动的，应当由有关主管部门批准或者备案，向公安机关报告，并接受查验。

第三十五条 国家经与陆地邻国协商，可以在靠近陆地国界的适当地点设立边境口岸。

边境口岸的设立、关闭、管理等，应当依照法律法规和有关条约确定，并通过外交途径通知陆地邻国。

第三十六条 国务院有关部门经与陆地邻国相关部门协商或者根据照顾边民往来、维护边境安全稳定的需要，可以设立边民通道并予以规范管理。

第三十七条 人员、交通运输工具、货物、物品等应当依照相关法律法规通过陆地国界出境入境，并接受有关主管部门的检查、检疫和监管。

特殊情况下，通过缔结条约或者经外交途径、主管部门协商后，有关人员、交通运输工具、货物、物品等应当从国务院、中央军事委员会或者其授权的部门批准的地点出境入境。

第三十八条 禁止任何个人非法越界。

非法越界人员被控制后，由公安机关等主管部门处理；非法越界人员为武装部队人员的，由有关军事机关处理。

非法越界人员行凶、拒捕或者实施其他暴力行为，危及他人人身和财产安全的，执法执勤人员可以依法使用警械和武器。

第三十九条　航空器飞越陆地国界，应当经有关主管机关批准并且遵守我国法律法规规定。未经批准飞越陆地国界的，有关主管机关应当采取必要措施进行处置。

任何组织或者个人未经有关主管机关批准不得在陆地国界附近操控无人驾驶航空器飞行。模型航空器、三角翼、无人驾驶自由气球等的飞行活动，参照无人驾驶航空器管理。

第四十条　任何组织或者个人未经有关主管部门批准不得在陆地国界附近修建永久性建筑物。

第四十一条　任何组织或者个人不得在陆地国界附近通过声音、光照、展示标示物、投掷或者传递物品、放置漂流物或者空飘物等方式从事危害国家安全或者影响我国与邻国友好关系的活动。

个人在陆地国界及其附近打捞或者捡拾的漂流物、空飘物等可疑物品，应当及时交当地人民政府或者有关军事机关，不得擅自处理。

第三节　边境管理

第四十二条　国家根据边防管理需要可以划定边境管理区。边境管理区人员通行、居住依照国家有关规定实行专门管理措施。

边境管理区的划定、变更、撤销由边境省、自治区人民政府提出方案，经征求国务院有关部门和有关军事机关意见后，报国务院批准并公告。

第四十三条 国家支持沿边城镇建设，健全沿边城镇体系，完善边境城镇功能，强化支撑能力建设。

第四十四条 国务院有关部门和边境省、自治区人民政府依照有关规定，可以建设或者批准设立边民互市贸易区（点）、边境经济合作区等区域。

第四十五条 国务院有关部门和边境省、自治区的各级人民政府应当采取措施保护边境生态环境，防止生态破坏，防治大气、水、土壤和其他污染。

第四十六条 国务院有关部门和边境省、自治区的各级人民政府应当采取措施预防传染病、动植物疫情、外来物种入侵以及洪涝、火灾等从陆地国界传入或者在边境传播、蔓延。

第四十七条 有下列情形之一的，国家可以封控边境、关闭口岸，并依照有关法律法规采取其他紧急措施：

（一）周边发生战争或者武装冲突可能影响国家边防安全稳定的；

（二）发生使国家安全或者边境居民的人身财产安全受到严重威胁的重大事件；

（三）边境受到自然灾害、事故灾难、公共卫生事件或者核生化污染的严重威胁；

（四）其他严重影响陆地国界及边境安全稳定的情形。

前款规定的措施由国务院有关部门、有关军事机关和地方人民政府依照相关法律和规定组织实施。

第五章　陆地国界事务的国际合作

第四十八条　国家按照平等互利原则与陆地邻国开展国际合作，处理陆地国界事务，推进安全合作，深化互利共赢。

第四十九条　国家可以与有关陆地邻国协商建立边界联合委员会机制，指导和协调有关国际合作，执行有关条约，协商并处理与陆地国界管理有关的重要事项。

第五十条　有关军事机关可以与陆地邻国相关部门建立边防合作机制，沟通协商边防交往合作中的重大事项与问题，通过与陆地邻国相关边防机构建立边防会谈会晤机制，交涉处理边防有关事务，巩固和发展睦邻友好关系，共同维护陆地国界的安全稳定。

第五十一条　国家可以与有关陆地邻国在相应国界地段协商建立边界（边防）代表机制，由代表、副代表和相关工作人员组成，通过会谈、会晤和联合调查等方式处理边界事件、日常纠纷等问题。

边界（边防）代表的具体工作在国务院有关部门、中央军事委员会机关有关部门指导下，由中国人民解放军会同外事、公安、移民等相关部门组织实施。

第五十二条　公安、海关、移民等部门可以与陆地邻国相关部门建立合作机制，交流信息，开展执法合作，共同防范和打击跨界违法犯罪活动。

第五十三条　国家有关主管机关和有关军事机关可以

与陆地邻国相关部门开展合作，共同打击恐怖主义、分裂主义和极端主义活动。

第五十四条 国家提升沿边对外开放便利化水平，优化边境地区营商环境；经与陆地邻国协商，可以在双方接壤区域设立跨境经济合作区、跨境旅游合作区、生态保护区等区域。

国家与陆地邻国共同建设并维护跨界设施，可以在陆地国界内侧设立临时的封闭建设区。

第五十五条 边境省、自治区的县级以上各级人民政府依照国家有关规定，可以与陆地邻国相应行政区域地方政府开展经济、旅游、文化、体育、抢险救灾和生态环境等领域合作。

第五十六条 国务院有关部门可以与陆地邻国相关部门在口岸建设和管理、自然资源利用、生态环境保护、疫情防控、应急管理等领域开展合作，建立相互通报、信息共享、技术与人才交流等合作机制。

边境省、自治区的县级以上各级人民政府可以在国家有关主管部门指导下，参与相关合作机制，承担具体合作工作。

第六章　法　律　责　任

第五十七条 有违反本法第三十二条第二款行为的，由公安机关依照《中华人民共和国治安管理处罚法》、《中华人民共和国军事设施保护法》有关规定处罚。损毁界标、边防基础设施的，应当责令行为人赔偿损失。

有违反本法第三十四条第二款或者第四十一条规定行为之一的，由公安机关处警告或者两千元以下罚款；情节严重的，处五日以下拘留或者两千元以上一万元以下罚款。

第五十八条 有违反本法第三十七条、第三十八条第一款或者第三十九条规定行为的，由有关部门依照相关法律法规，按照职责分工处罚。

有违反本法第四十条规定行为的，由有关主管部门责令停止违法行为、恢复原状，处五千元以上两万元以下罚款；情节严重的，处两万元以上五万元以下罚款。单位有违反该条规定行为的，处五万元以上二十万元以下罚款。

有违反本法第三十四条第二款、第三十九条第二款或者第四十一条规定行为之一的，还可以收缴用于实施违反陆地国界及边境管理行为的工具。

第五十九条 国家机关及其工作人员在陆地国界工作中不履行法定职责，泄露国家秘密或者滥用职权、玩忽职守、徇私舞弊的，对直接负责的主管人员和其他直接责任人员，依法给予处分。

第六十条 违反本法规定，构成犯罪的，依法追究刑事责任。

第七章 附 则

第六十一条 界标是指竖立在陆地国界上或者陆地国

界两侧,在实地标示陆地国界走向,且其地理坐标已测定并记载于勘界条约或者联合检查条约中的标志,包括基本界标、辅助界标、导标和浮标等。

通视道是指为使陆地国界保持通视,在陆地国界两侧一定宽度范围内开辟的通道。

第六十二条 本法自 2022 年 1 月 1 日起施行。

中华人民共和国专属经济区和大陆架法

(1998 年 6 月 26 日第九届全国人民代表大会常务委员会第三次会议通过 1998 年 6 月 26 日中华人民共和国主席令第 6 号公布 自公布之日起施行)

第一条 为保障中华人民共和国对专属经济区和大陆架行使主权权利和管辖权,维护国家海洋权益,制定本法。

第二条 中华人民共和国的专属经济区,为中华人民共和国领海以外并邻接领海的区域,从测算领海宽度的基线量起延至二百海里。

中华人民共和国的大陆架,为中华人民共和国领海以外依本国陆地领土的全部自然延伸,扩展到大陆边外缘的海底区域的海床和底土;如果从测算领海宽度的基线量起至大陆边外缘的距离不足二百海里,则扩展至二百海里。

中华人民共和国与海岸相邻或者相向国家关于专属经济区和大陆架的主张重叠的，在国际法的基础上按照公平原则以协议划定界限。

第三条 中华人民共和国在专属经济区为勘查、开发、养护和管理海床上覆水域、海床及其底土的自然资源，以及进行其他经济性开发和勘查，如利用海水、海流和风力生产能等活动，行使主权权利。

中华人民共和国对专属经济区的人工岛屿、设施和结构的建造、使用和海洋科学研究、海洋环境的保护和保全，行使管辖权。

本法所称专属经济区的自然资源，包括生物资源和非生物资源。

第四条 中华人民共和国为勘查大陆架和开发大陆架的自然资源，对大陆架行使主权权利。

中华人民共和国对大陆架的人工岛屿、设施和结构的建造、使用和海洋科学研究、海洋环境的保护和保全，行使管辖权。

中华人民共和国拥有授权和管理为一切目的在大陆架上进行钻探的专属权利。

本法所称大陆架的自然资源，包括海床和底土的矿物和其他非生物资源，以及属于定居种的生物，即在可捕捞阶段在海床上或者海床下不能移动或者其躯体须与海床或者底土保持接触才能移动的生物。

第五条 任何国际组织、外国的组织或者个人进入中华人民共和国的专属经济区从事渔业活动，必须经中华人民共和国主管机关批准，并遵守中华人民共和国的法律、法规及中华人民共和国与有关国家签订的条约、协定。

中华人民共和国主管机关有权采取各种必要的养护和管理措施，确保专属经济区的生物资源不受过度开发的危害。

第六条 中华人民共和国主管机关有权对专属经济区的跨界种群、高度洄游鱼种、海洋哺乳动物、源自中华人民共和国河流的溯河产卵种群、在中华人民共和国水域内度过大部分生命周期的降河产卵鱼种，进行养护和管理。

中华人民共和国对源自本国河流的溯河产卵种群，享有主要利益。

第七条 任何国际组织、外国的组织或者个人对中华人民共和国的专属经济区和大陆架的自然资源进行勘查、开发活动或者在中华人民共和国的大陆架上为任何目的进行钻探，必须经中华人民共和国主管机关批准，并遵守中华人民共和国的法律、法规。

第八条 中华人民共和国在专属经济区和大陆架有专属权利建造并授权和管理建造、操作和使用人工岛屿、设施和结构。

中华人民共和国对专属经济区和大陆架的人工岛屿、设施和结构行使专属管辖权，包括有关海关、财政、卫生、安全和出境入境的法律和法规方面的管辖权。

中华人民共和国主管机关有权在专属经济区和大陆架

的人工岛屿、设施和结构周围设置安全地带，并可以在该地带采取适当措施，确保航行安全以及人工岛屿、设施和结构的安全。

第九条　任何国际组织、外国的组织或者个人在中华人民共和国的专属经济区和大陆架进行海洋科学研究，必须经中华人民共和国主管机关批准，并遵守中华人民共和国的法律、法规。

第十条　中华人民共和国主管机关有权采取必要的措施，防止、减少和控制海洋环境的污染，保护和保全专属经济区和大陆架的海洋环境。

第十一条　任何国家在遵守国际法和中华人民共和国的法律、法规的前提下，在中华人民共和国的专属经济区享有航行、飞越的自由，在中华人民共和国的专属经济区和大陆架享有铺设海底电缆和管道的自由，以及与上述自由有关的其他合法使用海洋的便利。铺设海底电缆和管道的路线，必须经中华人民共和国主管机关同意。

第十二条　中华人民共和国在行使勘查、开发、养护和管理专属经济区的生物资源的主权权利时，为确保中华人民共和国的法律、法规得到遵守，可以采取登临、检查、逮捕、扣留和进行司法程序等必要的措施。

中华人民共和国对在专属经济区和大陆架违反中华人民共和国法律、法规的行为，有权采取必要措施，依法追究法律责任，并可以行使紧追权。

第十三条　中华人民共和国在专属经济区和大陆架享

有的权利，本法未作规定的，根据国际法和中华人民共和国其他有关法律、法规行使。

第十四条 本法的规定不影响中华人民共和国享有的历史性权利。

第十五条 中华人民共和国政府可以根据本法制定有关规定。

第十六条 本法自公布之日起施行。

中华人民共和国海岛保护法

（2009年12月26日第十一届全国人民代表大会常务委员会第十二次会议通过　2009年12月26日中华人民共和国主席令第22号公布　自2010年3月1日起施行）

第一章　总　　则

第一条　为了保护海岛及其周边海域生态系统，合理开发利用海岛自然资源，维护国家海洋权益，促进经济社会可持续发展，制定本法。

第二条　从事中华人民共和国所属海岛的保护、开发利用及相关管理活动，适用本法。

本法所称海岛，是指四面环海水并在高潮时高于水面的自然形成的陆地区域，包括有居民海岛和无居民海岛。

本法所称海岛保护，是指海岛及其周边海域生态系统保护，无居民海岛自然资源保护和特殊用途海岛保护。

第三条 国家对海岛实行科学规划、保护优先、合理开发、永续利用的原则。

国务院和沿海地方各级人民政府应当将海岛保护和合理开发利用纳入国民经济和社会发展规划，采取有效措施，加强对海岛的保护和管理，防止海岛及其周边海域生态系统遭受破坏。

第四条 无居民海岛属于国家所有，国务院代表国家行使无居民海岛所有权。

第五条 国务院海洋主管部门和国务院其他有关部门依照法律和国务院规定的职责分工，负责全国有居民海岛及其周边海域生态保护工作。沿海县级以上地方人民政府海洋主管部门和其他有关部门按照各自的职责，负责本行政区域内有居民海岛及其周边海域生态保护工作。

国务院海洋主管部门负责全国无居民海岛保护和开发利用的管理工作。沿海县级以上地方人民政府海洋主管部门负责本行政区域内无居民海岛保护和开发利用管理的有关工作。

第六条 海岛的名称，由国家地名管理机构和国务院海洋主管部门按照国务院有关规定确定和发布。

沿海县级以上地方人民政府应当按照国家规定，在需要设置海岛名称标志的海岛设置海岛名称标志。

禁止损毁或者擅自移动海岛名称标志。

第七条 国务院和沿海地方各级人民政府应当加强对海岛保护的宣传教育工作，增强公民的海岛保护意识，并对在海岛保护以及有关科学研究工作中做出显著成绩的单位和个人予以奖励。

任何单位和个人都有遵守海岛保护法律的义务，并有权向海洋主管部门或者其他有关部门举报违反海岛保护法律、破坏海岛生态的行为。

第二章 海岛保护规划

第八条 国家实行海岛保护规划制度。海岛保护规划是从事海岛保护、利用活动的依据。

制定海岛保护规划应当遵循有利于保护和改善海岛及其周边海域生态系统，促进海岛经济社会可持续发展的原则。

海岛保护规划报送审批前，应当征求有关专家和公众的意见，经批准后应当及时向社会公布。但是，涉及国家秘密的除外。

第九条 国务院海洋主管部门会同本级人民政府有关部门、军事机关，依据国民经济和社会发展规划、全国海洋功能区划，组织编制全国海岛保护规划，报国务院审批。

全国海岛保护规划应当按照海岛的区位、自然资源、环境等自然属性及保护、利用状况，确定海岛分类保护的原则和可利用的无居民海岛,以及需要重点修复的海岛等。

全国海岛保护规划应当与全国城镇体系规划和全国土地利用总体规划相衔接。

第十条 沿海省、自治区人民政府海洋主管部门会同本级人民政府有关部门、军事机关,依据全国海岛保护规划、省域城镇体系规划和省、自治区土地利用总体规划,组织编制省域海岛保护规划,报省、自治区人民政府审批,并报国务院备案。

沿海直辖市人民政府组织编制的城市总体规划,应当包括本行政区域内海岛保护专项规划。

省域海岛保护规划和直辖市海岛保护专项规划,应当规定海岛分类保护的具体措施。

第十一条 省、自治区人民政府根据实际情况,可以要求本行政区域内的沿海城市、县、镇人民政府组织编制海岛保护专项规划,并纳入城市总体规划、镇总体规划;可以要求沿海县人民政府组织编制县域海岛保护规划。

沿海城市、镇海岛保护专项规划和县域海岛保护规划,应当符合全国海岛保护规划和省域海岛保护规划。

编制沿海城市、镇海岛保护专项规划,应当征求上一级人民政府海洋主管部门的意见。

县域海岛保护规划报省、自治区人民政府审批,并报国务院海洋主管部门备案。

第十二条 沿海县级人民政府可以组织编制全国海岛保护规划确定的可利用无居民海岛的保护和利用规划。

第十三条 修改海岛保护规划,应当依照本法第九条、第十条、第十一条规定的审批程序报经批准。

第十四条 国家建立完善海岛统计调查制度。国务院海洋主管部门会同有关部门拟定海岛综合统计调查计划,依法经批准后组织实施,并发布海岛统计调查公报。

第十五条 国家建立海岛管理信息系统,开展海岛自然资源的调查评估,对海岛的保护与利用等状况实施监视、监测。

第三章 海岛的保护

第一节 一般规定

第十六条 国务院和沿海地方各级人民政府应当采取措施,保护海岛的自然资源、自然景观以及历史、人文遗迹。

禁止改变自然保护区内海岛的海岸线。禁止采挖、破坏珊瑚和珊瑚礁。禁止砍伐海岛周边海域的红树林。

第十七条 国家保护海岛植被,促进海岛淡水资源的涵养;支持有居民海岛淡水储存、海水淡化和岛外淡水引入工程设施的建设。

第十八条 国家支持利用海岛开展科学研究活动。在海岛从事科学研究活动不得造成海岛及其周边海域生态系统破坏。

第十九条 国家开展海岛物种登记,依法保护和管理海岛生物物种。

第二十条　国家支持在海岛建立可再生能源开发利用、生态建设等实验基地。

第二十一条　国家安排海岛保护专项资金，用于海岛的保护、生态修复和科学研究活动。

第二十二条　国家保护设置在海岛的军事设施，禁止破坏、危害军事设施的行为。

国家保护依法设置在海岛的助航导航、测量、气象观测、海洋监测和地震监测等公益设施，禁止损毁或者擅自移动，妨碍其正常使用。

第二节　有居民海岛生态系统的保护

第二十三条　有居民海岛的开发、建设应当遵守有关城乡规划、环境保护、土地管理、海域使用管理、水资源和森林保护等法律、法规的规定，保护海岛及其周边海域生态系统。

第二十四条　有居民海岛的开发、建设应当对海岛土地资源、水资源及能源状况进行调查评估，依法进行环境影响评价。海岛的开发、建设不得超出海岛的环境容量。新建、改建、扩建建设项目，必须符合海岛主要污染物排放、建设用地和用水总量控制指标的要求。

有居民海岛的开发、建设应当优先采用风能、海洋能、太阳能等可再生能源和雨水集蓄、海水淡化、污水再生利用等技术。

有居民海岛及其周边海域应当划定禁止开发、限制开发区域，并采取措施保护海岛生物栖息地，防止海岛植被退化和生物多样性降低。

第二十五条 在有居民海岛进行工程建设，应当坚持先规划后建设、生态保护设施优先建设或者与工程项目同步建设的原则。

进行工程建设造成生态破坏的，应当负责修复；无力修复的，由县级以上人民政府责令停止建设，并可以指定有关部门组织修复，修复费用由造成生态破坏的单位、个人承担。

第二十六条 严格限制在有居民海岛沙滩建造建筑物或者设施；确需建造的，应当依照有关城乡规划、土地管理、环境保护等法律、法规的规定执行。未经依法批准在有居民海岛沙滩建造的建筑物或者设施，对海岛及其周边海域生态系统造成严重破坏的，应当依法拆除。

严格限制在有居民海岛沙滩采挖海砂；确需采挖的，应当依照有关海域使用管理、矿产资源的法律、法规的规定执行。

第二十七条 严格限制填海、围海等改变有居民海岛海岸线的行为，严格限制填海连岛工程建设；确需填海、围海改变海岛海岸线，或者填海连岛的，项目申请人应当提交项目论证报告、经批准的环境影响评价报告等申请文件，依照《中华人民共和国海域使用管理法》的规定报经批准。

本法施行前在有居民海岛建设的填海连岛工程，对海岛及其周边海域生态系统造成严重破坏的，由海岛所在省、自治区、直辖市人民政府海洋主管部门会同本级人民政府有关部门制定生态修复方案，报本级人民政府批准后组织实施。

第三节　无居民海岛的保护

第二十八条　未经批准利用的无居民海岛，应当维持现状；禁止采石、挖海砂、采伐林木以及进行生产、建设、旅游等活动。

第二十九条　严格限制在无居民海岛采集生物和非生物样本；因教学、科学研究确需采集的，应当报经海岛所在县级以上地方人民政府海洋主管部门批准。

第三十条　从事全国海岛保护规划确定的可利用无居民海岛的开发利用活动，应当遵守可利用无居民海岛保护和利用规划，采取严格的生态保护措施，避免造成海岛及其周边海域生态系统破坏。

开发利用前款规定的可利用无居民海岛，应当向省、自治区、直辖市人民政府海洋主管部门提出申请，并提交项目论证报告、开发利用具体方案等申请文件，由海洋主管部门组织有关部门和专家审查，提出审查意见，报省、自治区、直辖市人民政府审批。

无居民海岛的开发利用涉及利用特殊用途海岛，或者确需填海连岛以及其他严重改变海岛自然地形、地貌的，由国务院审批。

无居民海岛开发利用审查批准的具体办法，由国务院规定。

第三十一条　经批准开发利用无居民海岛的，应当依法缴纳使用金。但是，因国防、公务、教学、防灾减灾、非经营性公用基础设施建设和基础测绘、气象观测等公益事业使用无居民海岛的除外。

无居民海岛使用金征收使用管理办法，由国务院财政部门会同国务院海洋主管部门规定。

第三十二条　经批准在可利用无居民海岛建造建筑物或者设施，应当按照可利用无居民海岛保护和利用规划限制建筑物、设施的建设总量、高度以及与海岸线的距离，使其与周围植被和景观相协调。

第三十三条　无居民海岛利用过程中产生的废水，应当按照规定进行处理和排放。

无居民海岛利用过程中产生的固体废物，应当按照规定进行无害化处理、处置，禁止在无居民海岛弃置或者向其周边海域倾倒。

第三十四条　临时性利用无居民海岛的，不得在所利用的海岛建造永久性建筑物或者设施。

第三十五条　在依法确定为开展旅游活动的可利用无居民海岛及其周边海域，不得建造居民定居场所，不得从事生产性养殖活动；已经存在生产性养殖活动的，应当在编制可利用无居民海岛保护和利用规划中确定相应的污染防治措施。

第四节　特殊用途海岛的保护

第三十六条　国家对领海基点所在海岛、国防用途海岛、海洋自然保护区内的海岛等具有特殊用途或者特殊保护价值的海岛，实行特别保护。

第三十七条　领海基点所在的海岛，应当由海岛所在省、自治区、直辖市人民政府划定保护范围，报国务院海洋主管部门备案。领海基点及其保护范围周边应当设置明显标志。

禁止在领海基点保护范围内进行工程建设以及其他可能改变该区域地形、地貌的活动。确需进行以保护领海基点为目的的工程建设的，应当经过科学论证，报国务院海洋主管部门同意后依法办理审批手续。

禁止损毁或者擅自移动领海基点标志。

县级以上人民政府海洋主管部门应当按照国家规定，对领海基点所在海岛及其周边海域生态系统实施监视、监测。

任何单位和个人都有保护海岛领海基点的义务。发现领海基点以及领海基点保护范围内的地形、地貌受到破坏的，应当及时向当地人民政府或者海洋主管部门报告。

第三十八条　禁止破坏国防用途无居民海岛的自然地形、地貌和有居民海岛国防用途区域及其周边的地形、地貌。

禁止将国防用途无居民海岛用于与国防无关的目的。国防用途终止时，经军事机关批准后，应当将海岛及其有关生态保护的资料等一并移交该海岛所在省、自治区、直辖市人民政府。

第三十九条 国务院、国务院有关部门和沿海省、自治区、直辖市人民政府，根据海岛自然资源、自然景观以及历史、人文遗迹保护的需要，对具有特殊保护价值的海岛及其周边海域，依法批准设立海洋自然保护区或者海洋特别保护区。

第四章 监督检查

第四十条 县级以上人民政府有关部门应当依法对有居民海岛保护和开发、建设进行监督检查。

第四十一条 海洋主管部门应当依法对无居民海岛保护和合理利用情况进行监督检查。

海洋主管部门及其海监机构依法对海岛周边海域生态系统保护情况进行监督检查。

第四十二条 海洋主管部门依法履行监督检查职责，有权要求被检查单位和个人就海岛利用的有关问题作出说明，提供海岛利用的有关文件和资料；有权进入被检查单位和个人所利用的海岛实施现场检查。

检查人员在履行检查职责时，应当出示有效的执法证件。有关单位和个人对检查工作应当予以配合，如实反映情况，提供有关文件和资料等；不得拒绝或者阻碍检查工作。

第四十三条 检查人员必须忠于职守、秉公执法、清正廉洁、文明服务，并依法接受监督。在依法查处违反本法规定的行为时，发现国家机关工作人员有违法行为应当给予处分的，应当向其任免机关或者监察机关提出处分建议。

第五章　法律责任

第四十四条　海洋主管部门或者其他对海岛保护负有监督管理职责的部门，发现违法行为或者接到对违法行为的举报后不依法予以查处，或者有其他未依照本法规定履行职责的行为的，由本级人民政府或者上一级人民政府有关主管部门责令改正，对直接负责的主管人员和其他直接责任人员依法给予处分。

第四十五条　违反本法规定，改变自然保护区内海岛的海岸线，填海、围海改变海岛海岸线，或者进行填海连岛的，依照《中华人民共和国海域使用管理法》的规定处罚。

第四十六条　违反本法规定，采挖、破坏珊瑚、珊瑚礁，或者砍伐海岛周边海域红树林的，依照《中华人民共和国海洋环境保护法》的规定处罚。

第四十七条　违反本法规定，在无居民海岛采石、挖海砂、采伐林木或者采集生物、非生物样本的，由县级以上人民政府海洋主管部门责令停止违法行为，没收违法所得，可以并处二万元以下的罚款。

违反本法规定，在无居民海岛进行生产、建设活动或者组织开展旅游活动的，由县级以上人民政府海洋主管部门责令停止违法行为，没收违法所得，并处二万元以上二十万元以下的罚款。

第四十八条 违反本法规定，进行严重改变无居民海岛自然地形、地貌的活动的，由县级以上人民政府海洋主管部门责令停止违法行为，处以五万元以上五十万元以下的罚款。

第四十九条 在海岛及其周边海域违法排放污染物的，依照有关环境保护法律的规定处罚。

第五十条 违反本法规定，在领海基点保护范围内进行工程建设或者其他可能改变该区域地形、地貌活动，在临时性利用的无居民海岛建造永久性建筑物或者设施，或者在依法确定为开展旅游活动的可利用无居民海岛建造居民定居场所的，由县级以上人民政府海洋主管部门责令停止违法行为，处以二万元以上二十万元以下的罚款。

第五十一条 损毁或者擅自移动领海基点标志的，依法给予治安管理处罚。

第五十二条 破坏、危害设置在海岛的军事设施，或者损毁、擅自移动设置在海岛的助航导航、测量、气象观测、海洋监测和地震监测等公益设施的，依照有关法律、行政法规的规定处罚。

第五十三条 无权批准开发利用无居民海岛而批准，超越批准权限批准开发利用无居民海岛，或者违反海岛保护规划批准开发利用无居民海岛的，批准文件无效；对直接负责的主管人员和其他直接责任人员依法给予处分。

第五十四条　违反本法规定，拒绝海洋主管部门监督检查，在接受监督检查时弄虚作假，或者不提供有关文件和资料的，由县级以上人民政府海洋主管部门责令改正，可以处二万元以下的罚款。

第五十五条　违反本法规定，构成犯罪的，依法追究刑事责任。

造成海岛及其周边海域生态系统破坏的，依法承担民事责任。

第六章　附　　则

第五十六条　低潮高地的保护及相关管理活动，比照本法有关规定执行。

第五十七条　本法中下列用语的含义：

（一）海岛及其周边海域生态系统，是指由维持海岛存在的岛体、海岸线、沙滩、植被、淡水和周边海域等生物群落和非生物环境组成的有机复合体。

（二）无居民海岛，是指不属于居民户籍管理的住址登记地的海岛。

（三）低潮高地，是指在低潮时四面环海水并高于水面但在高潮时没入水中的自然形成的陆地区域。

（四）填海连岛，是指通过填海造地等方式将海岛与陆地或者海岛与海岛连接起来的行为。

（五）临时性利用无居民海岛，是指因公务、教学、科学调查、救灾、避险等需要而短期登临、停靠无居民海岛的行为。

第五十八条　本法自 2010 年 3 月 1 日起施行。

中华人民共和国人民防空法

（1996 年 10 月 29 日第八届全国人民代表大会常务委员会第二十二次会议通过　根据 2009 年 8 月 27 日第十一届全国人民代表大会常务委员会第十次会议《关于修改部分法律的决定》修正）

第一章　总　　则

第一条　为了有效地组织人民防空，保护人民的生命和财产安全，保障社会主义现代化建设的顺利进行，制定本法。

第二条　人民防空是国防的组成部分。国家根据国防需要，动员和组织群众采取防护措施，防范和减轻空袭危害。

人民防空实行长期准备、重点建设、平战结合的方针，贯彻与经济建设协调发展、与城市建设相结合的原则。

第三条　县级以上人民政府应当将人民防空建设纳入国民经济和社会发展计划。

第四条　人民防空经费由国家和社会共同负担。

中央负担的人民防空经费，列入中央预算；县级以上地方各级人民政府负担的人民防空经费，列入地方各级预算。

有关单位应当按照国家规定负担人民防空费用。

第五条 国家对人民防空设施建设按照有关规定给予优惠。

国家鼓励、支持企业事业组织、社会团体和个人，通过多种途径，投资进行人民防空工程建设；人民防空工程平时由投资者使用管理，收益归投资者所有。

第六条 国务院、中央军事委员会领导全国的人民防空工作。

大军区根据国务院、中央军事委员会的授权领导本区域的人民防空工作。

县级以上地方各级人民政府和同级军事机关领导本行政区域的人民防空工作。

第七条 国家人民防空主管部门管理全国的人民防空工作。

大军区人民防空主管部门管理本区域的人民防空工作。

县级以上地方各级人民政府人民防空主管部门管理本行政区域的人民防空工作。

中央国家机关人民防空主管部门管理中央国家机关的人民防空工作。

人民防空主管部门的设置、职责和任务，由国务院、中央军事委员会规定。

县级以上人民政府的计划、规划、建设等有关部门在各自的职责范围内负责有关的人民防空工作。

第八条 一切组织和个人都有得到人民防空保护的权利,都必须依法履行人民防空的义务。

第九条 国家保护人民防空设施不受侵害。禁止任何组织或者个人破坏、侵占人民防空设施。

第十条 县级以上人民政府和军事机关对在人民防空工作中做出显著成绩的组织或者个人,给予奖励。

第二章 防护重点

第十一条 城市是人民防空的重点。国家对城市实行分类防护。

城市的防护类别、防护标准,由国务院、中央军事委员会规定。

第十二条 城市人民政府应当制定防空袭方案及实施计划,必要时可以组织演习。

第十三条 城市人民政府应当制定人民防空工程建设规划,并纳入城市总体规划。

第十四条 城市的地下交通干线以及其他地下工程的建设,应当兼顾人民防空需要。

第十五条 为战时储备粮食、医药、油料和其他必需物资的工程,应当建在地下或者其他隐蔽地点。

第十六条 对重要的经济目标,有关部门必须采取有效防护措施,并制定应急抢险抢修方案。

前款所称重要的经济目标,包括重要的工矿企业、科研基地、交通枢纽、通信枢纽、桥梁、水库、仓库、电站等。

第十七条 人民防空主管部门应当依照规定对城市和经济目标的人民防空建设进行监督检查。被检查单位应当如实提供情况和必要的资料。

第三章 人民防空工程

第十八条 人民防空工程包括为保障战时人员与物资掩蔽、人民防空指挥、医疗救护等而单独修建的地下防护建筑，以及结合地面建筑修建的战时可用于防空的地下室。

第十九条 国家对人民防空工程建设，按照不同的防护要求，实行分类指导。

国家根据国防建设的需要，结合城市建设和经济发展水平，制定人民防空工程建设规划。

第二十条 建设人民防空工程，应当在保证战时使用效能的前提下，有利于平时的经济建设、群众的生产生活和工程的开发利用。

第二十一条 人民防空指挥工程、公用的人员掩蔽工程和疏散干道工程由人民防空主管部门负责组织修建；医疗救护、物资储备等专用工程由其他有关部门负责组织修建。

有关单位负责修建本单位的人员与物资掩蔽工程。

第二十二条 城市新建民用建筑，按照国家有关规定修建战时可用于防空的地下室。

第二十三条　人民防空工程建设的设计、施工、质量必须符合国家规定的防护标准和质量标准。

人民防空工程专用设备的定型、生产必须符合国家规定的标准。

第二十四条　县级以上人民政府有关部门对人民防空工程所需的建设用地应当依法予以保障；对人民防空工程连接城市的道路、供电、供热、供水、排水、通信等系统的设施建设，应当提供必要的条件。

第二十五条　人民防空主管部门对人民防空工程的维护管理进行监督检查。

公用的人民防空工程的维护管理由人民防空主管部门负责。

有关单位应当按照国家规定对已经修建或者使用的人民防空工程进行维护管理，使其保持良好使用状态。

第二十六条　国家鼓励平时利用人民防空工程为经济建设和人民生活服务。平时利用人民防空工程，不得影响其防空效能。

第二十七条　任何组织或者个人不得进行影响人民防空工程使用或者降低人民防空工程防护能力的作业，不得向人民防空工程内排入废水、废气和倾倒废弃物，不得在人民防空工程内生产、储存爆炸、剧毒、易燃、放射性和腐蚀性物品。

第二十八条　任何组织或者个人不得擅自拆除本法第

二十一条规定的人民防空工程；确需拆除的，必须报经人民防空主管部门批准，并由拆除单位负责补建或者补偿。

第四章　通信和警报

第二十九条　国家保障人民防空通信、警报的畅通，以迅速准确地传递、发放防空警报信号，有效地组织、指挥人民防空。

第三十条　国家人民防空主管部门负责制定全国的人民防空通信、警报建设规划，组织全国的人民防空通信、警报网的建设和管理。

县级以上地方各级人民政府人民防空主管部门负责制定本行政区域的人民防空通信、警报建设规划，组织本行政区域人民防空通信、警报网的建设和管理。

第三十一条　邮电部门、军队通信部门和人民防空主管部门应当按照国家规定的任务和人民防空通信、警报建设规划，对人民防空通信实施保障。

第三十二条　人民防空主管部门建设通信、警报网所需的电路、频率，邮电部门、军队通信部门、无线电管理机构应当予以保障；安装人民防空通信、警报设施，有关单位或者个人应当提供方便条件，不得阻挠。

国家用于人民防空通信的专用频率和防空警报音响信号，任何组织或者个人不得占用、混同。

第三十三条　通信、广播、电视系统，战时必须优先

三、边防、海防、空防和其他重大安全领域防卫

传递、发放防空警报信号。

第三十四条 军队有关部门应当向人民防空主管部门通报空中情报，协助训练有关专业人员。

第三十五条 人民防空通信、警报设施必须保持良好使用状态。

设置在有关单位的人民防空警报设施，由其所在单位维护管理，不得擅自拆除。

县级以上地方各级人民政府根据需要可以组织试鸣防空警报；并在试鸣的五日以前发布公告。

第三十六条 人民防空通信、警报设施平时应当为抢险救灾服务。

第五章 疏 散

第三十七条 人民防空疏散由县级以上人民政府统一组织。

人民防空疏散必须根据国家发布的命令实施，任何组织不得擅自行动。

第三十八条 城市人民防空疏散计划，由县级以上人民政府根据需要组织有关部门制定。

预定的疏散地区，在本行政区域内的，由本级人民政府确定；跨越本行政区域的，由上一级人民政府确定。

第三十九条 县级以上人民政府应当组织有关部门和单位，做好城市疏散人口安置和物资储运、供应的准备工作。

第四十条　农村人口在有必要疏散时,由当地人民政府按照就近的原则组织实施。

第六章　群众防空组织

第四十一条　县级以上地方各级人民政府应当根据人民防空的需要,组织有关部门建立群众防空组织。

群众防空组织战时担负抢险抢修、医疗救护、防火灭火、防疫灭菌、消毒和消除沾染、保障通信联络、抢救人员和抢运物资、维护社会治安等任务,平时应当协助防汛、防震等部门担负抢险救灾任务。

第四十二条　群众防空组织由下列部门负责组建:

(一)城建、公用、电力等部门组建抢险抢修队;

(二)卫生、医药部门组建医疗救护队;

(三)公安部门组建消防队、治安队;

(四)卫生、化工、环保等部门组建防化防疫队;

(五)邮电部门组建通信队;

(六)交通运输部门组建运输队。

红十字会组织依法进行救护工作。

第四十三条　群众防空组织所需装备、器材和经费由人民防空主管部门和组建单位提供。

第四十四条　群众防空组织应当根据人民防空主管部门制定的训练大纲和训练计划进行专业训练。

第七章 人民防空教育

第四十五条 国家开展人民防空教育,使公民增强国防观念,掌握人民防空的基本知识和技能。

第四十六条 国家人民防空主管部门负责组织制定人民防空教育计划,规定教育内容。

在校学生的人民防空教育,由各级教育主管部门和人民防空主管部门组织实施。

国家机关、社会团体、企业事业组织人员的人民防空教育,由所在单位组织实施;其他人员的人民防空教育,由城乡基层人民政府组织实施。

第四十七条 新闻、出版、广播、电影、电视、文化等有关部门应当协助开展人民防空教育。

第八章 法 律 责 任

第四十八条 城市新建民用建筑,违反国家有关规定不修建战时可用于防空的地下室的,由县级以上人民政府人民防空主管部门对当事人给予警告,并责令限期修建,可以并处十万元以下的罚款。

第四十九条 有下列行为之一的,由县级以上人民政府人民防空主管部门对当事人给予警告,并责令限期改正违法行为,可以对个人并处五千元以下的罚款、对单位并处一万元至五万元的罚款；造成损失的，应当依法赔偿损失：

（一）侵占人民防空工程的；

（二）不按照国家规定的防护标准和质量标准修建人民防空工程的；

（三）违反国家有关规定，改变人民防空工程主体结构、拆除人民防空工程设备设施或者采用其他方法危害人民防空工程的安全和使用效能的；

（四）拆除人民防空工程后拒不补建的；

（五）占用人民防空通信专用频率、使用与防空警报相同的音响信号或者擅自拆除人民防空通信、警报设备设施的；

（六）阻挠安装人民防空通信、警报设施，拒不改正的；

（七）向人民防空工程内排入废水、废气或者倾倒废弃物的。

第五十条 违反本法规定，故意损坏人民防空设施或者在人民防空工程内生产、储存爆炸、剧毒、易燃、放射性等危险品，尚不构成犯罪的，依照治安管理处罚法的有关规定处罚；构成犯罪的，依法追究刑事责任。

第五十一条 人民防空主管部门的工作人员玩忽职守、滥用职权、徇私舞弊或者有其他违法、失职行为构成犯罪的，依法追究刑事责任；尚不构成犯罪的，依法给予行政处分。

第九章　附　　则

第五十二条　省、自治区、直辖市人民代表大会常务委员会可以根据本法制定实施办法。

第五十三条　本法自 1997 年 1 月 1 日起施行。

四、国防科研生产

武器装备科研生产许可管理条例

(2008年3月6日中华人民共和国国务院、中华人民共和国中央军事委员会令第521号公布 自2008年4月1日起施行)

第一章 总 则

第一条 为了维护武器装备科研生产秩序,加强武器装备科研生产安全保密管理,保证武器装备质量合格稳定,满足国防建设的需要,制定本条例。

第二条 国家对列入武器装备科研生产许可目录(以下简称许可目录)的武器装备科研生产活动实行许可管理。但是,专门的武器装备科学研究活动除外。

许可目录由国务院国防科技工业主管部门会同中国人民解放军总装备部(以下简称总装备部)和军工电子行业主管部门共同制定,并适时调整。许可目录的制定和调整,应当征求国务院有关部门和军队有关部门的意见。

武器装备科研生产许可,应当在许可目录所确定的范围内实行分类管理。

第三条 未取得武器装备科研生产许可，不得从事许可目录所列的武器装备科研生产活动。但是，经国务院、中央军事委员会批准的除外。

第四条 武器装备科研生产许可管理，应当遵循统筹兼顾、合理布局、鼓励竞争、安全保密的原则。

第五条 国务院国防科技工业主管部门，依照本条例规定对全国的武器装备科研生产许可实施监督管理。

总装备部协同国务院国防科技工业主管部门对全国的武器装备科研生产许可实施监督管理。

省、自治区、直辖市人民政府负责国防科技工业管理的部门，依照本条例规定对本行政区域的武器装备科研生产许可实施监督管理。

第六条 取得武器装备科研生产许可的单位，应当在许可范围内从事武器装备科研生产活动，按照国家要求或者合同约定提供合格的科研成果和武器装备。

第二章 许可程序

第七条 申请武器装备科研生产许可的单位，应当符合下列条件：

（一）具有法人资格；

（二）有与申请从事的武器装备科研生产活动相适应的专业技术人员；

（三）有与申请从事的武器装备科研生产活动相适应的

科研生产条件和检验检测、试验手段；

（四）有与申请从事的武器装备科研生产活动相适应的技术和工艺；

（五）经评定合格的质量管理体系；

（六）与申请从事的武器装备科研生产活动相适应的安全生产条件；

（七）有与申请从事的武器装备科研生产活动相适应的保密资格。

第八条 申请武器装备科研生产许可的单位，应当向所在地的省、自治区、直辖市人民政府负责国防科技工业管理的部门提出申请。

许可目录规定应当向国务院国防科技工业主管部门申请武器装备科研生产许可的，应当直接向国务院国防科技工业主管部门提出申请，并将申请材料同时报送总装备部。

第九条 国务院国防科技工业主管部门和省、自治区、直辖市人民政府负责国防科技工业管理的部门收到申请后，应当依照《中华人民共和国行政许可法》规定的程序办理。

第十条 省、自治区、直辖市人民政府负责国防科技工业管理的部门组织对申请单位进行审查，应当征求中国人民解放军派驻的军事代表机构（以下简称军事代表机构）的意见，并自受理申请之日起 30 日内完成审查，将审查意见和全部申请材料报送国务院国防科技工业主管部门，同时报送总装备部。

第十一条 国务院国防科技工业主管部门受理申请后，

应当进行审查，并自受理申请之日起60日内或者自收到省、自治区、直辖市人民政府负责国防科技工业管理的部门报送的审查意见和全部申请材料之日起30日内，做出决定。做出准予许可决定的，应当自做出决定之日起10日内向提出申请的单位颁发武器装备科研生产许可证；做出不准予许可决定的，应当书面通知提出申请的单位，并说明理由。

国务院国防科技工业主管部门在做出决定前，应当书面征求总装备部的意见，总装备部应当在10日内回复意见。

第十二条　国务院国防科技工业主管部门根据国家武器装备科研生产能力布局的要求，按照武器装备科研生产的实际需要，经征求总装备部意见，可以对有特殊要求的武器装备科研生产许可做出数量限制。

第十三条　武器装备科研生产许可证应当载明单位名称、法定代表人、许可专业或者产品名称、证书编号、发证日期、有效期等相关内容。

武器装备科研生产许可证格式由国务院国防科技工业主管部门规定。

第十四条　取得武器装备科研生产许可的单位应当妥善保管武器装备科研生产许可证，严格保密管理，不得泄露武器装备科研生产许可证载明的相关内容。

第十五条　取得武器装备科研生产许可的单位应当在武器装备科研生产合同、产品出厂证书上标注武器装备科研生产许可证编号。

第十六条　任何单位和个人不得伪造、变造武器装备科研生产许可证。取得武器装备科研生产许可的单位不得出租、出借或者以其他方式转让武器装备科研生产许可证。

第十七条　国务院国防科技工业主管部门和省、自治区、直辖市人民政府负责国防科技工业管理的部门，应当将办理武器装备科研生产许可的有关材料及时归档，并妥善保存，严格保密。

第十八条　取得武器装备科研生产许可并承担武器装备科研生产任务的单位，应当接受军事代表机构的监督。

第三章　保密管理

第十九条　取得武器装备科研生产许可的单位应当遵守国家保密法律、法规和有关规定，建立健全保密管理制度，按照积极防范、突出重点、严格标准、明确责任的原则，对落实保密管理制度的情况进行定期或者不定期的检查，及时研究解决保密工作中的问题。

第二十条　取得武器装备科研生产许可的单位应当建立保密管理领导责任制，其主要负责人应当加强对本单位保密工作的组织领导，切实履行保密职责和义务。

第二十一条　取得武器装备科研生产许可的单位应当设立保密工作机构，配备保密管理人员。

保密管理人员应当熟悉国家保密法律、法规和有关规定，具备保密管理工作能力，掌握保密技术基础知识，并经过必要的培训、考核。

第二十二条 取得武器装备科研生产许可的单位应当与承担武器装备科研生产任务的涉及国家秘密人员签订岗位保密责任书，明确岗位保密责任，并对其进行经常性的保密教育培训。

涉及国家秘密人员应当熟悉国家保密法律、法规和有关规定，严格按照岗位保密责任书的要求，履行保密义务。

第二十三条 取得武器装备科研生产许可的单位应当依照国家保密法律、法规和有关规定，制作、收发、传递、使用、复制、保存和销毁国家秘密载体，严格控制接触国家秘密载体的人员范围。

第二十四条 取得武器装备科研生产许可的单位应当采取措施，在涉及国家秘密的要害部门、部位设置安全可靠的保密防护设施。

第二十五条 取得武器装备科研生产许可的单位应当依照国家保密法律、法规和有关规定对涉及国家秘密的计算机和信息系统采取安全保密防护措施，不得使用无安全保密保障的设备处理、传输、存储国家秘密信息。

第二十六条 取得武器装备科研生产许可的单位举办涉及国家秘密的重大会议或者活动，应当制订专项保密工作方案，并确定专人负责保密工作。涉及国家秘密的会议必须在有安全保密保障措施的场所进行，并严格控制与会人员的范围。

第二十七条 取得武器装备科研生产许可的单位在对外交流、合作和谈判等活动中，应当保守国家秘密，对外提供有关文件资料和实物样品,必须按照规定的程序事先经过批准。

第二十八条 取得武器装备科研生产许可的单位应当依照国家保密法律、法规和有关规定建立保密档案制度,对涉及国家秘密人员的管理、泄密事件查处等情况进行记录,及时归档,并对涉及国家秘密的档案实施有效管理。

第四章 法律责任

第二十九条 未依照本条例规定申请取得武器装备科研生产许可,擅自从事许可目录范围内武器装备科研生产活动的,责令停止违法行为,没收违法生产的产品,并处违法生产产品货值金额1倍以上3倍以下罚款;有违法所得的,没收违法所得。

第三十条 取得武器装备科研生产许可的单位,出租、出借或者以其他方式转让武器装备科研生产许可证的,处10万元罚款;情节严重的,吊销武器装备科研生产许可证。违法接受并使用他人提供的武器装备科研生产许可证的,责令停止武器装备生产活动,没收违法生产的产品,并处违法生产产品货值金额1倍以上3倍以下罚款;有违法所得的,没收违法所得。

第三十一条 伪造、变造武器装备科研生产许可证的,责令停止违法行为,处10万元罚款;有违法所得的,没收违法所得。

第三十二条 以欺骗、贿赂等不正当手段取得武器装备科研生产许可的,处 5 万元以上 20 万元以下罚款,并依照《中华人民共和国行政许可法》的有关规定处理。

第三十三条 国务院国防科技工业主管部门和省、自治区、直辖市人民政府负责国防科技工业管理的部门及其工作人员违反本条例规定,有下列情形之一的,由同级监察机关责令改正;情节严重的,对直接负责的主管人员和其他直接责任人员依法给予处分:

(一) 对符合本条例规定条件的申请不予受理的;

(二) 未依法说明不准予许可的理由的。

第三十四条 国务院国防科技工业主管部门和省、自治区、直辖市人民政府负责国防科技工业管理的部门有下列情形之一的,由同级监察机关责令改正,对直接负责的主管人员和其他直接责任人员依法给予处分:

(一) 对不符合本条例规定条件的申请人准予许可或者超越法定职权做出准予许可决定的;

(二) 对符合本条例规定条件的申请人不准予许可或者不在法定期限内做出准予许可决定的;

(三) 发现未依照本条例规定申请取得武器装备科研生产许可而擅自从事列入许可目录的武器装备科研生产活动,不及时依法查处的。

第三十五条 取得武器装备科研生产许可的单位违反本条例第十九条、第二十条、第二十一条、第二十二条、第二十八条规定的,责令限期改正;逾期未改正的,处 5 万元以上20万元以下罚款，对直接负责的主管人员和其他直接责任人员依法给予处分。

第三十六条 取得武器装备科研生产许可的单位违反本条例第二十三条、第二十四条、第二十五条、第二十六条、第二十七条规定的，责令改正，处5万元以上20万元以下罚款，对直接负责的主管人员和其他直接责任人员依法给予处分；情节严重的，责令停业整顿直至吊销武器装备科研生产许可证。

第三十七条 取得武器装备科研生产许可的单位违反本条例规定，被吊销武器装备科研生产许可证的，在3年内不得再次申请武器装备科研生产许可。

第三十八条 本条例规定的行政处罚，由国务院国防科技工业主管部门实施。

第三十九条 违反本条例规定，构成犯罪的，依法追究刑事责任。

第五章 附 则

第四十条 依照本条例规定实施武器装备科研生产许可，不得收取任何费用。

第四十一条 本条例施行前已经从事武器装备科研生产活动的单位应当自本条例施行之日起，在国务院国防科技工业主管部门规定的期限内，依照本条例规定申请取得武器装备科研生产许可。

第四十二条 军工电子行业科研生产许可管理,由其主管部门参照本条例规定执行。

第四十三条 本条例自 2008 年 4 月 1 日起施行。

民兵武器装备管理条例

(1995 年 6 月 3 日中华人民共和国国务院、中华人民共和国中央军事委员会令第 178 号发布 根据 2011 年 1 月 8 日《国务院关于废止和修改部分行政法规的决定》修订)

第一章 总 则

第一条 为了加强民兵武器装备管理,保障民兵完成作战、执勤、训练等项任务,制定本条例。

第二条 本条例所称民兵武器装备,是指配备给民兵使用和储存的武器、弹药和军事技术器材。

第三条 民兵武器装备管理工作的基本任务是保证民兵武器装备经常处于良好的技术状态,防止发生丢失、被盗等事故,确保安全,保障民兵能随时用于执行任务。

第四条 全国的民兵武器装备管理工作在国务院、中央军事委员会领导下,由中国人民解放军总参谋部(以下简称总参谋部)主管。

军区、省军区（含卫戍区、警备区，下同）、军分区（含警备区，下同）、县（含自治县、不设区的市、市辖区，下同）人民武装部和乡（含民族乡、镇，下同）人民武装部、企业事业单位人民武装部，负责本地区或者本单位的民兵武器装备管理工作。

第五条 地方各级人民政府必须加强对民兵武器装备管理工作的领导，督促有关单位做好民兵武器装备管理工作。

地方各级人民政府有关部门，应当协助军事机关做好民兵武器装备管理工作，解决有关问题。

企业事业单位应当按照当地人民政府和本地区军事机关的要求，把民兵武器装备管理工作纳入管理计划，做好各项工作。

第六条 民兵武器装备管理，应当贯彻艰苦奋斗、勤俭建军的方针，实行管理科学化、制度化，管好现有武器装备，立足于民兵使用现有武器装备完成各项任务。

第二章 职责与分工

第七条 军区、省军区、军分区、县人民武装部、乡人民武装部、企业事业单位人民武装部管理民兵武器装备，履行下列职责：

（一）根据本条例和上级军事机关有关民兵武器装备管理的规定，制定本地区或者本单位民兵武器装备管理的规章制度；

（二）组织、督促所属单位和人员执行民兵武器装备管理法规和规章制度，建立和保持良好的管理秩序；

（三）选配和培训民兵武器装备看管人员和技术人员；

（四）教育民兵武器装备的看管人员和使用人员管好用好武器装备；

（五）做好民兵武器装备的安全和防止事故工作；

（六）掌握民兵武器装备管理情况，及时报告并解决管理中的问题；

（七）完成上级军事机关赋予的与民兵武器装备管理有关的其他工作。

第八条 民兵武器装备的看管人员和使用人员应当履行下列职责：

（一）遵守民兵武器装备管理法规和规章制度；

（二）熟悉民兵武器装备性能，做到会使用、会保养、会检查、会排除一般故障；

（三）保守民兵武器装备秘密；

（四）做好民兵武器装备的安全和防止事故工作；

（五）看管和使用民兵武器装备的其他有关职责。

第九条 民兵武器装备的配备、补充、调整、动用、封存等组织计划工作，由军事机关司令部门负责。

第十条 民兵武器装备的储存保管、技术鉴定、维护修理等技术管理工作，按照职责分工，由军事机关的司令部门或者装备技术部门负责。

第三章　配备与补充

第十一条　民兵武器装备的配备与补充，由总参谋部统一规划。军区、省军区、军分区和县人民武装部，根据上级的规划，制定本地区的配备与补充计划，并组织实施。

第十二条　民兵武器装备的配备，应当根据基干民兵的组建计划和战备、执勤、训练等项任务的需要，做到保障重点，合理布局。

第十三条　民兵配属部队执行作战、支前任务所需的武器装备，由县人民武装部配发；到达部队后，由所在部队按照损耗补充。

第十四条　民兵武器装备的调整，按照管辖范围，分别由县人民武装部、军分区、省军区、军区批准；超出管辖范围的，由上级军事机关批准；调出民兵系统的，由总参谋部批准。

第十五条　民兵武器装备的制造、装配、接收、购置，必须经总参谋部批准。

第四章　保管与使用

第十六条　民兵武器装备的保管，应当符合技术和战备、安全的要求，建立健全值班、交接、登记、检查、保养等制度，做到无丢失、无损坏、无锈蚀、无霉烂变质。

武器、弹药应当分开存放。

第十七条 民兵武器装备,应当集中在县以上民兵武器装备仓库保管;因战备、值勤的需要,经省军区批准,可以由乡人民武装部、企业事业单位或者民兵值勤点保管。

配备给乡、企业事业单位的高射机枪和火炮,由乡人民武装部、企业事业单位保管。

第十八条 省军区、军分区民兵武器装备仓库的管理,除依照本条例执行外,并应当执行中国人民解放军军械仓库业务管理的有关规定;县以下民兵武器装备仓库的管理,除依照本条例执行外,并应当执行上级军事机关的有关规定。

第十九条 保管民兵武器装备的乡人民武装部、企业事业单位必须有牢固的库房、枪柜(箱、架)和可靠的安全设施,配备专职看管人员。

第二十条 民兵武器装备仓库是国家的军事设施,地方各级人民政府和军事机关应当依照《中华人民共和国军事设施保护法》做好保护工作。

第二十一条 掌握武器装备的民兵和民兵武器装备仓库的看管人员,应当由人民武装部门按照有关规定审查批准,并报上一级军事机关备案。

第二十二条 省军区、军分区和县、乡人民武装部民兵武器装备仓库的新建、扩建和改建,应当纳入地方基本建设计划统筹安排,所需经费由同级人民政府解决。企业事业单位民兵武器装备仓库的修建和改建所需的经费,按照国家有关规定解决。

省军区、军分区民兵武器装备仓库的职工工资、公务事业费和福利费等,从国防费中开支;县民兵武器装备仓库的维修费、业务费和职工工资等,按照国家的有关规定执行。

第二十三条 平时启用封存的民兵武器装备,应当经过批准。启用简易封存的民兵武器装备,由军分区以上军事机关批准;启用新品和长期封存的民兵武器装备,由省军区以上军事机关批准。

第二十四条 高等院校学生军事训练用的教练枪,应当按照规定经过批准,由当地县人民武装部提供,由院校负责保管。

学生军事训练用的教练枪,必须经过技术处理,使其不能用于实弹射击。

第二十五条 高等院校、高级中学和相当于高级中学的学校学生军事训练所需的实弹射击用枪,由当地县人民武装部提供并负责管理。

第二十六条 民兵配合部队执行任务或者配合公安机关维护社会治安,需要动用民兵武器装备时,应当按照有关规定执行。

第二十七条 民兵武器装备,不得擅自借出。因执勤、训练需要借用配发给民兵或者民兵组织的武器装备的,必须报经县人民武装部批准。借用县以上民兵武器装备仓库保管的民兵武器装备,必须报上一级军事机关批准。

第二十八条 保管与使用民兵武器、弹药的,必须遵守下列规定：

（一）不准随意射击、投掷；

（二）不准用与武器非配用的弹药射击；

（三）不准持武器、弹药打闹；

（四）不准随意拆卸武器、弹药和改变其性能；

（五）不准擅自借出武器、弹药；

（六）不准擅自动用武器、弹药打猎；

（七）不准擅自携带武器、弹药；

（八）不准动用武器、弹药参加械斗和参与处理民间纠纷。

第二十九条 因执行任务需要，按照规定配发给个人的民兵武器、弹药，实行持枪证和持枪通行证制度。持枪证和持枪通行证式样及使用办法，由总参谋部规定。

第三十条 民兵弹药的使用，应当执行用旧存新、用零存整的原则。军事训练、武器修理、试验等剩余的弹药，必须交回县以上民兵武器装备仓库保管，列入本年度装备实力统计，任何单位或者个人不得私自留存。

第三十一条 民兵、学生军事训练所需弹药，由总参谋部规定标准和下达指标，逐级进行分配。

第三十二条 经中央军事委员会或者总参谋部批准，民兵为外国人进行军事表演所需弹药，由省军区拨给。

第三十三条 修理、试验民兵武器和进行试验、化验所需要的弹药，按照中国人民解放军有关标准执行，由省军区装备技术部批准拨给；未设装备技术部的，由司令部批准拨给。

第三十四条　严禁挪用、出租、交换民兵武器装备。

未经中央军事委员会或者总参谋部批准，不得馈赠、出售民兵武器装备。

第三十五条　未经总参谋部批准，不得动用民兵武器装备从事生产经营活动。

第三十六条　发生民兵武器装备丢失、被盗等事故时，应当立即向当地军事机关和人民政府报告，并迅速处理。

军事机关必须及时逐级上报总参谋部。

第五章　修理与报废

第三十七条　县人民武装部负责修理其管理的民兵武器装备，企业事业单位负责修理其保管的民兵武器装备；无力修理的，由军分区、省军区、军区修械所（厂）修理。其中，弹药的修理，由省军区民兵武器装备仓库负责；无力修理的，由军区司令部门安排修理。

民兵武器装备维修所需的经费，从民兵事业费的装备管理维修费中开支。

第三十八条　军分区、省军区修械所负责修理民兵武器装备和军分区、省军区直属分队的武器装备。其职工工资、公务事业费和福利费等从国防费中开支。

第三十九条　民兵武器装备的分级和转级，按照中国人民解放军有关规定执行。

第四十条　民兵武器装备的报废，应当经过批准。报废的批准和处理权限，由总参谋部规定。

民兵武器装备的报废处理规则，按照中国人民解放军有关规定执行。

有重要历史意义的民兵武器装备，应当妥善保管，不得自行处理。

第四十一条 严禁将民兵武器装备管理维修费、民兵武器装备维修材料或者备件挪作他用。

第六章 奖励与惩处

第四十二条 符合下列条件之一的单位和个人，由人民政府、军事机关给予奖励：

（一）同抢劫、盗窃、破坏民兵武器装备以及其他危害民兵武器装备的行为进行斗争的；

（二）在危险事故中抢救或者保护民兵武器装备，或者避免危险事故发生的；

（三）长期在基层从事民兵武器装备管理工作或者在民兵武器装备维修等项工作中，完成任务出色的；

（四）在民兵武器装备管理工作中从事危险作业，圆满完成任务的；

（五）在民兵武器装备管理工作中严格执行各项规章制度，成绩突出的。

第四十三条 有下列行为之一的，依法给予行政处分；属于违反治安管理行为的，依照治安管理处罚法的有关规定处罚；构成犯罪的，依法追究刑事责任：

（一）私藏、盗窃、抢劫、破坏民兵武器装备，或者利用民兵武器装备进行违法活动的；

（二）擅自制造、装配、接收、购置民兵武器装备或者擅自挪用、出租、交换、馈赠、出售、携带、留存、动用、借出民兵武器装备的；

（三）挪用民兵装备管理维修费、武器装备维修材料或者备件的；

（四）玩忽职守，致使民兵武器装备丢失、被盗或者损坏、锈蚀、霉烂变质，影响使用的；

（五）违反民兵武器装备操作规程和使用规定，造成后果的；

（六）在民兵武器装备受到抢劫、盗窃、破坏时，不采取制止和保护措施，致使武器装备遭受损失的；

（七）对民兵武器装备事故隐瞒不报的；

（八）有违反本条例的其他行为的。

第四十四条 有本条例第四十三条所列行为之一的单位，除对主管负责人员和直接责任人员给予行政处分、行政处罚或者依法追究刑事责任外，应当对该单位给予通报批评，并限期改正。

第七章 附 则

第四十五条 民兵通信装备、工兵装备、防化装备的管理办法,由总参谋部根据本条例制定。

省、自治区、直辖市人民政府和省军区可以根据本条例,制定本地区民兵武器装备管理的具体办法。

第四十六条 本条例自发布之日起施行。

军工关键设备设施管理条例

(2011年6月24日中华人民共和国国务院、中华人民共和国中央军事委员会令第598号公布 自2011年10月1日起施行)

第一条 为了保持和提高国防科研生产能力,加强军工关键设备设施的管理,保障军工关键设备设施的安全、完整和有效使用,制定本条例。

第二条 本条例所称军工关键设备设施,是指直接用于武器装备科研生产的重要的实验设施、工艺设备、试验及测试设备等专用的军工设备设施。

军工关键设备设施的目录,由国务院国防科技工业主管部门会同军队武器装备主管部门、国务院国有资产监督管理机构和国务院有关部门制定。

第三条 国家对军工关键设备设施实行登记管理,对使用国家财政资金购建的用于武器装备总体、关键分系统、核心配套产品科研生产的军工关键设备设施的处置实行审批管理。

第四条 国务院国防科技工业主管部门会同国务院有关部门依照本条例规定,对全国军工关键设备设施进行管理。

省、自治区、直辖市人民政府负责国防科技工业管理的部门会同同级有关部门依照本条例规定,对有关军工关键设备设施进行管理。

第五条 军工关键设备设施管理,应当遵循严格责任、分工负责、方便有效的原则。

第六条 占有、使用军工关键设备设施的企业、事业单位(以下简称企业、事业单位)及其工作人员,负责军工关键设备设施管理的部门、单位及其工作人员,对知悉的国家秘密和商业秘密负有保密义务。

第七条 中央管理的企业负责办理所属单位军工关键设备设施的登记。国务院教育主管部门负责办理所属高等学校军工关键设备设施的登记。中国科学院负责办理所属科研机构军工关键设备设施的登记。

省、自治区、直辖市人民政府负责国防科技工业管理的部门负责办理本行政区域内前款规定以外的企业、事业单位军工关键设备设施的登记。

第八条 企业、事业单位应当自军工关键设备设施投入使用之日起30日内向负责登记的部门、单位提交载明下列内容的文件材料,办理登记手续:

(一)企业、事业单位的名称、住所等基本情况;

（二）军工关键设备设施的名称、产地、价值、性能、状态、资金来源、权属等基本情况。

企业、事业单位应当对其提交的文件材料的真实性负责。

第九条 负责登记的部门、单位应当自收到提交的文件材料之日起 30 日内办结登记，并对军工关键设备设施赋予专用代码。

第十条 军工关键设备设施登记的具体内容和专用代码，由国务院国防科技工业主管部门统一规定和分配。

第十一条 企业、事业单位占有、使用的军工关键设备设施损毁、报废、灭失或者权属发生变更的，应当自上述事实发生之日起 30 日内向负责登记的部门、单位报告。负责登记的部门、单位应当及时变更登记信息。

第十二条 负责登记的部门、单位应当按照国务院国防科技工业主管部门的规定将登记信息报送国务院国防科技工业主管部门。

国务院国防科技工业主管部门和负责登记的部门、单位可以根据需要，对登记信息进行核查。

第十三条 企业、事业单位应当建立健全军工关键设备设施使用管理制度，保证军工关键设备设施的安全、完整和有效使用，并对其占有、使用的军工关键设备设施的名称、规格、性能、状态、数量、权属等基本情况作完整记录。

第十四条 企业、事业单位应当按照国务院国防科技工业主管部门的规定,在需要特殊管控的军工关键设施外围划定安全控制范围,并在其外沿设置安全警戒标志。

第十五条 企业、事业单位改变其占有、使用的军工关键设备设施的用途的,应当向负责登记的部门、单位提交有关文件材料,办理补充登记。负责登记的部门、单位应当按照国务院国防科技工业主管部门的规定向国务院国防科技工业主管部门报送补充登记信息。

企业、事业单位改变使用国家财政资金购建的军工关键设备设施的用途,影响武器装备科研生产任务完成的,国务院国防科技工业主管部门应当及时予以纠正。

第十六条 企业、事业单位拟通过转让、租赁等方式处置使用国家财政资金购建的用于武器装备总体、关键分系统、核心配套产品科研生产的军工关键设备设施,应当经国务院国防科技工业主管部门批准。申请批准应当提交载明下列内容的文件材料:

(一)军工关键设备设施的名称、数量、价值、性能、使用等情况;

(二)不影响承担武器装备科研生产任务的情况说明;

(三)处置的原因及方式;

(四)受让人或者承租人的基本情况。

第十七条 国务院国防科技工业主管部门应当自收到处置申请之日起30日内,作出批准或者不予批准的决定。作出批准决定的,国务院国防科技工业主管部门应当向申请人颁发批准文件;作出不予批准决定的,国务院国防科技工业主管部门应当书面通知申请人，并说明理由。

国务院国防科技工业主管部门作出批准或者不予批准的决定，应当征求军队武器装备主管部门、国务院国有资产监督管理机构和国务院有关部门的意见。涉及国防科研生产能力、结构和布局调整的，应当按照国家有关规定会同军队武器装备主管部门、国务院国有资产监督管理机构和国务院有关部门，作出批准或者不予批准的决定。

企业、事业单位取得批准文件后，应当依照本条例第十一条的规定及时向负责登记的部门、单位报告。

第十八条 国有资产监督管理机构等有关部门依照法定职责和程序决定企业、事业单位合并、分立、改制、解散、申请破产等重大事项，涉及使用国家财政资金购建的用于武器装备总体、关键分系统、核心配套产品科研生产的军工关键设备设施权属变更的，应当征求国防科技工业主管部门的意见。

第十九条 企业、事业单位未依照本条例规定办理军工关键设备设施登记，或者其占有、使用的军工关键设备设施损毁、报废、灭失或者权属发生变更未及时向负责登记的部门、单位报告的，责令限期改正；逾期未改正的，处以1万元以上2万元以下罚款。

第二十条 企业、事业单位提交虚假文件材料办理登记的，责令改正，处以1万元以上2万元以下罚款。

第二十一条 企业、事业单位违反本条例规定，未经批准处置使用国家财政资金购建的用于武器装备总体、关键分系统、核心配套产品科研生产的军工关键设备设施的，责令限期改正，处以50万元以上100万元以下罚款，对直接负责的主管人员和其他直接责任人员处以5000元以上2万元以下罚款；有违法所得的，没收违法所得。

第二十二条 企业、事业单位以欺骗、贿赂等不正当手段取得有关军工关键设备设施处置的批准文件的，处以5万元以上20万元以下罚款；对违法取得的批准文件依法予以撤销。

第二十三条 本条例规定的行政处罚，由国务院国防科技工业主管部门决定。但是，对本条例第七条第二款规定的企业、事业单位有本条例第十九条规定的违法行为的行政处罚，由省、自治区、直辖市人民政府负责国防科技工业管理的部门决定。

第二十四条 负责军工关键设备设施登记管理、处置审批管理的部门、单位的工作人员滥用职权、玩忽职守、徇私舞弊的，依法给予处分；构成犯罪的，依法追究刑事责任。

第二十五条 本条例自2011年10月1日起施行。

国防科研生产安全事故报告和调查处理办法

（2010年12月24日工业和信息化部令第18号公布 自2011年6月1日起施行）

第一章 总 则

第一条 为了规范国防科研生产安全事故报告和调查处理工作，落实生产安全事故责任追究制度，防止和减少国防科研生产安全事故，根据《中华人民共和国安全生产法》、《中华人民共和国保守国家秘密法》等法律，制定本办法。

第二条 国防科研生产安全事故报告和调查处理，适用本办法。

本办法所称国防科研生产安全事故（以下简称事故），是指取得武器装备科研生产许可的单位在武器装备科研、生产、试验、储存、销毁等活动中发生的造成人身伤亡或者直接经济损失的事故。

第三条 根据事故造成的人员伤亡或者直接经济损失，事故分为四个等级：

（一）特别重大事故，是指造成30人以上死亡，或者100人以上重伤（包括急性工业中毒，下同），或者1亿元以上直接经济损失的事故；

（二）重大事故，是指造成10人以上30人以下死亡，或者50人以上100人以下重伤，或者5000万元以上1亿元以下直接经济损失的事故；

（三）较大事故，是指造成3人以上10人以下死亡，或者10人以上50人以下重伤，或者1000万元以上5000万元以下直接经济损失的事故；

（四）一般事故，是指造成3人以下死亡，或者10人以下重伤，或者直接经济损失1000万元以下的事故。

第四条 事故报告应当及时、准确、完整，任何单位和个人对事故不得迟报、漏报、谎报或者瞒报。

事故调查处理应当坚持实事求是、尊重科学的原则，及时、准确地查清事故经过、事故原因和事故损失，查明事故性质，认定事故责任，总结事故教训，提出整改措施，并对事故责任者依法追究责任。

第五条 国家国防科技工业局（以下简称国防科工局）负责全国事故统计、事故报告和调查处理工作；省级国防科技工业管理部门根据本办法的规定，负责本行政区域内的事故报告和调查处理工作，并向国防科工局报告事故调查处理情况。

第六条 事故报告和调查处理、应急工作及其信息发布，应当遵守国家法律、行政法规有关保密的规定。

未经国防科工局批准，任何单位和个人不得对外发布有关涉密信息。

第二章 事故报告

第七条 事故发生后，事故现场有关人员应当立即向本单位负责人报告；单位负责人接到报告后，应当于1小时内向事故发生地省级国防科技工业管理部门报告。中央所属军工企事业单位还应当逐级向所属军工集团公司报告。

发生燃烧爆炸和有毒有害物质泄漏事故及其他需要社会救援的事故的，应当立即报告当地人民政府及有关应急救援组织。

第八条 省级国防科技工业管理部门和军工集团公司接到事故报告后，应当依照下列时限向国防科工局报告：

（一）特别重大事故、重大事故立即报告；

（二）较大事故2小时内报告；

（三）一般事故12小时内报告。

省级国防科技工业管理部门接到事故报告后，应当通报省级公安机关、安全生产监督管理部门。

国防科工局接到较大以上事故报告后，应当根据事故等级，按照本条第一款第一项、第二项规定的时限向工业和信息化部、国家安全生产监督管理总局报告。

第九条 报告事故应当包括下列内容：

（一）事故发生单位概况；

（二）事故发生的时间、地点以及事故现场情况；

（三）事故的简要经过；

（四）事故已经或者可能造成的伤亡人数（包括下落不明的人数）和初步估计的直接经济损失；

（五）已经采取的措施；

（六）其他应当报告的情况。

第十条 事故报告后 30 日内（火灾事故自发生之日起 7 日内）伤亡人数出现变化的，应当及时补报。

第十一条 事故发生单位接到事故报告后，应当立即启动事故应急预案，采取有效措施组织抢救，防止事故扩大，减少人员伤亡和财产损失。

事故现场存在发生爆炸、急性中毒等次生事故危险的，现场应急抢险救援工作应当在事故应急指挥部的统一指挥和安全技术专家的指导下进行。

第十二条 接到事故报告后，省级国防科技工业管理部门、军工集团公司应当立即派员赶赴现场，开展相关工作；属于重大以上事故的，国防科工局应当派员赶赴现场，开展有关工作。

第十三条 事故发生后，事故单位和有关人员应当妥善保护事故现场以及相关证据，任何单位和个人不得破坏事故现场、毁灭相关证据。

因抢救人员、防止事故扩大以及疏通交通等原因，需要移动事故现场物件的，应当做出标志，绘制现场简图并做出书面记录或者影像记录，妥善保存现场重要痕迹、物证。

第十四条 国防科工局、省级国防科技工业管理部门和军工集团公司应当建立安全生产值班制度,公布值班电话,受理事故报告和举报。

第三章 事故调查

第十五条 发生特别重大事故,国防科工局应当配合国务院或者国务院授权的部门组织调查;重大事故由国防科工局组织调查;较大事故、一般事故由省级国防科技工业管理部门组织调查。

事故发生单位所属的军工集团公司应当参加相关部门组织的事故调查工作。

造成3人以下重伤或者直接经济损失300万元以下的事故,负责事故调查的部门可以委托事故发生单位的上级单位组织调查。

第十六条 自事故发生之日起30日内(火灾事故自发生之日起7日内),因事故伤亡人数变化导致事故等级发生变化的,根据变化后的事故等级可以由相应部门对事故调查情况进行复核,必要时应当另行组织调查。

第十七条 负责事故调查的部门应当遵循精简、效能、保密的原则组成调查组,开展调查工作。

负责事故调查的部门可以根据事故的具体情况,邀请有关安全生产监督管理部门、监察机关、公安机关、检察机关、工会派人参与事故调查,事故发生单位的上级单位应当派人参加。

事故调查组可以聘请有关专家参与调查。

第十八条 负责事故调查的部门指定事故调查组组长，由其主持事故调查组的工作。调查组成员应当具有事故调查所需要的知识和专长，并与所调查的事故没有直接利害关系。

第十九条 事故调查组履行下列职责：

（一）查明事故发生经过、原因、伤亡情况及直接经济损失；

（二）认定事故的性质和事故责任；

（三）提出对事故责任者的处理建议；

（四）总结事故教训，提出防范和整改措施；

（五）提交事故调查报告。

第二十条 事故调查组有权向有关单位和个人了解与事故有关的情况，并要求其提供相关文件、资料，有关单位和个人不得拒绝。

事故发生单位的负责人和有关人员在事故调查期间不得擅离职守，并应当随时接受事故调查组的询问，如实提供有关情况。

事故调查中发现涉嫌犯罪的，事故调查组应当及时将有关材料或者其复印件移交司法机关处理。

第二十一条 事故调查中需要进行技术鉴定的，事故调查组可以委托具有国家规定资质的单位进行技术鉴定，也可以直接组织专家进行技术鉴定。

技术鉴定所需时间不计入事故调查期限。

第二十二条 事故调查组成员在事故调查工作中应当诚信公正、恪尽职守，遵守事故调查组的纪律，保守事故调查秘密。

事故调查组成员不得擅自发布有关事故的信息。

第二十三条 事故调查组应当自事故发生之日起 60 日内提交事故调查报告；特殊情况下，经负责事故调查的部门批准，提交事故调查报告的期限可以适当延长，延长期限不得超过 60 日。

第二十四条 事故调查报告应当包括下列内容：

（一）事故发生单位概况；

（二）事故发生经过和事故救援情况；

（三）事故造成的人员伤亡和直接经济损失；

（四）事故发生的原因和事故性质；

（五）事故责任的认定以及对事故责任者的处理建议；

（六）事故防范和整改措施。

事故调查报告应当附有关证据材料。事故调查组成员应当在事故调查报告上签名。事故报告涉及国家秘密的，应确定密级并按照保密规定管理。

第二十五条 事故调查结束后，负责事故调查的部门应当收回事故调查资料，归档保存。

第四章 事故处理

第二十六条 重大事故、较大事故、一般事故，负责组织事故调查的部门应当自收到事故调查报告之日起 15 日内做出批复；特殊情况下，批复时间可以适当延长，延长时间最长不超过 30 日。批复中应当明确对事故发生单位和有关人员的处理意见。

有关部门和单位应当按照批复，依照法律、行政法规的规定和干部管理权限，对事故发生单位和相关责任人员进行处理。

负有事故责任的人员构成犯罪的，依法追究刑事责任。

第二十七条　事故发生单位应当及时落实防范和整改措施，防止事故再次发生。

国防科技工业管理部门和事故发生单位的上级单位应当对事故发生单位落实防范和整改措施的情况进行监督检查。

第二十八条　事故调查处理结果，由负责事故调查的部门在相关范围内通报。事故通报涉及国家秘密的，应当注明密级，并严格控制知悉范围。

第二十九条　省级国防科技工业管理部门负责组织调查的事故，应当自结案之日起 15 日内将经批复的事故调查报告报送国防科工局备案，并同时通报地方人民政府安全生产监督管理等有关部门。

第五章　法　律　责　任

第三十条　事故发生单位主要负责人、直接负责的主管人员和其他直接责任人员有下列行为之一，构成违反治安管理行为的，由公安机关依法给予处罚；构成犯罪的，依法追究刑事责任；属于国家工作人员的，还应当依法给予处分。

（一）谎报或者瞒报事故的；

（二）伪造或者故意破坏事故现场的；

（三）转移、隐匿资金、财产，或者销毁有关证据、资料的；

（四）拒绝接受调查或者拒绝提供有关情况和资料的；

（五）在事故调查中作伪证或者指使他人作伪证的；

（六）事故发生后逃匿的。

第三十一条 事故发生单位主要负责人未依法履行安全生产管理职责，导致事故发生的，依照有关规定给予处分；构成犯罪的，依法追究刑事责任。

第三十二条 发生较大以上事故单位管理混乱，不具备法律规定的安全生产条件，经整顿仍不能满足安全生产条件的，由发证机关依法暂扣或者吊销其有关证照；事故发生单位主要负责人受到刑事处罚或者撤职处分的，自刑罚执行完毕或者受处分之日起，5年内不得担任军工企事业单位的主要负责人。

第三十三条 负有安全生产管理职责的部门或者单位有下列行为之一的，对直接负责的主管人员和其他直接责任人员依法给予处分；构成犯罪的，依法追究刑事责任。

（一）不立即组织应急救援的；

（二）故意漏报、迟报或者谎报、瞒报事故的；

（三）阻碍、干涉事故调查工作的；

（四）在事故调查中作伪证或者指使他人作伪证的。

第三十四条　参与事故调查的人员在事故调查中有下列行为之一的，依法给予处分；构成犯罪的，依法追究刑事责任。

（一）对事故调查工作不负责任，致使事故调查工作有重大疏漏的；

（二）包庇、袒护负有事故责任的人员或者借机打击报复的。

第三十五条　参与事故报告和调查处理的人员，违反有关保密规定的，按照有关法律、行政法规进行处理。

第六章　附　　则

第三十六条　核事故、军队组织的国防科研试验活动中发生的事故和海事事故引起的事故的报告和调查处理，不适用本办法。

第三十七条　工业和信息化部所属高校发生生产安全事故的，应当立即向工业和信息化部报告。

第三十八条　本办法所称的"以上"包括本数，所称的"以下"不包括本数。

第三十九条　本办法自2011年6月1日起施行。

五、法律责任

中华人民共和国刑法（节录）

（1979年7月1日第五届全国人民代表大会第二次会议通过 1997年3月14日第八届全国人民代表大会第五次会议修订 根据1998年12月29日第九届全国人民代表大会常务委员会第六次会议通过的《全国人民代表大会常务委员会关于惩治骗购外汇、逃汇和非法买卖外汇犯罪的决定》、1999年12月25日第九届全国人民代表大会常务委员会第十三次会议通过的《中华人民共和国刑法修正案》、2001年8月31日第九届全国人民代表大会常务委员会第二十三次会议通过的《中华人民共和国刑法修正案（二）》、2001年12月29日第九届全国人民代表大会常务委员会第二十五次会议通过的《中华人民共和国刑法修正案（三）》、2002年12月28日第九届全国人民代表大会常务委员会第三十一次会议通过的《中华人民共和国刑法修正案（四）》、2005年2月28日第十届全国人民代表大会常务委员会第十四次会议通过的《中华人民共和国刑法修正案（五）》、

2006年6月29日第十届全国人民代表大会常务委员会第二十二次会议通过的《中华人民共和国刑法修正案（六）》、2009年2月28日第十一届全国人民代表大会常务委员会第七次会议通过的《中华人民共和国刑法修正案（七）》、2009年8月27日第十一届全国人民代表大会常务委员会第十次会议通过的《全国人民代表大会常务委员会关于修改部分法律的决定》、2011年2月25日第十一届全国人民代表大会常务委员会第十九次会议通过的《中华人民共和国刑法修正案（八）》、2015年8月29日第十二届全国人民代表大会常务委员会第十六次会议通过的《中华人民共和国刑法修正案（九）》、2017年11月4日第十二届全国人民代表大会常务委员会第三十次会议通过的《中华人民共和国刑法修正案（十）》、2020年12月26日第十三届全国人民代表大会常务委员会第二十四次会议通过的《中华人民共和国刑法修正案（十一）》和2023年12月29日第十四届全国人民代表大会常务委员会第七次会议通过的《中华人民共和国刑法修正案（十二）》修正)[①]

[①] 刑法、历次刑法修正案、涉及修改刑法的决定的施行日期，分别依据各法律所规定的施行日期确定。

……

第一百零九条 国家机关工作人员在履行公务期间,擅离岗位,叛逃境外或者在境外叛逃的,处五年以下有期徒刑、拘役、管制或者剥夺政治权利;情节严重的,处五年以上十年以下有期徒刑。

掌握国家秘密的国家工作人员叛逃境外或者在境外叛逃的,依照前款的规定从重处罚。

……

第一百一十一条 为境外的机构、组织、人员窃取、刺探、收买、非法提供国家秘密或者情报的,处五年以上十年以下有期徒刑;情节特别严重的,处十年以上有期徒刑或者无期徒刑;情节较轻的,处五年以下有期徒刑、拘役、管制或者剥夺政治权利。

……

第一百一十三条 本章上述危害国家安全罪行中,除第一百零三条第二款、第一百零五条、第一百零七条、第一百零九条外,对国家和人民危害特别严重、情节特别恶劣的,可以判处死刑。

犯本章之罪的,可以并处没收财产。

……

第二百八十二条 以窃取、刺探、收买方法,非法获取国家秘密的,处三年以下有期徒刑、拘役、管制或者剥夺政治权利;情节严重的,处三年以上七年以下有期徒刑。

非法持有属于国家绝密、机密的文件、资料或者其他物品，拒不说明来源与用途的，处三年以下有期徒刑、拘役或者管制。

……

第二百八十七条 利用计算机实施金融诈骗、盗窃、贪污、挪用公款、窃取国家秘密或者其他犯罪的，依照本法有关规定定罪处罚。

……

第三百六十八条 以暴力、威胁方法阻碍军人依法执行职务的，处三年以下有期徒刑、拘役、管制或者罚金。

故意阻碍武装部队军事行动，造成严重后果的，处五年以下有期徒刑或者拘役。

第三百六十九条 破坏武器装备、军事设施、军事通信的，处三年以下有期徒刑、拘役或者管制；破坏重要武器装备、军事设施、军事通信的，处三年以上十年以下有期徒刑；情节特别严重的，处十年以上有期徒刑、无期徒刑或者死刑。

过失犯前款罪，造成严重后果的，处三年以下有期徒刑或者拘役；造成特别严重后果的，处三年以上七年以下有期徒刑。

战时犯前两款罪的，从重处罚。

第三百七十条 明知是不合格的武器装备、军事设施而提供给武装部队的，处五年以下有期徒刑或者拘役；情节严重的，处五年以上十年以下有期徒刑；情节特别严重的，处十年以上有期徒刑、无期徒刑或者死刑。

过失犯前款罪,造成严重后果的,处三年以下有期徒刑或者拘役;造成特别严重后果的,处三年以上七年以下有期徒刑。

单位犯第一款罪的,对单位判处罚金,并对其直接负责的主管人员和其他直接责任人员,依照第一款的规定处罚。

第三百七十一条 聚众冲击军事禁区,严重扰乱军事禁区秩序的,对首要分子,处五年以上十年以下有期徒刑;对其他积极参加的,处五年以下有期徒刑、拘役、管制或者剥夺政治权利。

聚众扰乱军事管理区秩序,情节严重,致使军事管理区工作无法进行,造成严重损失的,对首要分子,处三年以上七年以下有期徒刑;对其他积极参加的,处三年以下有期徒刑、拘役、管制或者剥夺政治权利。

第三百七十二条 冒充军人招摇撞骗的,处三年以下有期徒刑、拘役、管制或者剥夺政治权利;情节严重的,处三年以上十年以下有期徒刑。

第三百七十三条 煽动军人逃离部队或者明知是逃离部队的军人而雇用,情节严重的,处三年以下有期徒刑、拘役或者管制。

第三百七十四条 在征兵工作中徇私舞弊,接送不合格兵员,情节严重的,处三年以下有期徒刑或者拘役;造成特别严重后果的,处三年以上七年以下有期徒刑。

第三百七十五条 伪造、变造、买卖或者盗窃、抢夺武装部队公文、证件、印章的，处三年以下有期徒刑、拘役、管制或者剥夺政治权利；情节严重的，处三年以上十年以下有期徒刑。

非法生产、买卖武装部队制式服装，情节严重的，处三年以下有期徒刑、拘役或者管制，并处或者单处罚金。

伪造、盗窃、买卖或者非法提供、使用武装部队车辆号牌等专用标志，情节严重的，处三年以下有期徒刑、拘役或者管制，并处或者单处罚金；情节特别严重的，处三年以上七年以下有期徒刑，并处罚金。

单位犯第二款、第三款罪的，对单位判处罚金，并对其直接负责的主管人员和其他直接责任人员，依照各该款的规定处罚。

第三百七十六条 预备役人员战时拒绝、逃避征召或者军事训练，情节严重的，处三年以下有期徒刑或者拘役。

公民战时拒绝、逃避服役，情节严重的，处二年以下有期徒刑或者拘役。

第三百七十七条 战时故意向武装部队提供虚假敌情，造成严重后果的，处三年以上十年以下有期徒刑；造成特别严重后果的，处十年以上有期徒刑或者无期徒刑。

第三百七十八条 战时造谣惑众，扰乱军心的，处三年以下有期徒刑、拘役或者管制；情节严重的，处三年以上十年以下有期徒刑。

第三百七十九条 战时明知是逃离部队的军人而为其提供隐蔽处所、财物，情节严重的，处三年以下有期徒刑或者拘役。

第三百八十条 战时拒绝或者故意延误军事订货,情节严重的,对单位判处罚金,并对其直接负责的主管人员和其他直接责任人员,处五年以下有期徒刑或者拘役;造成严重后果的,处五年以上有期徒刑。

第三百八十一条 战时拒绝军事征收、征用,情节严重的,处三年以下有期徒刑或者拘役。

……

第三百九十八条 国家机关工作人员违反保守国家秘密法的规定,故意或者过失泄露国家秘密,情节严重的,处三年以下有期徒刑或者拘役;情节特别严重的,处三年以上七年以下有期徒刑。

非国家机关工作人员犯前款罪的,依照前款的规定酌情处罚。

……

第四百三十一条 以窃取、刺探、收买方法,非法获取军事秘密的,处五年以下有期徒刑;情节严重的,处五年以上十年以下有期徒刑;情节特别严重的,处十年以上有期徒刑。

为境外的机构、组织、人员窃取、刺探、收买、非法提供军事秘密的,处五年以上十年以下有期徒刑;情节严重的,处十年以上有期徒刑、无期徒刑或者死刑。

违反保守国家秘密法规,故意或者过失泄露军事秘密,情节严重的,处五年以下有期徒刑或者拘役;情节特别严重的,处五年以上十年以下有期徒刑。

战时犯前款罪的,处五年以上十年以下有期徒刑;情节特别严重的,处十年以上有期徒刑或者无期徒刑。

……

中华人民共和国刑事诉讼法(节录)

(1979年7月1日第五届全国人民代表大会第二次会议通过 根据1996年3月17日第八届全国人民代表大会第四次会议《关于修改〈中华人民共和国刑事诉讼法〉的决定》第一次修正 根据2012年3月14日第十一届全国人民代表大会第五次会议《关于修改〈中华人民共和国刑事诉讼法〉的决定》第二次修正 根据2018年10月26日第十三届全国人民代表大会常务委员会第六次会议《关于修改〈中华人民共和国刑事诉讼法〉的决定》第三次修正)

……

第五十四条 人民法院、人民检察院和公安机关有权向有关单位和个人收集、调取证据。有关单位和个人应当如实提供证据。

行政机关在行政执法和查办案件过程中收集的物证、

书证、视听资料、电子数据等证据材料,在刑事诉讼中可以作为证据使用。

对涉及国家秘密、商业秘密、个人隐私的证据,应当保密。

凡是伪造证据、隐匿证据或者毁灭证据的,无论属于何方,必须受法律追究。

……

第一百五十二条 采取技术侦查措施,必须严格按照批准的措施种类、适用对象和期限执行。

侦查人员对采取技术侦查措施过程中知悉的国家秘密、商业秘密和个人隐私,应当保密;对采取技术侦查措施获取的与案件无关的材料,必须及时销毁。

采取技术侦查措施获取的材料,只能用于对犯罪的侦查、起诉和审判,不得用于其他用途。

公安机关依法采取技术侦查措施,有关单位和个人应当配合,并对有关情况予以保密。

……

第一百八十八条 人民法院审判第一审案件应当公开进行。但是有关国家秘密或者个人隐私的案件,不公开审理;涉及商业秘密的案件,当事人申请不公开审理的,可以不公开审理。

不公开审理的案件,应当当庭宣布不公开审理的理由。

……

中华人民共和国行政处罚法（节录）

（1996年3月17日第八届全国人民代表大会第四次会议通过　根据2009年8月27日第十一届全国人民代表大会常务委员会第十次会议《关于修改部分法律的决定》第一次修正　根据2017年9月1日第十二届全国人民代表大会常务委员会第二十九次会议《关于修改〈中华人民共和国法官法〉等八部法律的决定》第二次修正　2021年1月22日第十三届全国人民代表大会常务委员会第二十五次会议修订　2021年1月22日中华人民共和国主席令第70号公布　自2021年7月15日起施行）

……

第二章　行政处罚的种类和设定

第九条　行政处罚的种类：

（一）警告、通报批评；

（二）罚款、没收违法所得、没收非法财物；

（三）暂扣许可证件、降低资质等级、吊销许可证件；

五、法律责任

（四）限制开展生产经营活动、责令停产停业、责令关闭、限制从业；

（五）行政拘留；

（六）法律、行政法规规定的其他行政处罚。

第十条 法律可以设定各种行政处罚。

限制人身自由的行政处罚，只能由法律设定。

第十一条 行政法规可以设定除限制人身自由以外的行政处罚。

法律对违法行为已经作出行政处罚规定，行政法规需要作出具体规定的，必须在法律规定的给予行政处罚的行为、种类和幅度的范围内规定。

法律对违法行为未作出行政处罚规定，行政法规为实施法律，可以补充设定行政处罚。拟补充设定行政处罚的，应当通过听证会、论证会等形式广泛听取意见，并向制定机关作出书面说明。行政法规报送备案时，应当说明补充设定行政处罚的情况。

第十二条 地方性法规可以设定除限制人身自由、吊销营业执照以外的行政处罚。

法律、行政法规对违法行为已经作出行政处罚规定，地方性法规需要作出具体规定的，必须在法律、行政法规规定的给予行政处罚的行为、种类和幅度的范围内规定。

法律、行政法规对违法行为未作出行政处罚规定，地方性法规为实施法律、行政法规，可以补充设定行政处罚。拟补充设定行政处罚的，应当通过听证会、论证会等形式广泛听取意见,并向制定机关作出书面说明。地方性法规报送备案时,应当说明补充设定行政处罚的情况。

第十三条 国务院部门规章可以在法律、行政法规规定的给予行政处罚的行为、种类和幅度的范围内作出具体规定。

尚未制定法律、行政法规的,国务院部门规章对违反行政管理秩序的行为,可以设定警告、通报批评或者一定数额罚款的行政处罚。罚款的限额由国务院规定。

第十四条 地方政府规章可以在法律、法规规定的给予行政处罚的行为、种类和幅度的范围内作出具体规定。

尚未制定法律、法规的,地方政府规章对违反行政管理秩序的行为,可以设定警告、通报批评或者一定数额罚款的行政处罚。罚款的限额由省、自治区、直辖市人民代表大会常务委员会规定。

第十五条 国务院部门和省、自治区、直辖市人民政府及其有关部门应当定期组织评估行政处罚的实施情况和必要性,对不适当的行政处罚事项及种类、罚款数额等,应当提出修改或者废止的建议。

第十六条 除法律、法规、规章外,其他规范性文件不得设定行政处罚。

第三章 行政处罚的实施机关

第十七条 行政处罚由具有行政处罚权的行政机关在

法定职权范围内实施。

第十八条 国家在城市管理、市场监管、生态环境、文化市场、交通运输、应急管理、农业等领域推行建立综合行政执法制度，相对集中行政处罚权。

国务院或者省、自治区、直辖市人民政府可以决定一个行政机关行使有关行政机关的行政处罚权。

限制人身自由的行政处罚权只能由公安机关和法律规定的其他机关行使。

第十九条 法律、法规授权的具有管理公共事务职能的组织可以在法定授权范围内实施行政处罚。

第二十条 行政机关依照法律、法规、规章的规定，可以在其法定权限内书面委托符合本法第二十一条规定条件的组织实施行政处罚。行政机关不得委托其他组织或者个人实施行政处罚。

委托书应当载明委托的具体事项、权限、期限等内容。委托行政机关和受委托组织应当将委托书向社会公布。

委托行政机关对受委托组织实施行政处罚的行为应当负责监督，并对该行为的后果承担法律责任。

受委托组织在委托范围内，以委托行政机关名义实施行政处罚；不得再委托其他组织或者个人实施行政处罚。

第二十一条 受委托组织必须符合以下条件：

（一）依法成立并具有管理公共事务职能；

（二）有熟悉有关法律、法规、规章和业务并取得行政执法资格的工作人员；

（三）需要进行技术检查或者技术鉴定的，应当有条件组织进行相应的技术检查或者技术鉴定。

第四章 行政处罚的管辖和适用

第二十二条 行政处罚由违法行为发生地的行政机关管辖。法律、行政法规、部门规章另有规定的，从其规定。

第二十三条 行政处罚由县级以上地方人民政府具有行政处罚权的行政机关管辖。法律、行政法规另有规定的，从其规定。

第二十四条 省、自治区、直辖市根据当地实际情况，可以决定将基层管理迫切需要的县级人民政府部门的行政处罚权交由能够有效承接的乡镇人民政府、街道办事处行使，并定期组织评估。决定应当公布。

承接行政处罚权的乡镇人民政府、街道办事处应当加强执法能力建设，按照规定范围、依照法定程序实施行政处罚。

有关地方人民政府及其部门应当加强组织协调、业务指导、执法监督，建立健全行政处罚协调配合机制，完善评议、考核制度。

第二十五条 两个以上行政机关都有管辖权的，由最先立案的行政机关管辖。

对管辖发生争议的，应当协商解决，协商不成的，报请共同的上一级行政机关指定管辖；也可以直接由共同的上一级行政机关指定管辖。

第二十六条 行政机关因实施行政处罚的需要，可以向有关机关提出协助请求。协助事项属于被请求机关职权范围内的，应当依法予以协助。

第二十七条 违法行为涉嫌犯罪的，行政机关应当及时将案件移送司法机关，依法追究刑事责任。对依法不需要追究刑事责任或者免予刑事处罚，但应当给予行政处罚的，司法机关应当及时将案件移送有关行政机关。

行政处罚实施机关与司法机关之间应当加强协调配合，建立健全案件移送制度，加强证据材料移交、接收衔接，完善案件处理信息通报机制。

第二十八条 行政机关实施行政处罚时，应当责令当事人改正或者限期改正违法行为。

当事人有违法所得，除依法应当退赔的外，应当予以没收。违法所得是指实施违法行为所取得的款项。法律、行政法规、部门规章对违法所得的计算另有规定的，从其规定。

第二十九条 对当事人的同一个违法行为，不得给予两次以上罚款的行政处罚。同一个违法行为违反多个法律规范应当给予罚款处罚的，按照罚款数额高的规定处罚。

第三十条 不满十四周岁的未成年人有违法行为的，不予行政处罚，责令监护人加以管教；已满十四周岁不满十八周岁的未成年人有违法行为的，应当从轻或者减轻行政处罚。

第三十一条　精神病人、智力残疾人在不能辨认或者不能控制自己行为时有违法行为的，不予行政处罚，但应当责令其监护人严加看管和治疗。间歇性精神病人在精神正常时有违法行为的，应当给予行政处罚。尚未完全丧失辨认或者控制自己行为能力的精神病人、智力残疾人有违法行为的，可以从轻或者减轻行政处罚。

第三十二条　当事人有下列情形之一，应当从轻或者减轻行政处罚：

（一）主动消除或者减轻违法行为危害后果的；

（二）受他人胁迫或者诱骗实施违法行为的；

（三）主动供述行政机关尚未掌握的违法行为的；

（四）配合行政机关查处违法行为有立功表现的；

（五）法律、法规、规章规定其他应当从轻或者减轻行政处罚的。

第三十三条　违法行为轻微并及时改正，没有造成危害后果的，不予行政处罚。初次违法且危害后果轻微并及时改正的，可以不予行政处罚。

当事人有证据足以证明没有主观过错的，不予行政处罚。法律、行政法规另有规定的，从其规定。

对当事人的违法行为依法不予行政处罚的，行政机关应当对当事人进行教育。

第三十四条　行政机关可以依法制定行政处罚裁量基准，规范行使行政处罚裁量权。行政处罚裁量基准应当向社会公布。

第三十五条 违法行为构成犯罪,人民法院判处拘役或者有期徒刑时,行政机关已经给予当事人行政拘留的,应当依法折抵相应刑期。

违法行为构成犯罪,人民法院判处罚金时,行政机关已经给予当事人罚款的,应当折抵相应罚金;行政机关尚未给予当事人罚款的,不再给予罚款。

第三十六条 违法行为在二年内未被发现的,不再给予行政处罚;涉及公民生命健康安全、金融安全且有危害后果的,上述期限延长至五年。法律另有规定的除外。

前款规定的期限,从违法行为发生之日起计算;违法行为有连续或者继续状态的,从行为终了之日起计算。

第三十七条 实施行政处罚,适用违法行为发生时的法律、法规、规章的规定。但是,作出行政处罚决定时,法律、法规、规章已被修改或者废止,且新的规定处罚较轻或者不认为是违法的,适用新的规定。

第三十八条 行政处罚没有依据或者实施主体不具有行政主体资格的,行政处罚无效。

违反法定程序构成重大且明显违法的,行政处罚无效。

……

第六章 行政处罚的执行

第六十六条 行政处罚决定依法作出后,当事人应当在行政处罚决定书载明的期限内,予以履行。

当事人确有经济困难，需要延期或者分期缴纳罚款的，经当事人申请和行政机关批准，可以暂缓或者分期缴纳。

第六十七条　作出罚款决定的行政机关应当与收缴罚款的机构分离。

除依照本法第六十八条、第六十九条的规定当场收缴的罚款外，作出行政处罚决定的行政机关及其执法人员不得自行收缴罚款。

当事人应当自收到行政处罚决定书之日起十五日内，到指定的银行或者通过电子支付系统缴纳罚款。银行应当收受罚款，并将罚款直接上缴国库。

第六十八条　依照本法第五十一条的规定当场作出行政处罚决定，有下列情形之一，执法人员可以当场收缴罚款：

（一）依法给予一百元以下罚款的；

（二）不当场收缴事后难以执行的。

第六十九条　在边远、水上、交通不便地区，行政机关及其执法人员依照本法第五十一条、第五十七条的规定作出罚款决定后，当事人到指定的银行或者通过电子支付系统缴纳罚款确有困难，经当事人提出，行政机关及其执法人员可以当场收缴罚款。

第七十条　行政机关及其执法人员当场收缴罚款的，必须向当事人出具国务院财政部门或者省、自治区、直辖市人民政府财政部门统一制发的专用票据；不出具财政部门统一制发的专用票据的，当事人有权拒绝缴纳罚款。

第七十一条 执法人员当场收缴的罚款,应当自收缴罚款之日起二日内,交至行政机关;在水上当场收缴的罚款,应当自抵岸之日起二日内交至行政机关;行政机关应当在二日内将罚款缴付指定的银行。

第七十二条 当事人逾期不履行行政处罚决定的,作出行政处罚决定的行政机关可以采取下列措施:

(一)到期不缴纳罚款的,每日按罚款数额的百分之三加处罚款,加处罚款的数额不得超出罚款的数额;

(二)根据法律规定,将查封、扣押的财物拍卖、依法处理或者将冻结的存款、汇款划拨抵缴罚款;

(三)根据法律规定,采取其他行政强制执行方式;

(四)依照《中华人民共和国行政强制法》的规定申请人民法院强制执行。

行政机关批准延期、分期缴纳罚款的,申请人民法院强制执行的期限,自暂缓或者分期缴纳罚款期限结束之日起计算。

第七十三条 当事人对行政处罚决定不服,申请行政复议或者提起行政诉讼的,行政处罚不停止执行,法律另有规定的除外。

当事人对限制人身自由的行政处罚决定不服,申请行政复议或者提起行政诉讼的,可以向作出决定的机关提出暂缓执行申请。符合法律规定情形的,应当暂缓执行。

当事人申请行政复议或者提起行政诉讼的,加处罚款的数额在行政复议或者行政诉讼期间不予计算。

第七十四条 除依法应当予以销毁的物品外,依法没收的非法财物必须按照国家规定公开拍卖或者按照国家有关规定处理。

罚款、没收的违法所得或者没收非法财物拍卖的款项,必须全部上缴国库,任何行政机关或者个人不得以任何形式截留、私分或者变相私分。

罚款、没收的违法所得或者没收非法财物拍卖的款项,不得同作出行政处罚决定的行政机关及其工作人员的考核、考评直接或者变相挂钩。除依法应当退还、退赔的外,财政部门不得以任何形式向作出行政处罚决定的行政机关返还罚款、没收的违法所得或者没收非法财物拍卖的款项。

第七十五条 行政机关应当建立健全对行政处罚的监督制度。县级以上人民政府应当定期组织开展行政执法评议、考核,加强对行政处罚的监督检查,规范和保障行政处罚的实施。

行政机关实施行政处罚应当接受社会监督。公民、法人或者其他组织对行政机关实施行政处罚的行为,有权申诉或者检举;行政机关应当认真审查,发现有错误的,应当主动改正。

……

最高人民法院关于审理为境外窃取、刺探、收买、非法提供国家秘密、情报案件具体应用法律若干问题的解释

(2000年11月20日最高人民法院审判委员会第1142次会议通过 2001年1月17日最高人民法院公告公布 自2001年1月22日起施行 法释〔2001〕4号)

为依法惩治为境外的机构、组织、人员窃取、刺探、收买、非法提供国家秘密、情报犯罪活动，维护国家安全和利益，根据刑法有关规定，现就审理这类案件具体应用法律的若干问题解释如下：

第一条 刑法第一百一十一条规定的"国家秘密"，是指《中华人民共和国保守国家秘密法》第二条、第八条以及《中华人民共和国保守国家秘密法实施办法》第四条确定的事项。刑法第一百一十一条规定的"情报"，是指关系国家安全和利益、尚未公开或者依照有关规定不应公开的事项。

对为境外机构、组织、人员窃取、刺探、收买、非法提供国家秘密之外的情报的行为，以为境外窃取、刺探、收买、非法提供情报罪定罪处罚。

第二条 为境外窃取、刺探、收买、非法提供国家秘密或者情报，具有下列情形之一的，属于"情节特别严重"，处 10 年以上有期徒刑、无期徒刑，可以并处没收财产：

（一）为境外窃取、刺探、收买、非法提供绝密级国家秘密的；

（二）为境外窃取、刺探、收买、非法提供三项以上机密级国家秘密的；

（三）为境外窃取、刺探、收买、非法提供国家秘密或者情报，对国家安全和利益造成其他特别严重损害的。

实施前款行为，对国家和人民危害特别严重、情节特别恶劣的，可以判处死刑，并处没收财产。

第三条 为境外窃取、刺探、收买、非法提供国家秘密或者情报，具有下列情形之一的，处 5 年以上 10 年以下有期徒刑，可以并处没收财产：

（一）为境外窃取、刺探、收买、非法提供机密级国家秘密的；

（二）为境外窃取、刺探、收买、非法提供三项以上秘密级国家秘密的；

（三）为境外窃取、刺探、收买、非法提供国家秘密或者情报，对国家安全和利益造成其他严重损害的。

第四条 为境外窃取、刺探、收买、非法提供秘密级国家秘密或者情报，属于"情节较轻"，处 5 年以下有期徒刑、拘役、管制或者剥夺政治权利，可以并处没收财产。

第五条 行为人知道或者应当知道没有标明密级的事

项关系国家安全和利益，而为境外窃取、刺探、收买、非法提供的，依照刑法第一百一十一条的规定以为境外窃取、刺探、收买、非法提供国家秘密罪定罪处罚。

第六条 通过互联网将国家秘密或者情报非法发送给境外的机构、组织、个人的，依照刑法第一百一十一条的规定定罪处罚；将国家秘密通过互联网予以发布，情节严重的，依照刑法第三百九十八条的规定定罪处罚。

第七条 审理为境外窃取、刺探、收买、非法提供国家秘密案件，需要对有关事项是否属于国家秘密以及属于何种密级进行鉴定的，由国家保密工作部门或者省、自治区、直辖市保密工作部门鉴定。